ドイツ語Ⅰ（'23）

ドイツ語Ⅰ（'23）

装丁デザイン：牧野剛士
本文デザイン：畑中　猛

m-22

まえがき

これからドイツ語を学ぼうとしているみなさん，ドイツ語を学ぼうとする動機はさまざまでしょう．ドイツ語に限らず，言語というものは習得に一定の時間がかかるものです．母語である日本語も，どんなにIT技術が発達したからといって，飛躍的に短くなるものではなく，昔も今も変わらない時間をかけてようやく習得できるものであることには変わりません．ドイツ語などの外国語も同様です．インターネットが普及したから，パソコンの性能がよくなったから，と言って，習得・マスターが劇的に早くなるものではありません．辞書などに代わるツールが発達し，補助機材は格段の進歩を遂げました．外国語音声を聞くのに，かつてはレコード，カセットテープ，CDなどメディアは進歩を遂げ，今ではオンラインのストリーミングで容易に音声を耳にすることができるようになりました．これは外国語学習にとっては大きな助けであることは間違いありません．また，インターネットなどを通じて，外国語は，文字テキストのみではなく，音声と動画でもアクセスできるようになり，情報が極めて身近になりました．これだけ身近になっただけに，自分でもそれらの情報がわかるようになりたい，という気持ちも強くなるのではないでしょうか．外国語での音声や動画報道が母語と同じようにすんなり理解できるようになるまで，道のりは長いものですが，そのためのスキルは地道に身につけ，磨いていくしかありません．何でも欲しいものがネットですぐに手に入る昨今，外国語のように一定の時間と努力が必要なものは敬遠されるかもしれません．数年ではなかなか上達しなくても，一生を通じて学び続けることで，いつかは外国語での情報を理解・処理できるようになることは間違いありません．そのための第一歩をこの教科書で提供できれば，と考えて印刷教材を作成しました．

言語によって，その難易度は異なります．特に母語である日本語との違いに起因する難しさがあります．ドイツ語に関して言えば，冠詞や名詞複数形の用法などがそうです．名詞の単数や複数，定や不定といった，日本語ではなされない区別をできるようになることはとても骨が折れます．私自身も完璧にはできません．未だに自信のないことが多くあります．でも，そこに言語が外界をどう把握しているか，という認知的な違いが見えてきます．また発音についても，日本語の音韻構造と異なるドイツ語の発音は，最初は正確に真似することが難しいものです．例えば日本語は高低（ピッチ）アクセントですが，ドイツ語は英語と同様強勢（ストレス）アクセントです．理屈ではわかっていても，この両方のアクセント構造を切り替えるのはなかなか難しいものです．こういった，言語構造に起因する難しさの違いを授業の中で和らげていければと思っています．

2022 年 11 月

井出　万秀

学習にあたって

印刷教材の構成

印刷教材は，ドイツ語スキルのみをつけるのではなく，ドイツ語を通じて，ドイツ語圏の文化・歴史も同時に学べる内容になっています．作成にあたって配慮した点は，見渡しの効く構成・レイアウトであることです．それぞれの単元にはテキスト 1 本とし，その 1 本のテキストをしっかり理解し，音声を聞きながら発音・音読練習を十分に行う，ということを想定しています．練習問題も，ひとつひとつにじっくりとり組めるよう，原則として 10 題から 15 題の間に収めるようにしました．ドイツ語テキストとその和訳は見開きページで対訳になるように配置してあります．単元は学んでいくべき文法事項の重要性に応じて配列され，それぞれの単元は，1）ドイツ語基礎テキスト，2）基礎テキスト日本語訳，3）当該単元でポイントとなる文法事項の説明，4）練習問題，5）ドイツ語の歌，という構成になっています．ドイツ語テキストはダイアログ・テキストとモノローグ・テキストが大体交互に配置されています．ダイアログ・テキストでは日常生活で用いられるような表現が盛り込まれています．モノローグ・テキストはドイツ語の書きことば文体を意識して書かれています．それぞれの単元最後のドイツ語の歌は，学んだことを歌のテキストで確認するというよりは，歌を通じてドイツ語の発音の実際に慣れること，歌の歌詞にあらわれる今風の体感をしてもらえればという願いが込められています．なお音楽は曲タイトルとアーチスト名でインターネット検索をかけて YouTube 動画などでお聞きください．文法用語と，基礎テキスト，文法説明，練習問題で使用したドイツ語語彙は巻末で索引検索できますから，印刷教材はリファレンスする文法書としても座右に常備しておくという使い方もできます．

ドイツ語基礎テキスト

フランクフルト・アム・マインを舞台として，サラ，ノノ，アントニアの3人が市内観光をしながら，ドイツの歴史や文化についてダイアログ・テキストで語り合います．その舞台の背景となる情報がモノローグ・テキストで説明されます．

文法

ドイツ語を使おうとする際，避けて通れない，それがなければドイツ語が言えないような重要な文法事項がなるべく早い単元で扱われるようにしてあります．後の単元に出てくる文法を多少先取りすることもあります．学んだ文法事項を前提として単元は進んで行きますから，ひとつひとつの単元の文法事項をきちんと押さえておくことが大事です．一般に市販されているドイツ語参考書とは異なる整理の仕方や表になっているところもあります．

発音

テレビという一方通行メディアでは，学習者の発音を聞いて指導するという双方向にはならないため，発音は学習者が各人で練習することになります．発音は外国語学習の初歩にとっては極めて大切です．文法は忘れても，発音は残ります．よい発音を身につけられれば，初歩の学習の半分以上は達成できたと言ってもよいでしょう．普段から付属の音声教材でテキストの音読を聞きながら，何度も何度も繰り返して練習しましょう．たとえば Audacity のように，音声再生フリーソフトも数多くありますから，そのようなソフトを利用して音声をリピート練習することはとても効果的です．また，学んだテキストの朗読音声を聞いて自分でディクテーションすることも聞き取り能力を高めます．文法説明の中のドイツ語例文と練習問題解答のドイツ語音声はすべて CD に収められています．

謝辞

大学で通常使用する教材とは異なり，さまざまな方々の協力があってはじめて成り立つ仕事でした。テレビ・ラジオという，これまで全く経験のない媒体での番組作成および教材作成にあたっては，プロデューサーの野口琢磨さん，ディレクターの菅野優子さんに大変お世話になりました．野口さんには事実上，番組作成以外にもさまざまな微細な案件での窓口ともなっていただきました．テレビ番組作成では，菅野ディレクターをはじめとしてイラスト・パターンデザイナーの山本英一さん，サブディレクターの磯部志保さん，そして撮影，画面デザイン，データ編集などの技術では斉木孝夫さん，山中宏光さん，宮里宏明さんをはじめ，カメラ，音声，メークのスタッフの方々に，音声編集と付属CD作成にあたっては，音声技師の下田弘司さんと窪田博之さんに支えていただきました．印刷教材の編集とその付属CDについては，放送大学の野崎歓教授をはじめ，学務部教務課教材係の園田舞子さん，その後を引き継いだ柳田周子さん，三橋美和さん，放送大学教育振興会の皆さん，編集担当の入沢より子さんには大変お世話になりました．期限の延長をはじめとして数多くのイレギュラーな要望を受け入れていただきありがとうございました．

ドイツ語テキストのチェック，読解テキスト，そして番組のパートナーとしてクラウスさん（早稲田大学准教授）には心からお礼申し上げます．多忙な中，印刷教材の作成，番組の収録など多くの時間と労力を割いて戴きました。ドイツ語の収録では，基礎テキスト，読解テキスト，例文ドイツ語すべてにわたって朗読してくださったケルンさん（立教大学他兼任講師）には，修正収録も含めて何度も収録スタジオまで快くご足労いただき心から感謝しております．ダイアログテキストの収録では，ムレンス＝ゴリさん（立教大学教育講師），カシュマーレクさん（ゲーテ・インスティテュート東京），カサイさん（ゲーテ・インスティテュート東京）には，イメージどおりのすばらしい朗読に感謝申し上げます．

最後になりますが，写真やイラストを提供してくださった立教大学文学部文学科ドイツ文学専修の学生・卒業生の皆さんありがとうございます．

関わっていただいたすべての方々にこの場で改めて心から感謝申し上げます．

2022年11月
井出　万秀

ドイツ語圏地図
DÄNEMARK
Ostsee
Nordsee
Flensburg
Kiel キール
Schleswig-Holstein
Elbe
Lübeck
Mecklenburg-Vorpommern
Schwerin シュヴェリーン
Hamburg
Bremen ブレーメン
Brandenburg
Berlin ベルリン
Sachsen-Anhalt
Niedersachsen
POLEN
Frankfurt an der Oder
NIEDERLANDE
Hannover ハノーファー
Potsdam ポツダム
Magdeburg マクデブルク
Dessau
Cottbus
Nordrhein-Westfalen
Rhein
BUNDESREPUBLIK DEUTSCHLAND
Düsseldorf デュッセルドルフ
Dresden ドレスデン
Kassel
Erfurt エアフルト
Leipzig ライプツィヒ
Köln ケルン
Sachsen
Bonn ボン
Thüringen
Hessen
BELGIEN
Koblenz コブレンツ
Wiesbaden ヴィースバーデン
Frankfurt am Main フランクフルト・アム・マイン
Main
Prag プラハ
Rheinland-Pfalz
Mainz マインツ
LUXEMBURG
Worms ヴォルムス
Würzburg ヴュルツブルク
TSCHECHISCHE REPUBLIK
Saarland
Speyer シュパイアー
Saarbrücken ザールブリュッケン
Heidelberg ハイデルベルク
Nürnberg ニュルンベルク
Regensburg
Baden-Württemberg
Donau
Stuttgart シュトゥットガルト
Bayern
Straßburg シュトラースブルク
Kehl ケール
Ulm
Wien ウィーン
Augsburg
München ミュンヘン
Tübingen テュービンゲン
Rottweil ロットヴァイル
Freiburg
FRANKREICH
Basel バーゼル
Salzburg
ÖSTERREICH
Zürich
Graz グラーツ
LIECHTENSTEIN
SCHWEIZ

目次

1_01：本書添付 CD のディスク番号とトラック番号です。
1_01 は DISC No.1，トラック番号 1 を示しています。

Lektion 1

アルファベット（Das Alphabet）

アルファベット，綴りと発音

1. アルファベット（Das Alphabet） 1_01

大文字	小文字	読み	音価	大文字	小文字	読み	音価
A	a	[aː]	[a], [aː]	Q	q	[kuː]	[k]
B	b	[beː]	[b]	R	r	[ɛʁ]	[ʁ], [ɐ̯]
C	c	[tseː]	[ts]	S	s	[ɛs]	[s], [z]
D	d	[deː]	[d]	T	t	[teː]	[t]
E	e	[eː]	[eː], [ɛ], [ə]	U	u	[uː]	[uː], [ʊ]
F	f	[ɛf]	[f]	V	v	[faʊ]	[f]
G	g	[geː]	[g]	W	w	[veː]	[v]
H	h	[haː]	[h]	X	x	[ɪks]	[ks]
I	i	[iː]	[iː], [ɪ]	Y	y	[ʏpsɪlɔn]	[ʏ]
J	j	[jɔt]	[j]	Z	z	[tsɛt]	[ts]
K	k	[kaː]	[k]				
L	l	[ɛl]	[l]	SS	ß	[ɛs-tsɛt]	[s]
M	m	[ɛm]	[m]				
N	n	[ɛn]	[n]	Ä	ä	[ɛː]	[ɛː], [ɛ]
O	o	[oː]	[oː], [ɔ]	Ö	ö	[øː]	[øː], [œ]
P	p	[peː]	[p]	Ü	ü	[yː]	[yː], [ʏ]

2. 綴りと発音 1_02

1）母音

a）母音が長いことをあらわす綴り

母音には長短の区別がある．母音が長く発音されることを示している綴りは以下のとおり．

α）母音の重複：Aachen アーヘン（ただし母音 i の場合には e を重ねる：Kiel キール）

β）母音の後に h：Kehl ケール

γ）アクセントのある母音でおわる音節（開音節）：Bremen（Bre-men）ブレーメン

δ）アクセントのある母音の後ろに単一の子音が続く：Graz グラーツ

ε）ß の前の母音：Maße 程度（3 格の形）

b）母音が短く発音されることを示している綴り

母音の後に子音連続：die Kasse レジ（cf. der Käse チーズ）

※正確には「子音文字連続」だが，「子音連続」と表記する．

長母音	綴り	例	短母音	綴り	例
[a:]	aa	das Haar ['ha:ɐ̯] 髪の毛	[a]	a	harren ['haʁən] 辛抱する
	ah	die Bahn ['ba:n] 鉄道			der Bann ['ban] 呪い
	a	die Dame ['da:mə] 婦人			der Damm ['dam] ダム
		die Tat ['ta:t] 行動			das ['das] それが・を
[o:]	oo	das Boot ['bo:t] ボート		o	oft ['ɔft] しばしば
	oh	das Ohr ['o:ɐ̯] 耳			der Ort ['ɔʁt] 場所
	o	der Ofen ['o:fən] オーブン			offen ['ɔfən] 開いた
		der Ton ['to:n] 音			von ['fɔn] ～の，～から

長母音	綴り	例	短母音	綴り	例
[uː]	uh	die Uhr ['uːɐ̯] 腕時計	[ʊ]	u	und ['ʊnt] そして
	u	das Ufer ['uːfɐ] 岸			der Tunnel ['tʊnəl] トンネル
		tun ['tuːn] する			nun ['nʊn] さて
[eː]	ee	der Tee ['teː] 紅茶	[ɛ], [ə]	e	das Bett ['bɛt] ベッド
	eh	die Ehre ['eːʁə] 名誉			die Elle ['ɛlə] ヒジ
	e	beten ['beːtən] 祈る			betteln ['bɛtəln] 物乞いする
		der Weg ['veːk] 道			weg ['vɛk] 去って
[iː]	ie	bieten ['biːtən] 提供する	[ɪ]	i	bitten ['bɪtən] 頼む
	ih	Ihnen ['iːnən] あなた(方)に			innen ['ɪnən] 中で
	i	die Bibel ['biːbəl] 聖書			der Biss ['bɪs] 噛み合わせ
		wir ['viːɐ̯] 私たちは			bis ['bɪs] …まで
[ɛː]	äh	die Ähre ['ɛːʁə] 穂	[ɛ]	ä	die Äpfel [ɛpfəl] リンゴ(複数)
	ä	gären ['gɛːʁən] 発酵する			der Lärm [lɛʁm] 騒音
		der Bär ['bɛːɐ̯] クマ			
[øː]	öh	die Söhne ['zøːnə] 息子たち	[œ]	ö	der Löffel ['lœfəl] スプーン
	ö	der König ['køːnɪç] 王			können ['kœnən] …できる
		das Öl ['øːl] 油			Köln ['kœln] ケルン
[yː]	üh	die Mühe ['myːə] 苦労	[ʏ]	ü	die Mücke ['mʏkə] 蚊
	ü	hüten ['hyːtən] 大事にする			die Hütte ['hʏtə] 小屋
		die Tür ['tyːə] ドア			der Türke ['tʏʁkən] トルコ人
				y	der Tyrann [tʏ'ʁan] 暴君

※ ie は外来語で i-e と分けて発音されるものもある.

die Familie [faˈmiːli̯ə]

※ドイツ語の名詞は文頭以外でも大文字書きされる.

※ ä, ö, ü は「**ウムラウト(変母音)**」と呼ばれ, アルファベットの母音を発音する口の形で, 舌の位置を [eː] を発音するときの位置にして発音する. もともとは aͤ, oͤ, uͤ のように母音の上に表記された e が横並びの点になった.

2）二重母音 1_03

ふたつの母音が一つの音節として一緒に発音される.

二重母音	綴り	例
[aʊ̯]	au	das Haus ['haʊs] 家
[ɔɪ̯]	eu	heute ['hɔɪ̯tə] 今日
	äu	die Häuser ['hɔɪ̯zɐ] 家（複数形）
[aɪ̯]	ei	heiß [haɪ̯s] 熱い
	ey	Meyer ['maɪ̯ɐ] マイアー（人名）
	ai	der Main ['maɪ̯n] マイン河
	ay	Bayern ['baɪ̯ɐn] バイエルン

母音四角形

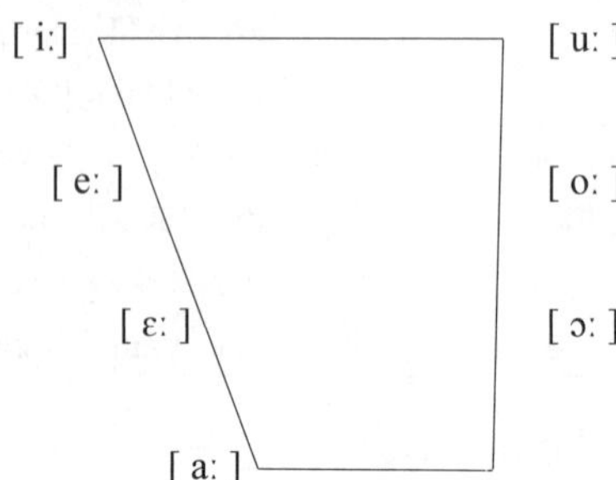

日本語の「エ」はドイツ語の [ɛ] の音に対応. 日本語にはドイツ語 [e] に対応する音が存在しない. [e:] の音は [i:] に聞こえるくらい狭い音.

3）子音 1_04

アルファベットどおりの音価のほか，英語のアルファベット音価とは異なる注意の必要な綴りと音価の対応関係がある．

綴り	発音上の注意
-b, -d, -g	音節末，語末の b, d, g は濁らない．それぞれ [p], [t], [k] と発音される（語末音硬化）． der Staub ['ʃtaʊp] ホコリ，die Hand ['hant] 手，der Zug ['tsu:k] 列車
ch 軟口蓋摩擦音 硬口蓋摩擦音	a, o, u, au の広い母音の後にある場合は [x] と発音される． der Bach ['bax] 小川，noch ['nox] まだ，das Tuch ['tu:x] 布，auch ['aʊx] ～も それ以外の場所では [ç] と発音される． ich [ɪç] 私は，die Technik ['tɛçnɪk] 技術，durch ['dʊʁç] ～を通じて
-chs, -x	[ks] と発音される． sechs ['zɛks] 6，der Text ['tɛkst] テキスト
-ck	[k] と発音される． dick ['dɪk] 厚い
-dt	[t] と発音される． die Stadt [ʃtat] 町
h	母音の後ろにある場合は，前の母音が長く発音される合図で h は発音されない． gehen ['ge:ən] 行く
-ig	-ig の綴りの場合 g は [ç] と発音される．[k] と発音することも可能． lustig ['lʊstɪç] ['lʊstɪk] 愉快な
j	[j] と発音される．英語の j の発音とは異なるので注意． Japan ['ja:pən] 日本
-ng	-ng の綴りは鼻音 [ŋ] と発音される． die Achtung ['axtʊŋ] 注意

綴り	発音上の注意
pf	[pf] と発音される. der Gipfel ['gɪpfəl] 頂上
qu-	[kv] と発音される. quer ['kveːɐ̯] 斜めに
r	口蓋垂を，語頭では数回震わせる [ʁ]，子音直後では 1 回震わせて発音される. rot ['ʁoːt] 赤い，trinken ['tʁɪnkən] 飲む それ以外では母音化して [ɐ̯] と発音される. das Ohr ['oːɐ̯] 耳 語末で -er の場合は長母音化して [ɐ] と発音される. der Meister ['maɪ̯stɐ] マイスター
s	s は母音の前では濁り，[z] と発音される．子音の後，音節末，語末では濁らない. sagen ['zaːgən] 言う，die Sonne ['zɔnə] 太陽，das Los ['loːs] くじ
sp-, st- sch	sp-, st- の綴りの中の s と sch は [ʃ] と発音される. spät ['ʃpɛːt] 遅く，still ['ʃtɪl] 静寂な，schon ['ʃɔːn] もう
ss, ß	濁らない [s] で発音される. das Wasser ['vasɐ] 水，heiß ['haɪs] 暑い・熱い
th	[t] と発音される. der Thron ['tʁoːn] 玉座
-tsch	[tʃ] と発音される. Deutschland [dɔɪ̯tʃlant] ドイツ
v	[f] と発音される．英語とは異なり，濁らないので注意. viel ['fiːl] 多く
w	[v] と発音される．英語とは異なり，濁るので注意. der Wagen ['vaːgən] 車両，VW ['faʊ 'veː] フォルクスワーゲン
z, -ds, -ts -tz, -ti-	いずれの子音も [ts] と発音される. die Zeit ['tsaɪt] 時間，abends ['aːbənts] 晩に，nachts ['naxts] 夜に，der Sitz ['zɪts] 席，die Aktion [aktsi'oːn] 行動

4）アクセント 1_05

a）ドイツ語のアクセントは強弱（ストレス）アクセント

ドイツ語単語のアクセントは強弱（ストレス）アクセントで，複数音節がある場合はそのうちのどれかが強く発音される．二つ以上の音節がある場合，ドイツ語単語のアクセントは第1音節にあることが多いとも言われるが，後ろから2番目の音節にアクセントがあることが多いとも言われる．どの音節にアクセントがあるかは単語ごとに決まっているので，辞書などで確認する必要がある．本書では必要に応じてアクセントのある母音を ´ で示す．

der Áuftakt（出だし），interessíeren（興味を持たせる），das Gehált（給料）

b）アクセント（'）のある音節はない音節よりも若干長くなる．

áufgemacht（開けられた）> **áuf**-ge-macht ●○○

verzíchtet（放棄された）> ver-**zích**-tet ○●○

Éinzug（凱旋入場）> **Éin**-zug ●○

Bezúg（関連）> Be-**zúg** ○●

Áuskunft（案内）> **Áus**-kunft ●○

Verstǻndnis（理解）> Ver-**stǻnd**-nis ○●○

Erkénntnis（知見）> Er-**kénnt**-nis ○●○

Geséllschaft（社会）> Ge-**séll**-schaft ○●○

c）語中母音脱落と鼻腔解放

「閉鎖破裂音」-b, -p; -d, -t; -g, -k におわる語幹に続く語尾音節 -en では，アクセントのない 母音 e が脱落し，語幹子音が破裂しないまま，息が鼻から抜かれる「**鼻腔解放**」が起きることが普通．

schreiben（書く），Lippen（唇〔複数形〕）; finden（見つける），bitten（頼む）; zeigen（示す），denken（考える）

studieren（大学で学ぶ）のように -ren となっている場合に母音 e が脱落すると r は母音化する．

Wir studieren.（私たちは大学に通っている）

また，上記の閉鎖音は単語中では破裂しない．

die Abkehr（引き返し），unliebsam（好ましくない）；umständlich（面倒な），künstlich（人工的に）；sorgsam（丁寧に），wirklich（本当に）

d）音節構造

日本語にはない子音連続が多い．

母音＝ V, 子音＝ K,

KV:	See（湖）
KVK:	Weg（道）
KVKK	nackt（裸の）
KVKKK	nebst（～に並んで）
KVKKKK	selbst（自身で）
KKVKK	Frucht（果物）
KKKVK	Strom（電気）
KKKVKK	Strolch（ならず者）

5) 数字ー発音練習として

a) 基数 1_06

0 null	10 zehn		
1 eins	11 elf		21 einundzwanzig
2 zwei	12 zwölf	20 zwanzig	22 zweiundzwanzig
3 drei	13 dreizehn	30 dreißig	23 dreiundzwanzig
4 vier	14 vierzehn	40 vierzig	24 vierundzwanzig
5 fünf	15 fünfzehn	50 fünfzig	25 fünfundzwanzig
6 sechs	16 sechzehn	60 sechzig	26 sechsundzwanzig
7 sieben	17 siebzehn	70 siebzig	27 siebenundzwanzig
8 acht	18 achtzehn	80 achtzig	28 achtundzwanzig
9 neun	19 neunzehn	90 neunzig	29 neunundzwanzig

b) 序数 1_07

1. erst-	11. elft-		21. einundzwanzigst-
2. zweit-	12. zwölft-	20. zwanzigst-	22. zweiundzwanzigst-
3. dritt-	13. dreizehnt-	30. dreißigst-	23. dreiundzwanzigst-
4. viert-	14. vierzehnt-	40. vierzigst-	24. vierundzwanzigst-
5. fünft-	15. fünfzehnt-	50. fünfzigst-	25. fünfundzwanzigst-
6. sechst-	16. sechzehnt-	60. sechzigst-	26. sechsundzwanzigst-
7. siebt-	17. siebzehnt-	70. siebzigst-	27. siebenundzwanzigst-
8. acht-	18. achtzehnt-	80. achtzigst-	28. achtundzwanzigst-
9. neunt-	19. neunzehnt-	90. neunzigst-	29. neunundzwanzigst-
10. zehnt-			

- は格変化語尾が来ることを示す.

c）数字 3 桁以上の位取り数 1_08

100	hundert 百
1 000	tausend 千
10 000	zehntausend 万
100 000	hunderttausend 十万
1 000 000	eine Million 百万
10 000 000	zehn Millionen 一千万
100 000 000	hundert Millionen 一億
1 000 000 000	eine Milliarde 十億
10 000 000 000	zehn Milliarden 百億
100 000 000 000	hundert Milliarden 千億
1 000 000 000 000	eine Billion 一兆
10 000 000 000 000	zehn Billionen 十兆

673	sechshundertdreiundsiebzig
4 672	viertausendsechshundertzweiundsiebzig
17 000	siebzehntausend
198 000	hundertachtundneunzigtausend
西暦 1985	neunzehnhundertfünfundachzig
2023	zweitausenddreiundzwanzig
1079	tausendneunundsiebzig

コラム1 ― ß（エスツェット）とは？ ―

ギリシャ語アルファベットの「ベータ」に似た形の「エスツェット」．エスツェットをアルファベットで綴ると sz となる。ミュンヘンで刊行されている全国版日刊紙 Süddeutsche Zeitung も SZ と略され，「エスツェット」と言われたりするが，この β に似た形のどこに s と z があるのだろうか，と疑問に思われるかもしれない．理由は簡単で，中世からの手書き写本で使われていた縦長エス ſ と縦長に脚が伸びたツェット ʒ に遡る．縦長エスと縦伸びツェットを続けると ſʒ となり，近世初期，バスタルダ体とよばれる筆記体で一気に綴られ ß という形になった．

もともとは第二次子音推移でゲルマン諸語にある t の音がドイツ語では ȥȥ になったもので，鋭い濁らない s の音．英語の that にはドイツ語の daȥ(ȥ) が対応し，この語は今では dass と綴られる．中世初期の頃は s の音と，第二次子音推移（コラム 2 参照）を経た ȥȥ の音は異なる音のようだったが，近世初期の頃にはその差はなくなっていた．s も ſ も ſʒ も音としては同じため，正書法がまだ存在しない時代にあっては，これらのどれかが恣意的に用いられることも多かった．接続詞の dass についてはかつて多くの場合 daſʒ と綴られ，それが daß になり，1996 年の正書法改正で dass と綴られるようになって現在に至る．

ß は現在の原則では長い母音の後に用いられ，短い母音の後だと ss となる．同じ動詞でも文法的に形を変えた場合，ß と ss の間での切り替えが生じる。たとえば schließen（閉める）の過去形では schloss，過去分詞では geschlossen となるように．多くの子どもが音には全く違いのない s と ß の区別に悩まされたというが，スイスでは ß は一切用いられず，その代わりに ss と綴られるため，スイスの子どもたちの方が悩みがひとつ少ない．

Deutsche Lieder

Be cool, speak Deutsch

Die Prinzen

Ich wollte mit der Bahn ganz spontan in Urlaub fahren und der Typ sagt:
„Stellen Sie sich mit der Bahncard am Ticketcounter an.
Wollen Sie Intercity, rail mail oder metropolitan?
„Oh ja, gern, aber was ist das denn?"
„Damit fahren Sie stressfree zu ihrem Meeting im First Class Businesszug.
Danach chillen Sie in der Lounge."
„Oh, das klingt ja gut. Und gibt es an Bord auch einen Wurstwagen, mein Freund?"
„Nee, aber 'n Service Point.
Da kriegen Sie 'n Snack Pack for wellness."

Be cool, speak Deutsch.
Can you speak ein bisschen Deutsch with me?
Be cool, speak Deutsch with me.
Maybe then vielleicht verstehe ich Sie.

„Guten Tag, ich such 'n Kleinwagen oder sowas in der Art."
„Da haben wir grad 'n Special: den Roadster hier von Smart
mit allen Accessories Soft-touch Runner Tools und Hardtop."
„Ich hatte eigentlich mehr so rot im Kopp."
„Ja, die gibt's in Bluescreen, Green Stretchflag und Numeric
und auch die mit Body Panels vom Showroom, die sind schick."

ドイツ語の歌

かっこよく，ドイツ語で話して

ディ・プリンツェン

僕はふと思い立って列車で休暇に出掛けようとしたらそいつが言う．
「バーンカードを用意してチケットカウンターに並んでください．
インターシティーですか，レール・メール，それともメトロポリタンですか？」
「はい，もちろん．ところでそれは何ですか？」
「それだとストレスなしでミーティングにファーストクラス・ビジネス列車で行けます．その後，ラウンジでくつろいでください．」
「よさそうですね．で，車内にはソーセージの車内販売ありますか？」
「いいえ，でもサービス・ポイントならあります．
そこでスナック・パック・フォー・ウェルネスが買えます．」

かっこよく，ドイツ語で話してください
もうちょっとドイツ語で話してもらえますか
かっこよく，ドイツ語で私と話してください．
そうしたら多分私もあなたの言うことわかるかもしれません．

「ごめんください，軽自動車またはそんな感じのを探してます．」
「それならちようどスペシャルなのがあります．スマートのこのロードスターです．すべてのアクセサリー，ソフトタッチ・ランナー・ツール，ハードトップ付きで」
「ギアバーがもう少し赤いのがいいんですけど．」
「それならブルースクリーン，グリーン・ストレッチフラッグ，そしてニメリックもあります．ショールームのなかのボディー・パネルつきのものはどうですか．かっこいいですよ．」

„Ja, das mag sein, doch das ist nicht, wofür ich mich interessiere.
„Ich glaube, ich nehme den Käfer hier."
„Sie meinen den Beetle!?"

Be cool, speak Deutsch.
Can you speak ein bisschen Deutsch with me?
Be cool, speak Deutsch with me.
Maybe then vielleicht verstehe ich Sie.
Drücken Sie sich bitte etwas klarer aus für mich!
Denn diese Sprache spreche ich leider nicht.
Be cool, speak Deutsch with me.
Maybe then vielleicht verstehe ich Sie.

„Ich hätte gern was gegessen so zum Mitnehmen. Ginge das?"
„Wollen Sie 'n Beef Bacon Barbeque, Nuggets, Whopper oder was?
Wir haben Cheeseburger, Sandwiches, Snacks und auch French Fries."
„Haben Sie auch Pommes rot-weiß?"
„Da sind Baked Potatoes Skins mit Mexican Hot Sauce und Chili Cheese.
Dazu Mash & Gravy, Coleslaw ..." „Hören Sie auf, das klingt ja fies.
Haben Sie keinen Wurstsalat mit richtig dicken Stücken?"
„Oder wie wäre es mit Chicken?"
„Ich will nicht Schicken, ich will was essen!"

「そうかもね．でもそれは僕が欲しいのではないです．
ここのケーファーにしようと思います．」
「ああ，ビートルのことですね？」

かっこよく，ドイツ語で話してください．
もうちょっとドイツ語で私と話してもらえますか．
かっこよく，ドイツ語で話してください．
そうしたら多分私もあなたの言うことわかります．
すみませんがもう少しはっきりと表現してください，私のために．
というのも，このことばを私は話せないからです．
かっこよく，ドイツ語で話してください．
そうしたら多分私もあなたの言うことわかるかもしれません．

「何か食べるもの持ち帰りで欲しいんですが，大丈夫ですか？」
「ビーフ・ベーコン・バーベキュー，ナゲット，ウォッパーか何かですか？
チーズバーガー，サンドウィッチ，スナック，フレンチ・フライもあります．」
「フライド・ポテトの赤（ケチャップ）または白（マヨネーズ）ありますか？」
「ベークド・ポテト・スキンにメキシカン・ホット・ソース とチリ・チーズもあります． それに加えてマッシュ・アンド・グレーヴィー，コールスロー」
「もう結構です，もうたくさん．
本当に厚いスライスがはいったソーセージサラダないですか？」
「チキンはどうですか」
「チキンは結構，何か食べるものが欲しいんですっ！」

Be cool, speak Deutsch.
Can you speak ein bisschen Deutsch with me?
Be cool, speak Deutsch with me.
Maybe then vielleicht verstehe ich Sie.

Was Sie erzählen, klingt ja gut. Sie haben sicher recht.
Doch irgendwie verstehe ich Sie so schlecht.

Be cool, speak Deutsch.
Can you speak ein bisschen Deutsch with me?
Be cool, speak Deutsch with me.
Maybe then vielleicht verstehe ich Sie.

かっこよく，ドイツ語で話してください.
もうちょっとドイツ語で私と話してもらえますか.
かっこよく，ドイツ語で私と話してください.
そうしたら多分私もあなたの言うことわかります.

あなたが言うことはよさそうに聞こえます．きっとそのとおりでしょう.
でも，なんだか，あなたの言っていることわかりません.

かっこよく，ドイツ語で話してください.
もうちょっとドイツ語で私と話してもらえますか.
かっこよく，ドイツ語で私と話してください.
そうしたら多分私もあなたの言うことわかるかもしれません.

アルバム：Die neuen Männer
リリース：2008 年

この課でポイントとなる表現

[12]Was machen Sie in Deutschland?

ドイツでは何をしますか？

[13]Ich reise.

旅行します.

Lektion 2

Auf dem Flughafen 1_09

[1]Sara und Nono fliegen nach Deutschland. [2]Sara kommt aus Kyushu, Nono aus Tokyo, von der Insel Oshima. [3]Sie reisen wieder nach Deutschland. [4]Früher war Sara einmal in Frankfurt und Nono in Tübingen. [5]Die Maschine landet in Frankfurt am Main. [6]Sie bleiben zuerst in Frankfurt. [7]Sara kennt die Stadt sehr gut. [8]Jetzt kommt die Passkontrolle:

[9]**Sara**: Guten Tag!

[10]**Grenzbeamter**: Konnichiwa!

[11]**Sara**: Sprechen Sie Japanisch?!

[12]**Grenzbeamter**: Nein. Nur Konnichiwa. Was machen Sie in Deutschland?

[13]**Sara**: Ich reise.

[14]**Grenzbeamter**: Wie lange bleiben Sie in Deutschland?

[15]**Sara**: Einen Monat.

[16]Der Grenzbeamte stempelt den Pass und Sara bekommt den Pass wieder.

[17]**Grenzbeamter**: Also, gute Reise!

第 2 回

飛行場で

[1] サラとノノはドイツへ飛行機で行きます. [2] サラは九州出身, ノノは東京出身, 大島の出身です. [3] ふたりはまたドイツに行きます. [4] 以前サラは一度フランクフルトに, ノノはテュービンゲンにいたことがあります. [5] 飛行機はフランクフルト・アム・マイン空港に着陸します. [6] ふたりはまずフランクフルトに滞在します. [7] サラはフランクフルトの町をよく知っています. [8] これから入国審査です.

[9] **サラ**：こんにちは.

[10] **入国審査官**：こんにちは！

[11] **サラ**：日本語しゃべれるんですか？

[12] **入国審査官**：いいえ. こんにちは, だけ. ドイツでの予定は？

[13] **サラ**：旅行します.

[14] **入国審査官**：どれくらいドイツに滞在しますか？

[15] **サラ**：一ヶ月です.

[16] 入国審査官はパスポートにスタンプを押し, サラはパスポートを受け取る.

[17] **入国審査官**：ではよい旅行を！

18 **Nono**: Hallo!

19 **Grenzbeamtin**: Hallo. Was machen Sie in Deutschland?

20 **Nono**: Ich reise.

21 **Grenzbeamtin**: Reisen Sie allein? Ohne Eltern?

22 **Nono**: Nein! Ich reise zusammen mit Sara.

23 **Grenzbeamtin**: Oh, Entschuldigung. Wohin gehen Sie?

24 **Nono**: Wir bleiben zuerst in Frankfurt.

25 *Die Grenzbeamtin stempelt den Pass und Nono bekommt den Pass wieder.*

26 **Grenzbeamtin**: Na dann, viel Spaß in Deutschland.

27 **Nono**: Danke! Tschüs!

18 **ノノ**：こんにちは！

19 **入国審査官**：こんにちは．ドイツでは何をしますか？

20 **ノノ**：旅行します．

21 **入国審査官**：ひとりで？　お父さん，お母さんなしで？

22 **ノノ**：いいえ，サラと一緒に旅行です．

23 **入国審査官**：失礼しました．どこへ行きますか？

24 **ノノ**：私たちはまずはフランクフルトに滞在します．

25 入国審査官はパスポートにスタンプを押し，ノノはパスポートを受け取る．

26 **入国審査官**：では，ドイツでお楽しみください．

27 **ノノ**：ありがとう．バイバーイ．

ポイントとなる文法 1_10

1. 動詞の現在人称変化

「**人称変化**」という動詞の変化がある．現在の事柄をあらわす動詞の現在形は，主語の「**人称**」（1人称＝話し手, 2人称＝聞き手, 3人称＝話し手・聞き手以外）と「**数**」（単数，複数）に応じて人称変化する．

→不定詞 kommen（来る）		
	単数	複数
1人称	**ich** komme	**wir** kommen
（親称）2人称	**du** kommst	**ihr** kommt
3人称	**er** **es** kommt **sie**	**sie** kommen
（敬称）2人称	**Sie** kommen	

独	英	独	英
ich	= I	wir	= we
du	= you	ihr	= you
er	= he		
es	= it	sie	= they
sie	= she		
Sie	= you		

1）ich, du, er, es, sie; wir, ihr, sie, Sie は**人称代名詞**とよぶ．なおドイツ語の ich は文頭以外では大文字書きしない．

2）1人称，2人称のときの動詞は常に当該の人称代名詞を主語として用いられる．3人称の動詞の主語は一般名詞のことも多い，主語の名詞が単数名詞なら単数語尾 -t（Der Bus komm**t**. そのバスは来る），複数名詞なら複数語尾 -en（Die Busse komm**en**. それらのバスは来る）になっている．

3）動詞の変化する部分 -en を**人称変化語尾**とよぶ．

4）人称変化した動詞の形は**定動詞**もしくは**定形**とよぶ．

5）人称変化していない，辞書に見出し語として出ている形は**不定詞**もしくは**不定形**とよぶ．大多数の動詞は -en という語尾をもつ．wandern「ハイキングする」や schütteln「揺する」のように語幹が -er, -el でおわるときのように語尾は -n のこともある．

6）不定詞の人称変化語尾部分 -en を除いた部分（komm-）を**語幹**とよぶ．

7) 2 人称で，**親称** du は家族，友人など親しい間柄で用いられる．それ以外は**敬称** Sie を用いる．この Sie は常に大文字で始まる．人称変化は 3 人称複数の sie の場合と同じ．

8) 3 人称の人称代名詞は指す対象の名詞の性（Lektion 2, 第 2 回参照）に応じて**男性名詞** er，**中性名詞** es，**女性名詞** sie で使い分けられる．今後の人称変化表では 3 人称単数は er で代理させる．

9) 語尾が発音上多少変わる場合がある．

a) 語幹が -t, -d; 流音 r/l + 鼻音 m, 流音 r/l + 鼻音 n でおわる動詞では，語尾の前に -e- がはいる．

→不定詞 finden（見つける）		
	単数	複数
1 人称	**ich** finde	**wir** finden
2 人称	**du** findest	**ihr** findet
3 人称	**er** findet	**sie** finden
2 人称	**Sie** finden	

→その他：landen（着陸する），bitten（頼む），reden（しゃべる），
atmen（呼吸する），rechnen（計算する）

b) 語幹が -s, -ss, -ß,-tz, -z（[s], [ts]）でおわる動詞では du の人称変化語尾が -t となる．du, er, ihr で人称変化した動詞が同じ形になる．

→不定詞 reisen（旅行する）		
	単数	複数
1 人称	**ich** reise	**wir** reisen
2 人称	**du** reist	**ihr** reist
3 人称	**er** reist	**sie** reisen
2 人称	**Sie** reisen	

→その他：fassen（掴む），heißen（～という名前である），
sitzen（座っている），heizen（暖房する）

2. 文の種類と語順

ドイツ語では,「**主文**」と「**副文**」を区別する.主文では定動詞が文頭から 2 番目にくる(「**定動詞**」/「**定形第 2 位**」)

1) 主文

それ自体で独立して,他に依存していない文を「**主文**」とよぶ.主文では定動詞が文頭から 2 番目の位置にくる(「**定動詞/定形第 2 位**」).それ以外の文肢の位置は比較的自由.主語がいつも文頭にくるとは限らない.疑問文では,Ja「はい」,Nein「いいえ」で答えられる「**決定疑問文**」の場合,定動詞を文頭におく.w- ではじまる疑問詞を用いる「**補足疑問文**」では疑問詞が文頭にきて定動詞がそれにつづく.

a) 平叙文

→ Herr Lenz **kommt** heute pünktlich. レンツさんは今日時間どおりに来る.

→ Heute **kommt** Herr Lenz pünktlich. 今日はレンツさんは時間どおりに来る.

b) 疑問文

α) 決定疑問文

→ **Kommt** Herr Lenz morgen? レンツさんは明日来ますか?

→ Ja, er **kommt** morgen. はい,明日来ます.

→ Nein, er **kommt** schon heute. いいえ,もう今日来ます.

β) 補足疑問文

→ **Wann kommt** Frau Schmidt? いつシュミットさんは来ますか?

→ Sie **kommt** heute. 今日来ます.

→ Heute **kommt** sie. 今日来ます.

※人称代名詞は主文では定動詞の直前か直後におかれる.

2) 副文

それ自体で独立していなく,他の文や文肢に掛かっていく文を「**副文**」とよぶ.副文では「**定動詞文末**」になる.詳細は従属の接続詞のところであつかう(Lektion 12,第 12 回参照).

第 2 回練習問題

Übung 1: 括弧内の動詞を人称変化させて下線部に入れ，和訳してください．

(1) _______ du Deutsch? - Ja, ich _______ Deutsch. (lernen)

(2) Was _______ ihr? - Wir _______ Tee. (trinken)

(3) Wie _______ du? - Ich _______ Klaus. (heißen)

(4) Petra _______ sehr schnell. (reden)

Übung 2: 語順を変えて文を書き換え，和訳してください．

(1) Ich trinke sehr gern Wein.

Wein ____

(2) Wir spielen morgen Tennis.

Morgen ____

(3) Beate studiert in Leipzig, aber sie wohnt in Berlin.

Beate studiert in Leipzig, aber in Berlin _______________________________

Übung 3: 次の日本語の文を括弧内の単語を用いてドイツ語の文になおしてください．

(1) 私は歩いて行きます．(ich, zu Fuß, gehen)

____

(2) ペーターはひとりで住んでいます．(Peter, allein, wohnen)

____

(3) サラとアントニアは歌うのが好きです．(Sara, Antonia, singen, gern)

____

Deutsche Lieder

Airport

Udo Lindenberg

Ich bin wieder zu Hause, und was ich auch mach',
Ich denk immer nur, nur an Dich
Nein, ich hab nicht gewusst, dass das alles so stark ist
Und irgendwie verfolgt es mich

Und jetzt bin ich total perplex
Dein Gesicht und Dein süßer Sex
Lässt mich einfach nicht mehr in Ruh
Und ich vermiss' Dich

Wir ganz locker am Airport, und ich sag' ganz leger:
Eh, man sieht sich wieder, vielleicht nächstes Jahr.
Doch dann später im Flieger wurd' das Herz mir so schwer
Und es wurd' mir klar, dass es viel mehr war
Als nur so 'n kleiner Flirt am Rand,
Als nur 'ne schnelle Romanze am Strand.
Ist alles erst 'n paar Stunden her
Und ich vermiss' Dich so sehr.

Dich wiederseh'n - ich muss Dich wiederseh'n.
Dich wiederseh'n - ganz schnell wiederseh'n.
Dich wiederseh'n - bitte einmal noch, und dann immer wieder.

ドイツ語の歌

エアポート

ウード・リンデンベルク

また家に戻ってきて，何をしようとも，
いつも君のことしか考えていない.
いや，知らなかった，このすべてのことがこんなにつよいとは.
そしてとにかくこのことが僕を追い続ける.

いま，僕は完全に困惑.
君の顔も君との甘い時間も
僕のことをとにかくもはやそっとしておいてくれない
そして僕は君がいなくてさびしい.

ふたりですっかりゆったりエアーポートで，そして僕はすっかり陽気に言う，
また会おう，ひょっとしたら来年，と.
けれどもそれから後になって飛行機の中で僕の心はとても重くなった
そして僕にははっきりとした，君とのことははるかにもっとだと，
ただ片隅でのちょっとしたお遊びよりも，
ただ浜辺で速く過ぎ去るロマンスよりも.
あらゆることがやっと数時間経っただけなのに
僕は君がいなくてさびしい.

君と再会 —— 君に会わずにはいられない.
君と再会 —— とにかく早くまた会いたい.
君と再会 —— もう一度お願い，そしたらいつもまた.

Und jetzt bin ich total perplex.
Dein Gesicht und Dein süßer Sex
Lässt mich einfach nicht mehr in Ruh
Und ich vermiss' Dich so sehr.

Dich wiederseh'n - ich muss Dich wiederseh'n.
Dich wiederseh'n - ganz schnell wiederseh'n.
Dich wiederseh'n - bitte einmal noch, und dann immer wieder.

Dich wiederseh'n - hab' nicht mal 'n Foto von Dir.
Dich wiederseh'n - ich Idiot, ich vermisse dich.
Dich wiederseh'n - hätt' ich doch gleich merken können, wer Du bist für mich.
Dich wiederseh'n - ist alles, was ich will.
Dich wiederseh'n - ist alles, was ich brauch'.
Dich wiederseh'n - bitte einmal noch, und dann immer wieder.

Dich wiederseh'n,
Dich wiederseh'n,
Dich wiederseh'n - bitte einmal noch, und dann immer wieder.

Dich wiederseh'n,
Dich wiederseh'n,
Dich wiederseh'n.

いま，僕は完全に困惑.
君の顔も君との甘い時間も
僕のことをとにかくもはやそっとしておいてくれない，
そして僕は君がいなくてとてもさびしい.

君と再会 —— 君に会わずにはいられない.
君と再会 —— とにかく早くまた会いたい.
君と再会 —— もう一度お願い，そしたらいつもまた.

君と再会 —— 君の写真すら持っていない.
君と再会 —— 僕は馬鹿なやつ，君がいなくてさびしい.
君と再会 —— やっぱりすぐに気づけたのに，君が僕にとって何者なのかを.
君と再会 —— 僕が望むことすべて.
君と再会 —— 僕が必要なことすべて.
君と再会 —— もう一度お願い，そしたらいつもまた.

君と再会,
君と再会,
君と再会 —— もう一度お願い，そしたらいつもまた.

君と再会,
君と再会,
君と再会.

アルバム：CasaNova
リリース：1988 年

Lektion 3

ホテルで（Im Hotel）

動詞 sein の現在人称変化

この課でポイントとなる表現

[5]Hier ist der Zimmerschlüssel. Das Frühstück ist morgens ab 7:00 Uhr, dort im Restaurant.

はい，部屋の鍵です．朝食は朝７時からです，あそこのレストランで．

Lektion 3

Im Hotel 1–11

[1]*Sara und Nono beim Einchecken im Hotel in Frankfurt.*

[2]**Sara**: [1]Hallo! Mein Name ist Sara Yoshihara. [2]Wir sind ab heute hier für eine Woche. [3]Hier ist der Pass.

[3]**Empfang**: [1]Herzlich willkommen! [2]Moment bitte, ich suche die Reservierung. [3]Ok, Sie heißen Sara Yoshihara und Nono Hirakawa, [4]Sie sind aus Japan und bleiben eine Woche. [5]Hier bitte den Namen und die Unterschrift eintragen.

[4]**Sara**: Ok, alles klar. – *Sie unterschreibt.*

[5]**Empfang**: [1]Danke schön! [2]Hier ist der Zimmerschlüssel. [3]Ihr Zimmer ist 305. [4]Es ist ein Nichtraucher-Zimmer. [5]Das Frühstück ist morgens ab 7:00 Uhr, dort im Restaurant. [6]Angenehmen Aufenthalt!

[6]**Sara und Nono**: Danke schön.

第3回

ホテルで

[1] フランクフルトのホテルでチェックインするサラとノノ.

[2] **サラ**：[1] こんにちは．私の名前はサラ・ヨシハラです．[2] 私たちは今日からここに一週間泊まります．[3] はい，パスポートです．

[3] **フロント**：[1] ようこそ！　[2] 少々お待ちください．[3] 予約を確認します．[4] オーケー，サラ・ヨシハラさんとノノ・ヒラカワさん，日本からですね，一週間滞在．[5] ここに名前とサイン記入をお願いします．

[4] **サラ**：オッケー．サラがサインします．

[5] **フロント**：[1] ありがとうございます．[2] はい，鍵です．[3] あなた方のお部屋は305号室です．[4] 禁煙ルームです．[5] 朝食は朝7時から，そこのレストランです．[6] おくつろぎください．

[6] **サラ・ノノ**：ありがとうございます．

ポイントとなる文法 1_12

動詞 sein の現在人称変化

動詞 sein「〜である」は現在人称変化が不規則．動詞本来の「〜である」「ある」「いる」という意味でのほか，**完了形の助動詞**（ドイツ語 II, Lektion 1, 第 1 回参照）や**状態受動の助動詞**（ドイツ語 II, Lektion 2, 第 2 回）としても用 いられる頻度の高い動詞．

→不定詞 sein（〜である）		
	単数	複数
1 人称	ich **bin**	wir **sind**
2 人称	du **bist**	ihr **seid**
3 人称	er **ist**	sie **sind**
2 人称	Sie **sind**	

「〜だ」という述語となる形容詞や名詞を伴ってその**述語動詞**（〜である）として用いられる．

→ Ich **bin froh.** 私はうれしい．

→ Werner **ist Student.** ヴェルナーは学生です．

→ Antonia **ist Studentin.** アントニアは学生です．

3

第 3 回練習問題

Übung 1: 下線部に sein を人称変化させて入れ，和訳してください.

(1) _______ Sie Japanerin? - Ja, ich _______ Japanerin.

(2) _______ du heute zu Hause? - Ja, ich _______ zu Hause.

(3) Frau Kühn _______ sehr nett.

(4) Herr und Frau Schneider _______ nett.

(5) _______ ihr noch böse? - Nein, wir _______ gar nicht böse.

(6) Die Familie Jungmann _______ schrecklich nett!

(7) Ich _______ fix und fertig. _______ du auch fix und fertig?

Übung 2: 次の日本語の文を括弧内の単語を用いてドイツ語の文になおしてください.

(1) 君たち疲れた？―― うん，疲れた．(ihr, müde sein)

____

(2) 君たちも終わりましたか？―― はい，私たちは終わりました.

(ihr, fertig sein, wir, auch)

____

(3) ミュラー夫妻はまだ移動中です．(Herr, Frau, Müller, noch, unterwegs sein)

____

Deutsche Lieder

Die Bühne ist angerichtet

Udo Lindenberg

Wenn ich 5 Minuten vor dem Auftritt
hinter der Bühne stehe
und mir durch's kleine Loch im Vorhang
das große Publikum ansehe, wenn's dann plötzlich mulmig im Magen rumort
und der Lampenfiebervampir mich voll durchbohrt,
wenn ich, obwohl ich sonst so easy bin, total vibriere
und der Rudi bringt mir schnell noch ein Beruhigungsbier,
dann wäre ich lieber einer von euch da unten,
da hinten zehnte Reihe links.
Ich würde denken: „Na, Popstar!
Wollen wir doch mal sehen, ob du das bringst!"
Ich würde mich locker wie ein Rocker in den Sessel hängen
und lauschte wie berauscht diesen Infernogesängen.
Das einzige Problem, das ich mir vorstellen kann:
Wie verkraftet meine Freundin so ein erotisches Programm?

Die Flasche mit dem Kicherwasser kreist von Mann zu Mann.
Ja, die Jungs von der Kapelle knallen sich tierisch an.
Ein letzter Blick in den Spiegel,
weil man auf Schönheit nicht gern verzichtet.
Und dann sagt Controlletti:
„Signiore, die Bühne ist angerichtet!"

ドイツ語の歌

舞台の準備はできた

ウード・リンデンベルク

出番の 5 分前
舞台の裏に立って
カーテンの隙間から
大きな観衆を見ると，そして突然胃のあたりがむずむずし始めて
あがり症という吸血鬼が自分に噛みつくと，
普段は気楽なのにすっかり震えが止まらなくなり
ルディーが急いで気付けビールを持ってくると，
自分は舞台の下の観客のひとりなら，と思う．
そこ，その後ろ第 10 列左の．
そこで僕は思うだろう，「さあ，スターよ
お手並み拝見といこうか」と．
ロックミュージシャンのようにリラックスして椅子に座って
恍惚として大音響に聞き入っていたいと思う．
考えられる唯一の問題は
僕の彼女がこんなエロティックなコンサートに耐えられるかどうか．

ワインの入ったボトルが手から手へとわたり
コーラスの野郎たちがぐい飲みをする．
最後に鏡をのぞく，
メークは欠かせないから．
そしていよいよ付き人が言う，
セニョーレ，舞台準備ができました，と．

アルバム：Sister King Kong
リリース：1976 年

Lektion 4

朝食の際に（Beim Frühstück）

名詞の性・数と冠詞，人称代名詞，名詞の複数形

この課でポイントとなる表現

[7]Wo sind denn die Teller?

さて，お皿はどこ？

[8]Da sind sie.

あそこ．

Lektion 4

Beim Frühstück 1–13

[1]*Sara und Nono beim Frühstücksbuffet im Hotel-Restaurant.*

[2]**Sara**: Nono, bist du noch müde?

[3]**Nono**: [1]Nein, gar nicht. [2]Ich habe nur Hunger.

[4]**Sara**: Ja, ich auch.

[5]**Nono**: Das Frühstücksbuffet ist ziemlich reichhaltig.

[6]**Sara**: [1]Stimmt! [2]So viele Brotsorten! [3]Die schmecken sicher gut.

[7]**Nono**: Wo sind denn die Teller?

[8]**Sara**: [1]Da sind sie. [2]Hier sind auch Messer und Gabeln. [3]Und Stäbchen?

[9]**Nono**: Nein, wir sind doch in Deutschland.

[10]**Sara**: Ein Teller, ein Messer und eine Gabel.

[11]**Nono**: Sara, hier sind Tassen und Gläser.

[12]**Sara**: Die Tassen und die Gläser hier sind aber groß.

[13]**Nono**: Ja, sie sind wirklich groß.

[14]**Sara**: Hier sind viele Sorten Schinken, Wurst und Käse.

[15]**Nono**: [1]Auch viele Sorten Marmelade. [2]Und Nutella auch.

[16]*Sie frühstücken gemütlich.*

[17]**Sara**: [1]Heute kommt Antonia zu uns. [2]Sie ist heute die Reiseleiterin.

第4回

朝食の際に

1 ホテルのレストラン朝食ビュッフェでのサラとノノ.

2 **サラ**：ノノ，まだ疲れてる？

3 **ノノ**：[1] いや，全然. [2] おなかすいてるだけ.

4 **サラ**：うん，私も.

5 **ノノ**：朝食ビュッフェ，かなり盛りだくさんね.

6 **サラ**：[1] ほんと！ [2] こんなに多くのパンの種類！ [3] きっとおいしいよね.

7 **ノノ**：で，お皿はどこ？

8 **サラ**：[1] あそこ. [2] ここにナイフとフォークもある. [3] で，お箸は？

9 **ノノ**：ないよ，ここドイツだよ.

10 **サラ**：お皿，ナイフ，そしてフォーク.

11 **ノノ**：サラ，ここにカップとコップがあるよ.

12 **サラ**：カップとコップ，だけど大きいね.

13 **ノノ**：うん，本当に大きいね.

14 **サラ**：ここにはたくさんの種類のハム，ソーセージ，そしてチーズがあるね.

15 **ノノ**：[1] たくさんの種類のジャムも. [2] ヌテラもある.

16 二人はくつろいで朝食をとります.

17 **サラ**：[1] 今日はアントニアが合流するよ. [2] アントニアが今日はガイド.

ポイントとなる文法 1_14

1. 名詞の性・数と冠詞，人称代名詞

名詞の「**性**」というものがドイツ語の名詞にはある.「**男性名詞**」,「**中性名詞**」,「**女性名詞**」の 3 つを区別する.「**冠詞**」というものがドイツ語の名詞にはある. 冠詞には，冠詞のついた名詞が特定の対象をさしていることをあらわす「**定冠詞**」と不特定の対象をさしていることをあらわす「**不定冠詞**」がある. 冠詞の形は名詞の性と数に応じて異なる.

1）名詞の性・数と定冠詞・不定冠詞の形

→	男性名詞 (m)	中性名詞 (n)	女性名詞 (f)	複数名詞 (pl)
定冠詞	**der** Teller お皿	**das** Messer ナイフ	**die** Gabel フォーク	**die** Gläser コップ
不定冠詞	**ein** Teller	**ein** Messer	**eine** Gabel	Gläser*

m = maskulin 男性名詞，n = neutral 中性名詞，f = feminin 女性名詞，pl = plural 複数名詞

* 複数名詞には不定冠詞がないので，単数で不定冠詞が使われるような場合，複数では無冠詞になる.

→ Hier ist **ein** Teller. **Der** Teller ist leicht. ここに皿があります. その皿は軽い.

→ Dort ist **ein** Messer. **Das** Messer ist alt. あそこにナイフがあります. そのナイフは古い.

→ Hier ist **eine** Gabel. **Die** Gabel ist noch neu.
ここにフォークがあります. このフォークはまだ新しい.

2）名詞の性・数と人称代名詞の形

名詞はその性と数に応じて人称代名詞に置き換えられる.

→	男性名詞 (m)	中性名詞 (n)	女性名詞 (f)	複数名詞 (pl)
定冠詞	**der** Teller	**das** Messer	**die** Gabel	**die** Gläser
人称代名詞	**er**	**es**	**sie**	**sie**

→ **Der Teller** ist schwer. **Er** kostet viel. その皿は重い．大変高いです．

→ **Das Messer** ist neu. **Es** schneidet gut. そのナイフは新しい．よく切れます．

→ **Die Gabel** ist neu. **Sie** ist aus Deutschland. このフォークは新しい．ドイツ製です．

→ **Die Gläser** sind schön. **Sie** sind aus Tschechien. このグラスは美しい．チェコ製です．

2. 名詞の複数形

4

「**複数形**」というものが名詞にはある．名詞がひとつより多くの対象をさす場合，複数形が用いられる．ドイツ語の複数形の作り方パターンは次のとおり．

→	作り方	単数形	複数形	
1 a	単数複数同形ウムラウト無	der Teller	die Teller*	皿
b	単数複数同形ウムラウト有	der Garten	die G**ä**rten	庭
2 a	語尾 -e ウムラウト無	der Tisch	die Tisch**e**	机
b	語尾 -e ウムラウト有	die Hand	die H**ä**nd**e**	手
3	語尾 -er ウムラウト有 **	das Buch	die B**ü**ch**er**	本
4	語尾 -(e)n	die Tasche	die Tasche**n**	鞄
		die Uhr	die Uhr**en**	時計
5	語尾 -s	das Foto	die Foto**s**	写真

* 名詞が複数のときの定冠詞は性に関係なく一律に die を用いる．

** 語幹母音が広い母音（a, o, u, au）の場合は必ずウムラウトする．

→ das D**a**ch / die D**ä**cher（屋根），das H**au**s / die H**äu**ser（家）

狭い母音（i, e）の場合にはウムラウトはない．

→ das K**i**nd / die K**i**nder（子ども），das F**e**ld / die F**e**lder（耕地）

「意味」だけを調べるのが辞書ではない！

——辞書をひくときのポイント——

ドイツ語の辞書をひくときには，語の「意味」以外にも注目しなければならない項目が多い.「意味」を調べるだけが辞書の使い方ではない．ドイツ語の辞書を使うときに注目すべき項目をまとめてみよう．これらの事項は辞書ごとにそれぞれ独自の略号で示されているので，自分の使っている辞書ではどんな略号が用いられているのか確認しておこう．今は紙媒体ではなくオンラインでさまざまな資料にアクセスできるが，押さえるべき要点は変わらない.

1）発音：音節の切れ目とアクセントのある音節に注目

見出し語の次には当該の語の発音記号が書かれている．特に長い単語では，**どこが音節の切れ目になるのか**，という点と，**どの音節にアクセント（強勢）があるのか**を確認することが大事.「音節」とは，発音するときのひとつのまとまり，1 拍．たとえば Deutschland（「ドイツ」）は文字の多い長い単語だが，音節は Deutsch-land のように 2 音節になる．音節の切れ目には「・」などの記号が用いられている．アクセントのある音節の前には通常，アクセント記号「'」がつけられている.

2）名詞：性と複数形に注目

a) 名詞の性では,「**男性名詞**」は der, r (= der), m (= maskulin),「男」など,「**中性名詞**」は das, s (= das), n (= neutral),「中」など,「**女性名詞**」は die, e (= die), f (= feminin),「女」などの略号で示されている.

b)「**名詞の複数形**」は,「m -s / -e」や「n -s / Tücher」などのように「名詞の性，単数 2 格形 / 複数形」の略号表記の中の斜線右側に示されている．この略号表記部分が「m - en / - en」となっている場合は「**男**

性弱変化名詞」(Lektion 11, 第 11 回参照). また Angestellte[r], m, f「サラリーマン」となっているような場合は,「**形容詞・分詞の名詞化**」(ドイツ語 II, Lektion 8, 第 8 回参照). 複数形はそのまま複数形が表示されている場合と, 複数形の作り方パターンが略号で示されている場合がある.

c)「**合成語**」では, 合成語左側の規定語部分が同じ限りは, 右側の基礎語となる部分のみが Arbeits_amt (...), anfall (...), angebot (...), anzug (...), aufsicht (...) のような形で列挙されている. 合成語の性は最後にある基礎語の名詞の性によって決まる. また複数形は基礎語部分の名詞を見出し語としてひいて確認することになる.

3) 動詞：自動詞, 他動詞, 再帰動詞, 格支配, 不規則変化動詞に注目

a)「**自動詞**」は i (= intransitiv),「自」など,「**他動詞**」は t (= transitiv),「他」など,「**再帰動詞**」は sich, r, rfl (= reflexiv),「再」などの略号で示されている.「**格支配**」については, 他動詞であれば必ず 4 格目的語をとる. それ以外には「待つ (auf+4... を)」などのように訳語に応じて記号で示されている. このとき重要な略号は,「**人間**」と「**物・事柄**」の区別および「**格**」の区別.「**物・事柄**」は etwas, etw/etw[4] などで示され, 右上に数字で格が表示されている (etw = etwas「何か」).「人間」は「人間の 3 格」が jm (= jemandem) や人[3],「人間の 4 格」が jn (= jemanden) や人[4] などの略号で示される. 辞書によって表記の仕方が違うので自分の辞書でよく確認しておこう.

b)「**不規則変化動詞**」(**強変化動詞, 混合変化動詞**) では, 見出し語の右肩に * がつけられ, 不規則な「**過去基本形**」と「**過去分詞**」が記載されていたり, st. V. (強変化動詞) や unr. V. (不規則変化動詞) などの略号が用いられている. 完了の助動詞に haben と sein のどちらを用いるかは, 自動詞の i 記号の後に sein の場合は i (s), haben の場合は i (h)，両方のケースがある場合は i (h, s) などのような略号で示されている．

4）形容詞：形容詞と副詞の用法があることに注目

ドイツ語の形容詞には，名詞を修飾する「**形容詞**」としての用法と，名詞以外に掛かる「**副詞**」としての用法があるが（ドイツ語 II, Lektion 7, 第 7 回参照），辞書の記載では通常，形容詞としての用法での「〜な」という訳語のみがあげられている．語尾変化をして名詞に掛かっている場合であれば，「〜な」という訳語で問題ないが，語尾変化をしないで副詞として用いられているときは，「〜に」という訳語で理解しなければならない．見出し語では「形容詞」となっていても，使われ方に応じて，「副詞」としての用法と「形容詞」としての用法を区別できることが重要．

5）前置詞：格支配に注目

前置詞には，後ろにくる名詞が特定の格になることを要求する「**前置詞の格支配**」（Lektion 8，第 8 回参照）があるので，何格を支配するかがどのような略号で示されているかを確認しておこう．意味については，前置詞本来の具体的な位置・場所関係をあらわす意味のほか，時間関係や因果関係など，抽象的な関係をあらわす意味，動詞の前置詞目的語のこともあるので注意．

6）接続詞：従属の接続詞か並列の接続詞かに注目

接続詞には，その接続詞を用いると定動詞の位置が文末になる「**従属の接続詞**」と，その接続詞を用いても定動詞の位置に変化がない「**並列の接続詞**」がある（Lektion 12，第 12 回参照）．この区別がどのような略号で示されているか確認しておこう．

第 4 回練習問題

Übung 1: 下線部に冠詞の語尾を入れ，和訳してください．なお語尾が不必要な場合は×してください．(*r*) 男性名詞, (*s*) 中性名詞, (*e*) 女性名詞.

(1) Hier ist ein__ Stuhl (*r*). D__ Stuhl ist bequem.

(2) Hier steht ein__ Bett (*s*). D__ Bett ist sehr alt.

(3) Dort kommt ein__ Frau (*e*). D__ Frau wohnt allein.

(4) Dort sind Kinder. D___ Kinder spielen Fußball.

Übung 2: 下線部の名詞を人称代名詞に置き換えて下線部に入れ，和訳してください.

(1) Wo ist der Stuhl? - _____ ist dort.

(2) Wo steht das Auto? - _____ steht hier.

(3) Wo sind die Teller? - _____ sind dort.

(4) Wo ist die Gabel? - _____ ist hier.

Übung 3: 括弧内の名詞を複数形にして下線部に入れ，和訳してください.

(1) In Deutschland sind überall ________ und _______. (Schloss, Burg)

Übung 4: 次の日本語の文を括弧内の単語を用いてドイツ語の文になおしてください.

(1) ここに家が一軒あります．この家は大変古いです．

(hier, *s* Haus, stehen, sehr alt, sein)

____

(2) 新聞はどこ？——ここ．(*e* Zeitung, wo, hier, sein)

____

(3) コップはどこ？——あそこです．(*s* Glas 複数形にして用いる，wo, dort, sein)

____

Deutsche Lieder

Niemandsland

Udo Lindenberg

Wo die Straße im Sand verweht,
da, wo kein Schritt mehr weiter geht,
liegt unbekannt das Niemandsland.
Ganz tief in meinem Herzen drin,
da kam vor dir noch keiner hin,
ganz unberührt und unverführt.
So viele Expeditionen, die losgezogen sind,
verloren, verschollen im Wüstenwind.
Vielleicht bist du die erste,
hältst den Schlüssel in der Hand,
geheimnisvoll und unbekannt das Niemandsland,
das Niemandsland.

Das Undenkbare wird gedacht
und das Unmögliche wird gemacht,
wie'n erstes Mal und wie'n letztes Mal.
Wir sind so weit, wir sind so frei.
Wir schreiben alle Gesetze neu,
unser Weg lässt keine andere Wahl.
Zu viele Expeditionen, die losgezogen sind,
verloren, verschollen im Wüstenwind.
Veilleicht bist du die erste,

ドイツ語の歌

誰のものでもない国

ウード・リンデンベルク

道が砂の中に埋もれていくところ，
もう一歩も前へ行かないところに
誰にも知られず誰のものでもない国がある．
自分の心の奥深くに，
おまえの前にはまだ誰も行ったことがなく，
まだ誰にも触られず惑わされずに．
出発していった多くの探検隊が
砂漠の風の中で行方不明になり埋もれる．
ひょっとしたらおまえが
その鍵を手にする最初の人間．
不可思議で知られていない誰のものでもない国，
誰のものでもない国．

考えられないことを考え，
不可能なことができる，
最初のように，最後のように．
私たちは準備ができている，こんなに自由．
すべての法律を新しく書き直そう．
私たちには他の道はない．
出発していった多くの探検隊が
砂漠の風の中で行方不明になり埋もれる．
ひょっとしたらおまえが

hältst den Schlüssel in der Hand
geheimnisvoll und unbekannt das Niemandsland,
das Niemandsland.

Doch mit dir, mit dir würde ich riskieren,
mit dir durch Nebelfelder gehen.
Zusammen wird uns nichts passieren,
auch wenn wir manchmal ganz nah am Abgrund stehen.
Doch mit dir, nur mit dir könnte es gehen.
Nur mit dir, nur mit dir könnte es gehen.

その鍵を手にする最初の人間.
不可思議で知られていない誰のものでもない国,
誰のものでもない国.

けれどおまえとなら，おまえとだけなら冒険しよう，
おまえとなら霧の荒野を行こう.
一緒なら自分たちには何も起きないだろう.
たとえしばしば絶壁の近くにいても.
けれどおまえとなら，おまえとだけなら大丈夫だろう，
おまえとだけなら，おまえとだけなら
大丈夫だろう.

アルバム：Gustav
リリース：1991 年

ホテルロビーで（In der Hotel-Halle）

名詞・人称代名詞・指示代名詞の格変化（その 1）──1・4 格，動詞 haben の現在人称変化，否定冠詞 kein

この課でポイントとなる表現

[9]Habt ihr schon einen Plan?

もう予定決まってる？

[10]Nein, wir haben noch keinen Plan.

いや，まだない.

Lektion 5

In der Hotel-Halle 1–15

[1]*Sara, Nono und Antonia zusammen.*

[2]**Antonia**: Herzlich willkommen in Frankfurt!

[3]**Sara**: [1]Schön! [2]Endlich sehen wir uns wieder. [3]Wie geht's dir?

[4]**Antonia**: [1]Danke, gut! [2]Und dir?

[5]**Sara**: [1]Danke, mir geht's auch gut. [2]Das ist Nono. [3]Wir arbeiten zusammen in der Buchhandlung.

[6]**Nono**: [1]Hallo, ich heiße Nono. [2]Freut mich.

[7]**Antonia**: [1]Hallo, ich heiße Antonia. [2]Freut mich auch. [3]Sara kenne ich schon lange, seit dem Studium in Frankfurt. [4]Ich arbeite bei einem Hotel in Japan und bin gerade zurück in Deutschland. [5]Endlich wieder mit Sara in Frankfurt! [6]Ich bin echt froh.

[8]**Nono**: [1]Ich bin übrigens Wahltübingerin. [2]Ein Semester in Tübingen. [3]Frankfurt ist dagegen echt eine Großstadt. [4]Ich bin ziemlich gespannt auf die Stadtbesichtigung.

[9]**Antonia**: Habt ihr schon einen Plan?

[10]**Sara und Nono**: Nein, wir haben noch keinen Plan.

[11]**Antonia**: Gehen wir dann zuerst zum „Römer"?

[12]**Sara und Nono**: Ja, gern.

第5回

ホテルロビーで

[1] 一緒にいるサラ，ノノ，そしてアントニア.

[2] **アントニア**：ようこそフランクフルトへ！

[3] **サラ**：[1] 最高！ [2] やっとまた会えたね. [3] 調子はどう？

[4] **アントニア**：[1] ありがとう，好調！ [2] でサラは？

[5] **サラ**：[1] ありがとう，私も好調. [2] こちら，ノノです. [3] 私たち一緒に本屋さんで仕事してるの.

[6] **ノノ**：[1] こんにちは，ノノです. [2] よろしくね.

[7] **アントニア**：[1] こんにちは，アントニアです. [2] こちらこそよろしく. [3] サラはもう長いこと知り合いです，フランクフルトの大学で勉強したときから. [4] 私は日本にあるホテルで働いてます. ちょうどドイツに戻ってきているところです. [5] やっとサラとまたフランクフルトで再会！ [6] すごく感激.

[8] **ノノ**：[1] 私はテュービンゲン人です. [2] テュービンゲンで1学期. [3] フランクフルトはテュービンゲンと比べるとホント大都市ね. [4] 観光楽しみ.

[9] **アントニア**：もう予定決まってる？

[10] **サラとノノ**：いや，まだない.

[11] **アントニア**：じゃあ，最初に「レーマー」へ行く？

[12] **サラとノノ**：うん，了解.

5

ポイントとなる文法 1_16

1. 名詞の格変化（その 1）―― 1・4 格

「**格変化**」というものがドイツ語の名詞にはある．名詞は，主語，目的語，間接目的語など，文中で果たす役割に応じて格変化する．ドイツ語では 4 つの格を区別し，この格変化はおもに冠詞の末尾でなされる．

1）名詞格変化表

<table>
<tr><th>→</th><th>男性名詞</th><th>中性名詞</th><th>女性名詞</th><th>複数名詞 *</th></tr>
<tr><td>1 格</td><td>der Garten 庭
ein Garten
er / der</td><td rowspan="2">das Buch 本
ein Buch
es / das</td><td rowspan="2">die Uhr 時計
eine Uhr
sie / die</td><td rowspan="2">die Hände 手
keine Hände
sie / die</td></tr>
<tr><td>4 格</td><td>den Garten
einen Garten
ihn / den</td></tr>
<tr><td>3 格</td><td>dem Garten
einem Garten
ihm / dem</td><td>dem Buch
einem Buch
ihm / dem</td><td>der Uhr
einer Uhr
ihr / der</td><td>den Händen
keinen Händen
ihnen / denen</td></tr>
<tr><td>2 格</td><td>des Gartens
eines Gartens
seiner / dessen</td><td>des Buchs
eines Buchs
seiner / dessen</td><td>der Uhr
einer Uhr
ihrer / deren</td><td>der Hände
keiner Hände
ihrer / deren</td></tr>
</table>

セル上：定冠詞；セル中：不定冠詞；セル下：人称代名詞／指示代名詞

* 複数形には不定冠詞がないのでその代わりに否定冠詞 kein を使用．kein は不定冠詞類に属し，所有冠詞（mein〔私の〕など）と全く同じパターン（Lektion 11，第 11 回参照）．

2）動詞の格支配

動詞によって主語以外の格に何格を用いるか決まっている．これを「**動詞の格支配**」という．大多数の動詞は 4 格目的語をとる．動詞が何格支配であるかは辞書で確認する必要がある．4 格目的語のほか，3 格目的語，前置詞目的語もある．

a）1 格主語・述語

文の主語は常に 1 格で，日本語の格助詞「が」に近い．名詞が「～である」という述語として動詞 sein とともに用いられる場合も 1 格．

→ **Die Kirche** ist schon alt. その教会はもう古い．（1 格主語）

→ Ulrike ist **Studentin**. ウルリケは大学生です．（1 格述語）

b）4 格目的語

ドイツ語では「**他動詞**」の目的語は必ず 4 格．4 格を目的語にする動詞が「他動詞」とよばれる．4 格はいわゆる「**直接目的語**」に相当し，日本語の格助詞「を」に近い．

→ Ich habe **ein Auto**. 私は車をもっている．（haben〔～を（4 格）もっている〕）

→ Wir malen **einen Baum**. 私たちは木を描く．（malen〔～を（4 格）描く〕）

3）前置詞の格支配

前置詞によってその後ろにくる名詞が何格であるか決まっている．これを「**前置詞の格支配**」という．詳細は前置詞の格支配（Lektion 8, 第 8 回参照）のところであつかう．

→ Wir sitzen **um den Tisch**.
私たちはテーブルの周りに座っている．（um〔～の周りに〕，4 格支配）

→ Ich lerne jetzt **für die Prüfung**.
私は今試験のために勉強している．（für〔～のために〕，4 格支配）

4）4 格の副詞的用法

4 格の名詞には，格支配されない副詞としての用法もある．

→ Sie gehen **den Weg** geradeaus. あなたはこの道をまっすぐ行ってください．

→ Ich bleibe **die Nacht** wach. 私は夜起きたままでいる．

2. 人称代名詞・指示代名詞の格変化（その 1）—— 1・4 格 -----

人称代名詞にも格変化がある.

1）3 人称の人称代名詞

3 人称の人称代名詞の格変化は，格変化した冠詞の末尾部分に典型的な音が引き継がれている（名詞格変化表の各セル右下スラッシュ左側参照).

→ Wo ist **der Schlüssel**? - **Er** liegt da. 鍵はどこ？—— あそこです.

→ Hier ist **die Zeitung**. **Sie** ist von gestern.

ここに新聞がある．それは昨日の新聞です.

2）3 人称の指示代名詞

3 人称では人称代名詞のほか近くのものをさすときに**指示代名詞**が用いられることがある（名詞格変化表の各セル右下のスラッシュ右側参照). 定冠詞単独で名詞を代理させるのが指示代名詞と考えればよい．中性の指示代名詞 das は通常，特定の名詞をささず，既出の事柄や文内容をさしている．例文のように人間を指示代名詞でさすのはかなり口語的.

→ Kennst du **Peter**? - **Den** kenne ich sehr gut.

ペーター知ってる？—— あいつならよく知っているよ.

3）**1 人称，2 人称の人称代名詞**の格変化は次のとおり.

→	1 人称		2 人称		
	単数	複数	単数（親称）	複数（親称）	敬称（単複）
1 格	ich	wir	du	ihr	Sie
4 格	mich	uns	dich	euch	Sie
3 格	mir	uns	dir	euch	Ihnen
2 格	meiner	unser	deiner	euer	Ihrer

→ Sara kennt **mich** schon lange. サラは私のことをもう長いこと知っている.

→ Antonia besucht **uns** morgen. アントニアは私たちを明日訪問する.

3. 動詞 haben の現在人称変化

動詞 haben（～をもっている）の現在人称変化は du, er のところで不規則. それ本来の意味でのほか，**完了形の助動詞**（ドイツ語 II，Lektion 1，第 1 回参照）としても用いられる使用頻度の高い動詞. 目的語には 4 格をとる.

→不定詞 haben（～をもっている）		
	単数	複数
1 人称	ich habe	wir haben
2 人称	du **hast**	ihr habt
3 人称	er **hat**	sie haben
2 人称	Sie haben	

→ **Hast** du vielleicht einen Schirm? ひょっとして傘もってる？

→ Rolf **hat** eine Schwester. ロルフには姉（妹）がひとりいます.

4. 否定冠詞と否定

否定には「**否定辞**」nicht ないしは「**否定冠詞**」kein を用いる.

1）文否定では nicht を文末におく.

→ Ich komme heute **nicht**. 私は今日来ません.

2）部分否定では nicht を否定する語の前におく.

→ Ich lerne **nicht** Französisch, sondern Spanisch.
私はフランス語は習っていません，スペイン語です.

3）不特定の名詞を否定する場合には否定冠詞 kein を用いる. kein の格変化は mein（私の）など所有冠詞と同じパターン（Lektion 11，第 11 回参照）.

→ Hast du einen Kuli? - Nein, ich habe **keinen** Kuli.
ボールペンある？―― いや，ない.

第 5 回練習問題

Übung 1: 下線部に冠詞の適切な格変化語尾を入れ，和訳してください．なお不必要な場合は×をしてください．

(1) Ich lese jetzt ein___ Roman (*r*). D___ Roman ist sehr spannend.

(2) Ich schreibe jetzt ein___ Gedicht (*s*). D___ Gedicht thematisiert d___ Liebe (*e*).

(3) Ich trage ein___ Tasche (*e*). D____Tasche ist sehr leicht.

(4) Ich sammle jetzt Münzen (*pl*). D___ Münzen sind alt.

Übung 2: 下線を引いた名詞を人称代名詞にして下線部に入れ，和訳してください．

(1) Die Kinder sind draußen. Die Mutter fotografiert __________.

(2) Der Zug steht noch da. Wir erreichen __________ noch.

(3) Das Buch ist spannend. Ich lese _________ gern.

(4) Die Ausstellung beginnt bald. Ich besuche _________ bestimmt.

Übung 3: 括弧内の 1 人称，2 人称の人称代名詞を格変化させて下線部に入れ，和訳してください．

(1) Antonia kennt _________ (du) schon.

(2) Sara kennt _________ (ihr) schon.

(3) Sara und Antonia kennen _________ (Sie) schon.

(4) Antonia kennt _________ (ich) gut.

(5) Sara und Antonia kennen _________ (wir) gut.

Übung 4: haben を人称変化させて下線部に入れ，破線下線部の格変化語尾も補い，和訳してください．なお変化語尾が必要ない箇所は×をしてください．

(1) ________ du vielleicht ein____ Zettel? - Nein, ich ________ leider kein____ Zettel (*r*).

(2) ________ Silke Fieber? - Nein, sie hat kein____ Fieber (*s*).

(3) ________ Sie Hunger? - Nein, ich habe kein____ Hunger (*r*).

(4) ________ ihr ein____ Idee? - Nein, wir ________ leider kein____ Idee (*e*).

(5) ________ Herr und Frau Weiß ein____ Kind? - Nein, sie ________ kein____ Kind (*s*).

Übung 5: 次の日本語の文を括弧内の単語を用いてドイツ語の文になおしてください．

(1) あなたは兄弟姉妹がいますか？――はい，姉（妹）がひとり．

(Sie, *s* Geschwister 通常複数形で用いる，*e* Schwester, haben)

____

(2) 今日，私はアポがあります．

(ich, heute, *r* Termin, haben)

____

(3) 市にはもう借金がない．

(*e* Stadt, *r* Schuld「借金」の意味では複数形で用いる，mehr, haben)

____

Deutsche Lieder

Bunte Republik Deutschland

Udo Lindenberg

Ist doch egal, ob Du 'n Italdieser bist,
Oder 'n Italjener.
Egal, ob Du 'n fescher Deutscher bist,
Oder 'n Türken schöner,
Egal, ob Chinese, ob Irokese, ob Grieche oder Torero,
Egal, ob japanesischer Sumo-Spezi oder Fachmann für Bolero.
Egal, ob Du 'n Africooler bist,
Oder 'n Afrikaner.
Egal, ob Du 'n Indoneser bist, oder 'n Indianer.
Kapuziner, Argentiner, Franziskaner oder Franzose,
Und in seiner bodenlosen Lodenhose hingen seine Hoden lose.

Bunte Republik Deutschland,
Bunte Republik Deutschland,
Ganze Jumbos voller Eskimos,
Wie in New York City - richtig schwer was los.
Wir steh'n am Bahnsteig und begrüßen jeden Zug,
Denn graue deutsche Mäuse, die haben wir schon genug.

Bunte Republik Deutschland...
O müsfik canavar zihnimizin dibikara kuyusunnda uyuyor,
Bizimle digeri arasinda telörgüden görünmez bir cit örüyor.

ドイツ語の歌

色とりどり共和国ドイツ

ウード・リンデンベルク

おまえがイタルディーザーだろうが
またはイタリエーナーだろうが関係なく，
おまえがいかすドイツ人だろうが
またはイケメントルコ人だろうが関係なく，
キネーゼ，イロケーゼ，グリーヒェ，トレロだろうが関係なく，
日本の相撲プロだろうがボレロの専門家だろうが関係なく，
おまえがアフリクーラーだろうが関係なく，
またはアフリカーナーだろうが，
おまえがインドネーザー，またはインディアーナーだろうが関係なく，
カプツィン派修道士，アーゲンティーナー，フランシスコ修道士，フランス人だろうが
そして底なしの民族衣装ズボンの中には袋がゆらゆらぶら下がっている

色とりどり共和国ドイツ
色とりどり共和国ドイツ
エスキモーで満員のジャンボ
ニューヨーク・シティーでのように，これといったことは何もなし
駅のホームに立ち，あらゆる列車を歓迎，
というのも灰色のドイツのネズミはもうたくさんだから

色とりどり共和国ドイツ
オー　ミュスフィク　カナヴァー　ジフニミジン　ディビカラ　クユスンダ　ウユヨルビジ
ミエ　ディゲリ　アラシンダ　テレルギュデン　ギュルンメズ　ビル　シット　エリュヨル

O müsfik canavar zihnimizin dibikara kuyusunnda uyuyor,
Bizimle digeri arasinda telörgüden görünmez bir cit örüyor.
Bunte Republik Deutschland...
Bunte Republik Deutschland...
Ganze Jumbos voller Eskimos,
Wie in New York City - richtig schwer was los.
Wir steh'n am Bahnsteig und begrüßen jeden Zug,
Denn graue deutsche Mäuse, die haben wir schon genug.

Bunte Republik Deutschland...

オー　ミュスフィク　カナヴァー　ジフニミジン　ディビカラ　クユスンダ　ウユヨルビジ
ミエ　ディゲリ　アラシンダ　テレルギュデン　ギュルンメズ　ビル　シット　エリュヨル
色とりどり共和国ドイツ
色とりどり共和国ドイツ
エスキモーで満員のジャンボ
ニューヨーク・シティーでのように，これといったことは何もなし
駅のホームに立ち，あらゆる列車を歓迎，
というのも灰色のドイツのネズミはもうたくさんだから

色とりどり共和国ドイツ

アルバム：Bunte Republik Deutschland
リリース：1989 年

この課でポイントとなる表現

[4]Das Alte Rathaus am Römer vermittelt den Besuchern noch etwas von der Pracht von damals.

レーマーの旧市庁舎は訪問者たちにまだかつての繁栄のいくらかを伝えてくれます.

Lektion 6

Am Römer 1 1_17

[1]Das Rathaus am Römer zählt zu den Touristenattraktionen in Frankfurt. [2]In der Stadt – nach dem Krieg vollkommen in Schutt und Asche – stehen jetzt nur wenige Denkmäler von früher. [3]Dafür ist die Stadt bekannt für ihre Hochhäuser. [4]Das Alte Rathaus am Römer vermittelt den Besuchern noch etwas von der Pracht von damals. [5]Der Rotsandstein, das Baumaterial für das Rathaus, ist typisch für die Architektur in der Rhein-Main-Gegend. [6]Frankfurt war früher die Stadt der Königs- und Kaiserwahl. [7]Darum ist im Alten Rathaus der „Kaisersaal", der Saal für das Festmahl. [8]Dort hängen heute Porträtbilder von allen Kaisern in Deutschland, von Karl dem Großen bis zu Franz Joseph dem Zweiten, dem letzten Kaiser. [9]Das Alte Rathaus zeigt an der Fassade Kaiserstatuen.

第6回

レーマーで（その1）

[1]レーマーの市庁舎はフランクフルトの観光名所に数えられます. [2]市内には, 戦争の後完全に焼け野原で, 今はわずかしかかつての文化財が残っていません. [3]その代わり町はその高層ビルで有名です. [4]レーマーの旧市庁舎は訪問者らにまだかつての繁栄のいくらかを伝えてくれます. [5]赤砂岩, つまりこの市庁舎の建築素材は, ライン・マイン地域の建築に典型的です. [6]フランクフルトはかつて国王および皇帝選挙の町でした. [7]そのため旧市庁舎の中には「皇帝の間」, つまり祝宴のためのホールがあります. [8]そこには現在ではドイツのすべての皇帝, つまりカール大帝から最後の皇帝フランツ・ヨーゼフ二世までの肖像画が掛かっています. [9]旧市庁舎は正面壁に皇帝像を飾っています.

ポイントとなる文法 1_18

1. 名詞の格変化（その 2）—— 3 格

「**格変化**」というものがドイツ語の名詞にはある．名詞は，主語，目的語，間接目的語など，文中で果たす役割に応じて格変化する．ドイツ語では 4 つの格を区別し，この格変化はおもに冠詞の末尾でなされる．

1）名詞格変化表

<table>
<tr><th>→</th><th>男性名詞</th><th>中性名詞</th><th>女性名詞</th><th>複数名詞</th></tr>
<tr><td>1 格</td><td>der Garten
ein Garten
er / der</td><td rowspan="2">das Buch
ein Buch
es / das</td><td rowspan="2">die Uhr
eine Uhr
sie / die</td><td rowspan="2">die Hände
keine Hände
sie / die</td></tr>
<tr><td>4 格</td><td>den Garten
einen Garten
ihn / den</td></tr>
<tr><td>3 格</td><td>dem Garten
einem Garten
ihm / dem</td><td>dem Buch
einem Buch
ihm / dem</td><td>der Uhr
einer Uhr
ihr / der</td><td>den Händen
keinen Händen
ihnen / denen</td></tr>
<tr><td>2 格</td><td>des Gartens
eines Gartens
seiner / dessen</td><td>des Buchs
eines Buchs
seiner / dessen</td><td>der Uhr
einer Uhr
ihrer / deren</td><td>der Hände
keiner Hände
ihrer / deren</td></tr>
</table>

セル上：定冠詞；セル中：不定冠詞；セル下：人称代名詞／指示代名詞

2）動詞の格支配

動詞によって主語以外の格に何格を用いるか決まっている．これを「**動詞の格支配**」という．大多数の動詞は 4 格目的語をとる．動詞が何格支配であるかは辞書で確認する必要がある．4 格目的語のほか，3 格目的語，前置詞目的語もある．

3 格目的語

a) いわゆる「**間接目的語**」に相当し，日本語の格助詞「に」に近い．日本語の「〜に」には 3 格が,「〜を」には 4 格が対応することが多い．

→ Die Kellnerin bringt **dem** Gast **die** Speisekarte.

ウェイトレスはその客にメニューをもってくる．（bringen〔〜に（3 格）〜を（4 格）もってくる〕）

b) しかし**対応しない場合**も少なくないので，辞書で格支配を確認する必要がある．

→ Wir fragen **den** Lehrer.

私たちは先生に質問する．（fragen〔〜に（4 格）質問する〕）

→ Ich helfe **dem** Kind.

私はその子を手伝う．（helfen〔〜を（3 格）助ける・手伝う〕）

3）前置詞の格支配

前置詞によってその後ろにくる名詞が何格であるか決まっている．これを「**前置詞の格支配**」という．詳細は前置詞の格支配のところ（Lektion 8, 第 8 回参照）であつかう．

→ Wir fahren **mit dem Auto**.

私たちは自動車で行く．（mit〔〜で〕，3 格支配）

→ **Vor der Tür** steht eine Vase.

ドアの前に花瓶がある．（vor〔〜の前に〕，3 格支配）

4）いわゆる「所有の 3 格」

特に体の部位への作用をあらわす表現で，体の部位の持ち主が 3 格であらわされる．

→ Ich klopfe **Antonia** auf die Schulter.

私はアントニアの肩をたたく．

2. 人称代名詞・指示代名詞の格変化（その 2）—— 3 格 ------------

人称代名詞にも格変化がある.

1）3 人称の人称代名詞

3 人称の人称代名詞の格変化は，格変化した冠詞の末尾部分に典型的な音が引き継がれている（名詞格変化表の各セル右下参照）.

→ **Der Chef** hat heute Geburtstag. Wir geben **ihm** (**dem** Chef) ein Geschenk.
上司は今日誕生日です．私たちは上司にプレゼントをあげます.

→ **Die Kinder** sind neugierig. Ich erzähle **ihnen** (**den** Kinder**n**) Geschichten.
子どもたちは好奇心旺盛です．私は子どもたちに物語を話してきかせます.

2）3 人称の指示代名詞

3 人称では人称代名詞のほか近くのものをさすときに**指示代名詞**が用いられることがある（名詞格変化表の各セル右下参照）．定冠詞単独で名詞を代理させるのが指示代名詞と考えればよい．ただし複数 3 格では定冠詞の形に -en を重ねて長い形 denen にする.

→ Was gibst du **Peter** als Geschenk? - **Dem** gebe ich einen Bildband.
何をペーターに誕生日にプレゼントする？ —— あいつには写真集をやる.

→ Was schenkst du **den Kindern** zu Weihnachten? - **Denen** gebe ich Spielzeug.
何を子どもたちにクリスマスにプレゼントする？ —— おもちゃ.

3）1 人称，2 人称の人称代名詞の格変化は次のとおり．

→	1 人称		2 人称		
	単数	複数	単数（親称）	複数（親称）	敬称（単複）
1 格	ich	wir	du	ihr	Sie
4 格	mich	uns	dich	euch	Sie
3 格	mir	uns	dir	euch	Ihnen
2 格	meiner	unser	deiner	euer	Ihrer

※ 1 人称単数（ich），2 人称親称（du）のとき，3 格と 4 格の形が異なるので注意．

→ Jürgen erzählt **uns** eine Geschichte.
ユルゲンは私たちにある話をしてくれる．

→ Sara schickt **mir** ein Paket.
サラは私に小包を送る．

第 6 回練習問題

Übung 1: 下線部に適切な格変化語尾を入れ，和訳してください．なお不必要な場合は×をしてください．

(1) Die Gäste geben d___ Kinder__ (*pl*) Geschenke__ (*pl*).

(2) Der Mantel gehört d___ Sekretärin (*e*).

(3) Wir sagen d___ Chef (*r*) die Wahrheit.

(4) Ich zeige d___ Kind (*s*) ein Bilderbuch.

Übung 2: 括弧内の名詞を置き換える人称代名詞をそれぞれ下線部に入れ，和訳してください．

(1) Die Gäste kennen die Stadt noch nicht. Ich zeige _______ (den Gästen) die Stadt.

(2) Der Sportler gewinnt den Preis. Die Sponsoren schenken _____ (dem Sportler) ein Auto.

(3) Die Studentin hat ein Auto. Das Auto da gehört _______ (der Studentin).

(4) Der Kellner ist sehr nett. Wir geben _______ (dem Kellner) gern Trinkgeld.

Übung 3: 括弧内の 1 格人称代名詞を格変化させて下線部に入れ，和訳してください．

(1) Sara schreibt ________ (ich) einen Brief.

(2) Wir schreiben ________ (ihr) eine Karte.

(3) Sara erzählt ________ (wir) eine Geschichte.

(4) Antonia schickt ________ (du) ein Paket.

Übung 4: 次の日本語の文を括弧内の単語を用いてドイツ語の文になおしてください.

(1) 私はあなたにあるお話をしてあげましょう.

(ich, Sie を格変化させて用いる，*e* Geschichte 冠詞注意，erzählen)

___

(2) 私はとても調子がよい.

(ich を格変化させて用いる，es geht jm, sehr, gut)

___

(3) ウェイトレスはそのお客にメニューをもってくる.

(*e* Kellnerin, *r* Gast, *e* Speisekarte 冠詞注意，bringen)

___

Deutsche Lieder

Cello

Udo Lindenberg

Getrampt oder mit dem Moped
Oder schwarz mit der Bahn,
Immer bin ich dir irgendwie hinterher gefahr'n.
Nein, damals hab ich kein Konzert von dir versäumt
Und nachts konnte ich nicht schlafen.
Oder wenn, dann hab ich von dir geträumt.

Du spieltest Cello
In jedem Saal in unsrer Gegend.
Ich saß immer in der ersten Reihe
Und ich fand dich so erregend.
Cello.
Du warst eine Göttin für mich
Und manchmal sahst du mich an
Und ich dachte: „Mann, oh Mann."
Und dann war ich wieder völlig fertig.

Ja, ich war ständig da
Und das hatt' dich dann überzeugt.
Wir wollten immer zusammenbleiben
Und überhaupt mit dir, das war so groß.
Das kann man gar nicht beschreiben.

ドイツ語の歌

チェロ

ウード・リンデンベルク

ヒッチハイクか原チャリで
または電車に無賃乗車で，
いつも僕は君のあとをなんとか追った.
いや，当時，僕は君のコンサートを逃したことはなかった，
そして夜には眠ることができなかった.
もしできても，そうすると僕は君のことを夢見た.

君はチェロを演奏していた，
僕たちのいるあたりのどのホールでも.
僕はいつも一番前の列に座り，
そして僕は君のことをすごく魅力的に思った.
チェロ.
君は僕にとっては女神だった.
そしてしばしば君は僕のことをじっと見つめた，
そして僕は思った，「まさか」と.
そしてそれから僕はまた完全に打ちのめされていた.

そう，僕はいつもその場にいた，
そしてこのことは君をそれから確信させた，
僕たちはいつも一緒にいよう，と.
そしてそもそも君とのこと，これはとてもすごかった.
それを誰もことばにできない.

Und heute wohnst du irgendwo
Und dein Cello steht im Keller.
Komm, pack das Ding doch noch mal aus
Und spiel so schön wie früher!

Du spieltest Cello
In jedem Saal in unsrer Gegend.
Ich saß immer in der ersten Reihe
Und ich fand dich so erregend.
Cello.
Du warst eine Göttin für mich
Und manchmal sahst du mich an
Und ich dachte: „Mann, oh Mann."
Und dann war ich wieder völlig fertig.

そして今君はどこかに住んでいる，
そして君のチェロは地下室に眠っている．
さあ，チェロをもういちど取り出し，
そして昔のように素晴らしく演奏してくれないか．

君はチェロを演奏していた，
僕たちのいるあたりのどのホールでも．
僕はいつも一番前の列に座り，
そして僕は君のことをすごく魅力的に思った．
チェロ．
君は僕にとっては女神だった，
そしてしばしば君は僕のことをじっと見つめた，
そして僕は思った，「まさか」と．
そしてそれから僕はまた完全に打ちのめされていた．

アルバム：Alles klar auf der Andrea Doria
リリース：1973 年

この課でポイントとなる表現

2-2 Vor uns steht das Alte Rathaus.

2-3 Es ist das Wahrzeichen der Stadt.

私たちの前にあるのが旧市庁舎です.

それは町のシンボルです.

Lektion 7

Am Römer 2 1_19

[1]*Sara, Nono und Antonia vor dem Alten Rathaus am Römer.*

[2]**Antonia**: [1]Wir sind jetzt am Römer. [2]Vor uns steht das Alte Rathaus. [3]Es ist das Wahrzeichen der Stadt.

[3]**Nono**: [1]Der Platz hier vor dem Rathaus ist sehr groß. [2]Warum?

[4]**Sara**: [1]Das ist auch ein Marktplatz. [2]Zweimal pro Woche ist hier der Wochenmarkt*. [3]Die Händler verkaufen Lebensmittel wie Gemüse, Obst, Brot, Süßigkeiten usw.

[5]**Nono**: [1]Ach, so. [2]In Tübingen ist der Platz vor dem Rathaus auch ein Marktplatz, [3]aber er ist nicht so groß wie hier.

[6]**Antonia**: [1]Ja, klar. [2]Tübingen ist ja auch eine Kleinstadt. [3]Die Landschaft dort ist sehr hügelig.

[7]**Nono**: [1]Auf dem Wochenmarkt in Tübingen verkaufen auch die Landwirte aus der Umgebung Gemüse und Obst. [2]Sie pflanzen, ernten und verkaufen Gemüse und Obst selber. [3]Die Äpfel des Wochenmarkts schmecken echt super.

[8]**Sara**: [1]Weißer Spargel aus der Umgebung auf dem Wochenmarkt schmeckt fantastisch. [2]Das vermisse ich in Japan.

第7回

レーマーで（その2）

[1] レーマーの旧市庁舎前にサラ，ノノ，そしてアントニア.

[2] **アントニア**：[1] さあ，レーマーに着いたよ．[2] 私たちの前にあるのが旧市庁舎．町のシンボルね.

[3] **ノノ**：[1] 市庁舎の前のここの広場，大きいわね．[2] どうして？

[4] **サラ**：[1] 市場のための広場だから．[2] 週2回ここでは週市場*があるの．[3] 業者が野菜，果物，パン，お菓子などの食料品を販売するの.

[5] **ノノ**：[1] そうなの．[2] テュービンゲンでも市庁舎の前の広場は同じく市場のための広場よ．[3] でもここほどは大きくないけど.

[6] **アントニア**：[1] もちろん．[2] テュービンゲンも小さな町だから．[3] そこの地形，とても起伏があるよね.

[7] **ノノ**：[1] テュービンゲンの週市場ではやっぱり近郊の農家が野菜や果物を販売してるよ．[2] 農家が野菜や果物を自分で栽培，収穫して販売してるよ．[3] 週市場のリンゴはホントすごくおいしいから.

[8] **サラ**：[1] 週市場にある近隣からのホワイトアスパラはすごくおいしいよね．[2] これが日本にはなくて寂しいわ.

9 *Nach einer Weile.*

10 **Antonia**: 1 Wohin gehen wir jetzt? 2 Nach links führt der Weg zum Main-Ufer, nach rechts zur Zeil, der Einkaufsstraße.

11 **Nono**: Nach links zum Main-Ufer!

12 **Sara**: Ja, machen wir einen Spaziergang am Main-Ufer!

13 **Nono**: Nach dem Spaziergang schmeckt das Bier bestimmt gut.

14 **Sara**: 1 Denkst du schon ans Trinken? 2 Mitten am Tag?

15 **Nono**: 1 Warum nicht? 2 Das Bier in Deutschland ist hervorragend. 3 Nach dem Spaziergang haben wir bestimmt Durst.

16 **Antonia**: 1 Gut. 2 Dann gehen wir eben ans Main-Ufer.

17 *Am Main-Ufer.*

18 **Nono**: 1 Bis ans Ufer ist es gar nicht weit. 2 Am Ufer ist viel Platz. 3 In Tübingen ist das Ufer am Neckar nicht so breit. 4 Dort sind auf dem Fluss nur Stocherkähne und keine Frachter wie hier.

19 **Sara**: 1 Tübingen liegt am Neckar, Frankfurt am Main. 2 Der Neckar mündet bei Mannheim in den Rhein, der Main bei Mainz. 3 Das Gewässer ist früher als Verkehrsweg sehr wichtig wie die Autobahn heute.

[9] しばらくして

[10] **アントニア**：[1] 今度はどこへ行く？ [2] 左へは道がマイン河畔に，右へは道がショッピング街ツァイルへ行くよ.

[11] **ノノ**：左でマイン河畔！

[12] **サラ**：うん，マイン河畔で散歩しよう！

[13] **ノノ**：散歩の後はビールきっとおいしいわよ.

[14] **サラ**：[1] もう飲むこと考えてるの？ [2] 真っ昼間から？

[15] **ノノ**：[1] え，だめ？ [2] ドイツのビール最高. [3] 散歩したらきっとのど乾いてるから.

[16] **アントニア**：[1] 了解. [2] じゃあもちろんマイン河畔へ行こう.

[17] マイン河畔で

[18] **ノノ**：[1] マイン河畔まで全然遠くないんだ. [2] 岸は広いね. [3] テュービンゲンではネッカー河沿いの岸はこんなに広くないよ. [4] テュービンゲンでは川には竿突きボートしかなくて，ここみたいに貨物船はないけど.

[19] **サラ**：[1] テュービンゲンはネッカー河沿いで，フランクフルトはマイン河沿いにあるね. [2] ネッカー河はマンハイムで，マイン河はマインツでライン河に合流よね. [3] 河川は昔は交通路としてとても重要で，今のアウトバーンのようなものだったのよ.

* 週市場はレーマーではなくコンスタブラヴァッヘの広場で開催されています.

ポイントとなる文法 1_20

1. 名詞の格変化（その 3）――2 格

「**格変化**」というものがドイツ語の名詞にはある．名詞は，主語，目的語，間接目的語など，文中で果たす役割に応じて格変化する．ドイツ語では 4 つの格を区別し，この格変化はおもに冠詞の末尾でなされる．

1）名詞格変化表

<table>
<tr><th>→</th><th>男性名詞</th><th>中性名詞</th><th>女性名詞</th><th>複数名詞</th></tr>
<tr><td>1 格</td><td>der Garten
ein Garten
er / der</td><td rowspan="2">das Buch
ein Buch
es / das</td><td rowspan="2">die Uhr
eine Uhr
sie / die</td><td rowspan="2">die Hände
keine Hände
sie / die</td></tr>
<tr><td>4 格</td><td>den Garten
einen Garten
ihn / den</td></tr>
<tr><td>3 格</td><td>dem Garten
einem Garten
ihm / dem</td><td>dem Buch
einem Buch
ihm / dem</td><td>der Uhr
einer Uhr
ihr / der</td><td>den Händen
keinen Händen
ihnen / denen</td></tr>
<tr><td>2 格</td><td>des Gartens
eines Gartens
seiner / dessen</td><td>des Buchs
eines Buchs
seiner / dessen</td><td>der Uhr
einer Uhr
ihrer / deren</td><td>der Hände
keiner Hände
ihrer / deren</td></tr>
</table>

セル上：定冠詞；セル中：不定冠詞；セル下：人称代名詞／指示代名詞

※男性・中性の 2 格語尾は -es となることもある．

※ seiner, ihrer という人称代名詞の 2 格の形は現代ドイツ語ではほとんど用いられない．
指示代名詞の dessen, deren は最寄りの名詞をさすときに用いられる．

※指示代名詞複数 2 格に derer という形もあり関係文の先行詞として名詞の後に来る．

→ Werner besucht heute Jürgen. **Dessen** Schwester hat Geburtstag.
ヴェルナーは今日ユルゲンを訪問する．ユルゲンの妹（姉）が誕生日だ．

→ Beate besucht heute Ulrike. **Deren** Bruder hat Geburtstag.
ベアーテは今日ウルリケを訪問する．ウルリケの兄（弟）が誕生日だ．

2）動詞の格支配

動詞によって主語以外の格に何格を用いるか決まっている．これを「**動詞の格支配**」という．大多数の動詞は 4 格目的語をとる．動詞が何格支配であるかは辞書で確認する．

2 格目的語

2 格支配の動詞が現代ドイツ語では希なので，「**2 格目的語**」も希．

→ Der Schiri verweist den Spieler **des Platzes.**
審判はその選手を退場させる．(verweisen〔誰かを(4 格)〕〔～から(2 格)〕閉め出す)

3）前置詞の格支配

前置詞によってその後ろにくる名詞が何格であるか決まっている．これを「前置詞の格支配」という．詳細は前置詞の格支配のところ（Lektion 8, 第 8 回参照）であつかう．

→ **Wegen des Staus** hat der Bus Verspätung.
渋滞のせいでバスは遅延している．（wegen〔～のせいで〕，2 格支配）

→ **Trotz der Kälte** spielen die Kinder draußen.
寒さにもかかわらず子どもたちが外で遊んでいる．(trotz〔～にもかかわらず〕, 2 格支配)

4）2 格の副詞的用法

2 格の名詞には，格支配されない副詞としての用法もある．

→ **Eines Tages** werde ich auch alt. いつかある日私も老いる．

5）2 格付加語

2 格名詞は他の名詞に掛かる．日本語で「A の B」という場合，「A の」に相当する部分がドイツ語では「**2 格付加語**」として修飾先の「B」に後ろから掛かる．「B　A の（2 格)」という語順になる．

→ der Sohn **des Direktors** 社長の息子

→ der Kofferraum **des Autos** 自動車のトランク

2. 人称代名詞・指示代名詞の格変化（その 3）――2 格

人称代名詞にも格変化がある.

1）3 人称の人称代名詞

2 格の**人称代名詞**（seiner, ihrer）が用いられることは現代ドイツ語では極めて希.「～の…」という所有関係をあらわす場合は，人称代名詞 2 格ではなく，**所有冠詞**（Lektion 11，第 11 回参照）を用いる.

2）3 人称の指示代名詞

2 格の**指示代名詞**は，テキスト上で近くにある名詞をさすときに用いる（**最寄り名詞をさす dessen/deren**）. 2 格の指示代名詞は女性名詞と複数名詞では定冠詞の形に -en を加え，男性名詞と中性名詞では定冠詞の形に s を重ねた上で -en を加えて長い形にする. 男性名詞と中性名詞で s を重ねるのは冠詞末尾の s が -en が続くことで濁って [z] となることを防ぐため.

→ Kennst du **Peter**? - **Dessen** Schwester kenne ich sehr gut.
ペーター知ってる？―― あいつの妹はよく知っているよ.

→ Kennst du **Karin**? - **Deren** Bruder ist Fußballspieler.
カーリン知ってる？―― カーリンの兄（弟）はサッカー選手だよ.

3）**1 人称，2 人称の人称代名詞**の格変化は次のとおり.

→	1 人称		2 人称		
	単数	複数	単数（親称）	複数（親称）	敬称（単複）
1 格	ich	wir	du	ihr	Sie
4 格	mich	uns	dich	euch	Sie
3 格	mir	uns	dir	euch	Ihnen
2 格	meiner	unser	deiner	euer	Ihrer

※ 1 人称, 2 人称でも 2 格の人称代名詞が用いられることは現代ドイツ語では極めて希.

第 7 回練習問題

Übung 1: 下線部に適切な格変化語尾を入れ，和訳してください．なお不必要な場合は×をしてください．

(1) Das Haus hat einen Garten. Der Garten d__ Haus__ (*s*) ist klein.

(2) Die Klinke d___ Tür__ (*e*) ist kaputt.

(3) Die Farbe d___ Blätter__ (*pl*) ist noch grün.

(4) Der Gipfel d___ Berg__ (*r*) ist schon nah.

Übung 2: 次の日本語の文を括弧内の単語を用いてドイツ語の文になおしてください．

(1) スーパーマーケットの入り口はまだ閉まっている．

(*r* Eingang, *r* Supermarkt, zu, sein)

____

(2) その橋は町のシンボルです．

(*e* Brücke, *e* Stadt, *s* Symbol 冠詞注意，sein)

____

(3) その研究の目標は野心に満ちている．

(*s* Ziel, *e* Forschung, ambitioniert, sein)

____

Deutsche Lieder

Du heißt jetzt Jeremias

Udo Lindenberg

Letzte Nacht um Viertel vor vier,
Da hatte ich eine Erscheinung.
Plötzlich stand ein Engel in der Tür
Und der fragte mich nach meiner Meinung.
Er war kreidebleich, mit 'm weißen Gewand,
Und er hob seine silbrig schimmernde Hand
Und er sagt: „Guten Tag, du bist auserkor'n
Die Welt braucht einen neuen Messias."
Und dann hat er mir noch den Kopf geschor'n
Und gesagt: „Du heißt jetzt nicht mehr Udo,
Du heißt jetzt Jeremias."

Halleluja, Halleluja!

Dann hat er noch gefragt, ob ich einverstanden wär'.
Und ich sagte: „Ja, das wär' ganz okay so."
Erst fand ich's nicht so heiter
Mit der Glatze und so weiter,
Aber dann hab' ich gesagt: „Ja, ich geh' so."
Mit dem Zeremoniell ging es ziemlich schnell,
Denn er mußte auch gleich wieder los.
Doch dann klemmte ein Flügel

ドイツ語の歌

おまえは今からイェレミアスという名前だ

ウード・リンデンベルク

昨夜 4 時 15 分前のこと,
僕は幻影を見た.
突然天使が入り口に立って
僕に意見を聞いた.
天使は真っ青で，白い衣服を身に纏い,
自分の銀色に輝く手を高く上げ,
そして言う,「こんにちは，あなたは選ばれました,
世界は新しい救世主を必要としてます」と.
そして天使は僕の頭髪を剃り,
そして言った,「おまえは今からウードではなく,
おまえは今からイェレミアスだ」と.

ハーレルヤ，ハーレルヤ！

すると天使はまだ尋ねた，僕が了解するかどうか.
そして僕は言った,「うん，それでいいでしょう」と.
ようやく僕はこれがそんなにうれしいことじゃないとわかった,
はげ頭やその他で.
でもそれから僕は言った,「わかった，そうすると」と.
儀式はすぐに済んだ,
というのも天使はまたすぐに出かけなければならなかったから.
けれどもそれから片方の翼が引っかかり,

Und er ganz verzweifelt:
„Jeremias, was mach' ich jetzt bloß?“

Dann hat's mit dem Abflug ja doch noch geklappt
Und ich war wieder alleine.
Und dann wurd' mir erst klar,
Was geschehen war.
Und ein Zittern zog mir durch die Beine
Und nun steh' ich hier
Und ich heiße Jeremias.
Ich weiß auch noch nicht so genau, was man da macht.
Aber irgendwie, na klar, irgendwie
Kriegn wir das schon hin.
Da gab's doch schon mal einen,
Der hat das auch gebracht.

Halleluja, Halleluja!

そして天使は絶望して尋ねた，
「イェレミアス，どうしたらいい」と．

それからそれでもうまく飛び立つことができ，
僕はまたひとりになった．
そしてそれから自分にようやくはっきりしてきた，
何が起こったのかが．
そして脚が震え，
そしていま僕はそこに立ち，
そして僕はイェレミアスという名前だ．
僕はまだよくわからない，何をするのか，が．
でもとにかく，もちろん，とにかく
なんとかなるだろう．
そういえばかつていた，
こうしたやつが．

ハーレルヤ，ハーレルヤ！

アルバム：Alles klar auf der Andrea Doria
リリース：1973 年

この課でポイントとなる表現

[1]Vom Römer her kommt man durch eine Gasse ans Main-Ufer. [2]Dort ist eine Brücke für Fußgänger. [3]Sie ist aus Eisen.

レーマーから路地を通ってマイン河畔に至ります．そこには歩行者のための橋があります．その橋は鉄製です．

Lektion 8

Der Eiserne Steg 1_21

[1]Vom Römer her kommt man durch eine Gasse ans Main-Ufer. [2]Dort ist eine Brücke für Fußgänger. [3]Sie ist aus Eisen. [4]Deshalb heißt sie „Eiserner Steg“. [5]Auf diesem Gehweg über den Fluss geht man dann rüber. [6]Der Eiserne Steg stammt übrigens aus dem Jahr 1868. [7]Im Zuge der Industrialisierung damals pendeln viele Menschen aus der Umgebung in die Stadt, vor allem aus Sachsenhausen, dem Stadtteil gegenüber vom Main. [8]Viele Menschen kommen aus den Vororten von Frankfurt, wohnen dort und pendeln zur Arbeit in die Stadt. [9]Die Einwohnerzahl der Stadt wächst von 35.000 um 1802 auf 57.000 im Jahr 1840 an. [10]Frankfurt hat seit dem Mittelalter die „Alte Brücke“. [11]Schon damals fahren dort viele Fahrzeuge und Fußgänger. [12]Auf der Brücke ist es sehr eng und gefährlich. [13]Die Entstehung verdankt der Eiserne Steg einer Initiative der Bürger: [14]Die Bürger, vor allem Händler, gründen 1867 einen Verein zum Bau einer eisernen Fußgängerbrücke. [15]Der Verein deckt die Baukosten durch den Verkauf von Anteilsscheinen mit einem Zinssatz zu 5 % über eine Privatgesellschaft. [16]Nach der Fertigstellung der Brücke zahlen die Benutzer als Maut, also als Benutzungsgebühr, einen Kreuzer. [17]Nach der Auszahlung der Baukosten überträgt der Verein am 1. Januar 1886 der Stadt den Steg.

第 8 回
歩行者鉄橋アイゼルナー・シュテーク

[1] レーマーから路地を通ってマイン河畔に至ります．[2] そこには歩行者のための橋があります．[3] その橋は鉄製です．[4] なのでその橋は「アイゼルナー・シュテーク（歩行者鉄橋）」と言います．[5] 川に掛かるこの歩道でそれから対岸へ行きます．[6] この歩行者鉄橋はところで 1868 年のものです．[7] 当時の工業化の中で多くの人々が郊外から町の中に通います，特にザクセンハウゼン，つまりマイン河対岸の地区から．[8] 多くの人々がフランクフルトの郊外から来て，そこに住み，仕事のために市内に通います．[9] 町の人口は 1802 年頃の 3 万 5000 人から 1840 年の 5 万 7000 人に増えます．[10] フランクフルトには中世から「旧橋」があります．[11] すでに当時（19 世紀）そこを多くの乗り物と歩行者が往来します．[12] 橋の上はとても狭くて危険です．[13] その誕生を歩行者鉄橋は市民運動に負っています．[14] 市民たち，特に商業者らが 1867 年に歩行者鉄橋建設のための団体を立ち上げます．[15] この団体は建設費を 5 パーセントの利子をつけた協賛証券を民間会社を通じて販売することで賄います．[16] 橋が完成した後で利用者は通行料金，つまり利用料として，1 クロイツァーを支払います．[17] 建設費を完済するとこの団体は 1886 年 1 月 1 日にフランクフルト市に歩行者鉄橋を移管します．

ポイントとなる文法 1_22

前置詞の格支配

前置詞の後ろにくる名詞は特定の格になることが決まっている．これを「**前置詞の格支配**」という．

1）前置詞が支配する格

a）4 格支配前置詞

→ durch（～を通って），für（～のために），gegen（～に反対して），ohne（～なしに），um（～のまわりで／～頃）など

→ Wir gehen **durch den Wald**. 私たちは森を通って行く．

→ **Für mich** ist die Aufgabe leicht. 私にはその課題は簡単だ．

b）3 格支配前置詞

→ aus（～から），bei（～の際に／のもとで），mit（～でもって／と一緒に），nach（～へ／の後で／によれば），seit（～以来），von（～の／について／によって／から），zu（～のところへ／のために）など

→ Ich wohne **bei den Eltern**. 私は両親のもとに住んでいる．

→ **Seit einem Jahr** lebt Silke in Bonn. 1 年前からジルケはボンで生活している．

c）2 格支配前置詞

→ [an]statt（～の代わりに），trotz（～にもかかわらず），während（～の間に），wegen（～のせいで）など

→ **Während des Winters** ist das Restaurant zu.
冬の間そのレストランは閉まっている．

→ **Wegen des Unfalls** hat der Zug Verspätung. 事故のせいで列車は遅れている．

d）3 格および 4 格支配前置詞

3 格支配の場合は「**存在場所**」をあらわし，4 格支配の場合は「**移動方向**」をあらわす．

→ an（～のきわで／へ），auf（～の上で／へ），hinter（～の後ろで／へ），in（～の中で／へ），neben（～の隣で／へ），über（～の上方で／を超えて向こうに），unter（～の下で／へ），vor（～の前で／へ），zwischen（～の間で／へ）

→ Ich gehe **in die Stadt**. 私は街中に行く．（移動方向）

→ **In der Stadt** mache ich einen Spaziergang. 街中で私は散歩する．（存在場所）

e）前置詞と定冠詞の融合形

名詞が特定の対象であることを際立たせていない場合には，定冠詞は前置詞と融合する．

→ **am** < an dem　　**ans** < an das　　**beim** < bei dem　　**im** < in dem

→ **ins** < in das　　**vom** < von dem　　**zum** < zu dem　　**zur** < zu der

→ Ich gehe **ans** Fenster. Ich stehe jetzt **am** Fenster.
私は窓のところに行く．今窓のところに立っている．

2）前置詞の用法

a）前置詞本来の意味での用法

前置詞本来の意味での位置・時間・論理関係などをあらわす．

→ Ich sitze **auf** einem Stuhl. 私は椅子の上に座っている．

b）動詞の前置詞目的語として

前置詞は動詞の前置詞目的語として用いられることも多く，その場合，は前置詞本来の，位置や時間関係をあらわす意味は希薄になっている．どの動詞がどの前置詞を目的語としてとるかは辞書で確認して覚えておかなければならない．

→ Ich **warte auf** den Bus. 私はバスを待っている．

→ Ich **warne** dich **vor** dem Hund. 私は君にそのイヌを気をつけるよう警告する．

c）名詞を修飾する付加語として（前置詞句付加語）

前置詞句は名詞を修飾する付加語として名詞の後ろにもおかれる．

→ Der Garten **vor dem Haus** ist groß. 家の前の庭は大きい．

→ Der Flug **nach Deutschland** dauert 11 Stunden.
ドイツへのフライトは 11 時間かかる．

3）前置詞の後にくる名詞をさす指示詞 da[r]

前置詞の後ろにくる事物をさす名詞を代名詞に置き換えたい場合，人称代名詞の代わりに指示副詞 da を用い「**da[r]+ 前置詞**」（**指示前置詞句**）となる（ドイツ語 II，Lektion 9，第 9 回参照）．da は「**前方照応**」でそれより前に出てきた名詞や事柄を，「**後方照応**」でそれより後に出てくる dass 副文（Lektion 12，第 12 回参照）や zu 不定詞句（Lektion 15，第 15 回参照）を指している．auf, an などのように母音ではじまる前置詞の場合は da- と前置詞の間に r がはいる．

→ Ich habe **ein Fahrrad**. **Damit** fahre ich zur Firma.
私は自転車をもっている．それで会社へ行く．

→ Über dem Main ist **eine Brücke**. **Darauf** fahren Autos und Straßenbahnen.
マイン河には橋がかかっている．その上を自動車と路面電車が走る．

4）前置詞があらわす位置関係

前置詞があらわす位置関係を図示すると次のとおり．

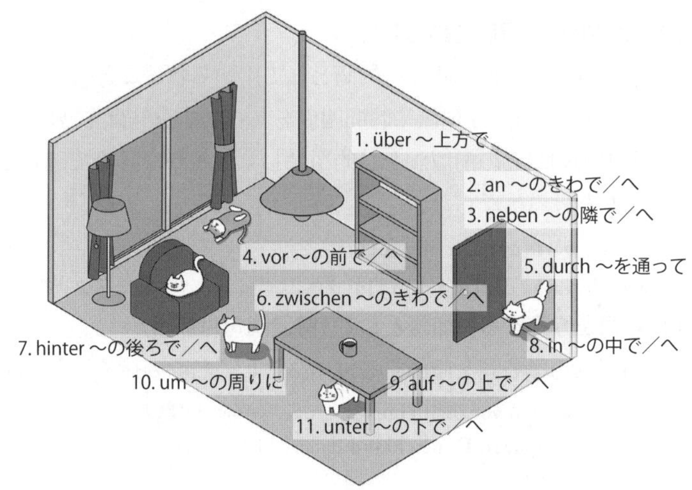

→ 1. **Über** dem Tisch hängt eine Lampe.
テーブルの上方に照明灯が掛かっている.

→ 2. **An** der Wand steht ein Regal
壁のところには棚がある.

→ 3. **Neben** dem Regal ist die Tür.
棚の横にはドアがある.

→ 4. **Vor** dem Fenster schläft eine Katze auf dem Rücken.
窓の前ではネコが背中を下にして寝ている.

→ 5. **Durch** die Tür kommt eine Katze ins Zimmer.
ドアを通ってネコが部屋に入ってくる.

→ 6. **Zwischen** dem Sofa und dem Tisch ist eine Katze.
ソファーとテーブルの間にネコがいる.

→ 7. **Hinter** dem Sofa steht eine Stehlampe.
ソファーの後ろには照明スタンドがある.

→ 8. **Im** Zimmer sind vier Katzen.
部屋の中にはネコが 4 匹いる.

→ 9. **Auf** dem Tisch steht eine Tasse.
テーブルの上にはカップがある.

→ 10. **Um** den Tisch ist niemand.
テーブルの回りには誰もいない.

→ 11. **Unter** dem Tisch ist eine Katze.
テーブルの下にはネコがいる.

第 8 回練習問題

Übung 1: 下線部に冠詞・名詞の語尾を補い和訳してください．なお変化語尾が不要な場合は×をしてください．

(1) Trotz d___ Schnee_ (*r*) geht Sara in den Park.

(2) Die Straße führt mitten durch d___ Dorf (*s*).

(3) Wohin stelle ich d___ Stuhl (*r*)? - Du stellst ihn neben d___ Regal (*s*).

(4) Ich hänge das Bild über d___ Eingang (*r*).

(5) Über d___ Eingang (*r*) hängt ein Bild.

Übung 2: 辞書で調べて下線部に適切な前置詞を補い，和訳してください．

(1) Ich warte _____ den Bus.
（〔～を待つ〕の〔～を〕の部分にはどの前置詞を用いるか）

(2) Sara fragt mich _____ dem Weg.
（〔～に…を尋ねる〕の〔…を〕の部分にはどの前置詞を用いるか）

(3) Antonia achtet _____ die Zeit.
（〔～を気に掛ける〕の〔～を〕の部分にはどの前置詞を用いるか）

(4) Wir beginnen _____ der Wiederholung.
（〔～から始める〕の〔～から〕の部分にはどの前置詞を用いるか）

(5) Wir bitten Sie _____ Verständnis.
（〔～に…を頼む〕の〔…を〕の部分にはどの前置詞を用いるか）

Übung 3: 次の日本語の文を括弧内の単語を用いてドイツ語の文になおしてください.

(1) 家の前に木が一本立っている.

(vor, *s* Haus, *r* Baum, stehen)

____

(2) ベアーテはそれらの本を椅子の上におく.

(Beate, *s* Buch, auf 格支配に注意, *r* Stuhl, legen)

____

(3) それらの本は椅子の上にある.

(*s* Buch, auf 格支配に注意, *r* Stuhl, liegen)

____

Deutsche Lieder

Radio Song

Udo Lindenberg

Nun hab' ich dieses Lied gemacht
Und diesen Text geschrieb'n
Und ich hab' dabei an dich gedacht.
Das war letzte Nacht
Und heute Morgen rief ich dann
Ein paar Freunde an
Und wir trafen uns im Studio.

Ich hab' die Harmonien
Noch mal in Feinschrift aufgeschrieb'n
Und dann gab es noch Probleme
Mit dem Schlagzeugsound.
Doch dann war alles klar, wir waren soweit
Und Thomas von der Technik war ebenfalls bereit.
Er gab uns ein Zeichen, die Maschine lief schon.
Die Band spielte los und ich stand am Mikrophon
Und ich sang so schön, ich konnte
Für dich.

Ich ging mit dem Tonband in der Hand
Zu meiner Plattenfirma.
Doch die sagten: „Leider geht das nicht.
So ein Song verkauft sich nicht."
Es war sehr schwer.

ドイツ語の歌

ラジオ・ソング

ウード・リンデンベルク

今，僕はこの歌を作った，
そしてこのテキストを書いた，
そして僕はそのとき君のことを考えた．
それは昨夜のこと，
そして今日の朝，僕はそれから
何人かの友人に電話し，
そしてスタジオで会った．

僕はハーモニーを
もう一度清書し，
そしてそれからまだ問題があった，
パーカッションサウンドで．
けれどもそれから問題は解決し，完成，
そして技術のトーマスも同じく準備完了．
トーマスは合図を送り，機械はすでに作動した．
バンドは演奏を始め，僕はマイクの前に立ち，
そして僕はとてもすばらしく歌った．僕はできた，
君のためだから．

僕はテープを握りしめて
いつものレコード会社へ行った．
けれども言われた，「残念ながら無理，
そんなソングは売れない」と．
ショックだった．

Doch irgendwie hab' ich den Leuten klar gemacht,
Dass dieses Lied sehr wichtig ist.
Erst haben sie mich ausgelacht,
Doch dann meinten sie: „OK, das Ding wird raus gebracht."

Und nun hoff' ich so, du hörst dieses Lied mal im Radio
Oder bei Freunden, in 'ner Diskothek oder irgendwo.
Ich weiß nicht, wo du wohnst.
Ich weiß nicht, was du machst,
Und ob du nicht vielleicht über diese Platte lachst.
Oder hörst du dir nur noch Schlager an?
Und ich hab' das alles ganz umsonst getan.
Ich hoffe so, du hörst dieses Lied mal im Radio.
Wie soll ich dich denn sonst erreichen?
Ich wusste nicht wie.
Bitte, ruf mich an!
Die Nummer kriegst du von meiner Plattencompany.

Und nun hoff' ich so, du hörst dieses Lied mal im Radio
Oder bei Freunden, in 'ner Diskothek oder irgendwo.
Ich weiß nicht, wo du wohnst.
Ich weiß nicht, was du machst,
Und ob du nicht vielleicht über diese Platte lachst.

でもなんとか僕はそこの人たちにはっきりさせた，
この歌はとても大事なんだ，と.
最初はやつらは僕のことを笑い飛ばしたけど，
けれども言った，「オーケー，出そう」と.

そして今僕は願う，君がこの歌を聞いていることを，ラジオで
または友人たちのもとで，ディスコで，またはどこかで.
僕は知らない，どこに君が住んでいるのか.
僕は知らない，何を君がしているのか，
または君はひょっとしたらこのレコードを笑っているのかどうかも.
または君はまだヒットソングだけしか聞いていないの？
そして僕はこのことすべてはやっても無駄だった.
僕は願う，君がこの歌を一度ラジオで聞いてくれることを.
どうやってそれ以外に君のもとにたどり着くことができるだろうか？
僕はどうしてよいかわからなかった.
お願い，僕に電話して.
番号は僕のレコード会社からもらえるよ.

そして今僕は願う，君がこの歌を聞いていることを，ラジオで
または友人たちのもとで，ディスコで，またはどこかで.
僕は知らない，どこに君が住んでいるのか.
僕は知らない，何を君がしているのか，
または君はひょっとしたらこのレコードを笑っているのかどうかも.

アルバム：Galaxo Gang: Das sind die Herren vom andern Stern
リリース：1976年

Lektion 9

歩行者鉄橋アイゼルナー・シュテークを渡って

（Über den Eisernen Steg）

現在人称変化不規則動詞

この課でポイントとなる表現

[5-2]Ein Liebespaar lässt seinen Namen auf das Schloss eingravieren, hängt es dann an die Brücke und wirft den Schlüssel in den Fluss.

カップルは自分たちの名前を南京錠の上に刻ませ，その錠をそれから橋にかけ，そして鍵を川の中へ投げ入れるの.

Lektion 9

Über den Eisernen Steg 1–23

[1]*Sara, Nono und Antonia auf dem Eisernen Steg.*

[2]**Nono**: [1]Wow! Der Main ist aber echt breit. [2]Er ist wohl auch ziemlich tief, oder? [3]Ein Stocher erreicht sicherlich den Grund nicht. [4]Schau mal! [5]Unter der Brücke fährt gerade ein Frachter.

[3]**Sara**: [1]Ein bisschen weiter flussaufwärts ist dann der Main-Hafen von Frankfurt. [2]Schiffe transportieren meistens Industriematerialien wie Kohle oder Eisen und Landwirtschaftsprodukte wie Getreide. [3]Ein Schiff trägt auf einmal sehr viel. [4]Es ist daher umweltfreundlich.

[4]**Nono**: [1]Antonia, siehst du da die Schlösser am Brückengeländer? [2]Weißt du, wofür die sind?

[5]**Antonia**: [1]Das sind „Liebesschlösser". [2]Ein Liebespaar lässt seinen Namen auf das Schloss eingravieren, oft mit einem Herzmotiv, hängt es dann an die Brücke und wirft den Schlüssel in den Fluss. [3]Niemand löst dann – so hofft man zumindest – die Beziehung mehr auf. [4]Das Paar schwört sich also: [5]Unsere Beziehung geht nicht kaputt.

第9回

歩行者鉄橋アイゼルナー・シュテークを渡って

[1] 歩行者鉄橋アイゼルナー•シュテークの上のサラ，ノノ，そしてアントニア．

[2] **ノノ**：[1] わー！　マイン河ってだけど大きいね．[2] 多分水深も深いんだよね．[3] 竿じゃきっと川底にとどかないよね．[4] 見て！　[5] 橋の下をちょうど貨物船が通ってる．

[3] **サラ**：[1] もう少し上流にそれから先にフランクフルトのマイン港があるよ．[2] 船は大抵は石炭や鉄などの工業材料と穀物のような農産物を運搬するの．[3] 船ならば一度にとても多く運べる．[4] だから環境に優しいんだよ．

[4] **ノノ**：[1] アントニア，そこに橋の欄干にかけた南京錠見える？　[2] 何のためか知ってる？

[5] **アントニア**：[1] あれは「愛の南京錠」．[2] カップルが自分たちの名前を南京錠の上に刻ませ，よくハートのモチーフも加え，錠をそれから橋にかけ鍵を川の中に投げ入れるの．[3] 誰もそうすればもはや関係をもう解消しない，と少なくとも期待しているらしい．[4] カップルは誓っているのよ，[5] 自分たちの関係は壊れない，と．

[6]**Nono**: [1]Wow, das ist ja echt romantisch! [2]Komisch! Auf der Neckar-Brücke in Tübingen sieht man aber keine Liebesschlösser.

[7]**Sara**: [1]Die findet die Stadt auf der Neckar-Brücke vielleicht halt nicht schön. [2]Das Wegwerfen von Schlüsseln in den Fluss finde ich auch etwas bedenklich. [3]Das schadet der Umwelt. [4]Zudem steigt trotz der Liebesschlösser die Zahl der Scheidungen in Deutschland.

[8]**Antonia**: [1]Ja, aber gerade deswegen verschließen die Paare die Liebesschlösser. [2]Sonst ist die Scheidungsrate vielleicht sogar noch höher. [3]Übrigens, Sara, hast du einen Partner oder eine Partnerin?

[9]**Sara**: Na ja, auch ohne die Hilfe von einem Liebesschloss wären wir sicher immer zusammen.

[6] **ノノ**：[1] わーぉ，すっごいロマンチック！ [2] でも変ね，テュービンゲンのネッカー橋の上には愛の南京錠は見られないけど.

[7] **サラ**：[1] 南京錠のこと，テュービンゲンの町はネッカー橋の上ではひょっとすると，まさに美観を損ねると思ってるのかも. [2] 鍵を川に投げ入れるのは私も少し問題ありだと思う. [3] 環境によくないね. [4] おまけに愛の南京錠にもかかわらずドイツの離婚件数は増えてるのよ.

[8] **アントニア**：[1] もちろん，でもまさにだからこそカップルは愛の南京錠をかけているのよ. [2] さもなければ離婚率はひょっとしたらそれどころかもっと高いわよ. [3] ところでサラはパートナーいるの？

[9] **サラ**：うーん，愛の南京錠からの助けなくても私たちはきっといつも一緒だわ.

ポイントとなる文法 1_24

現在人称変化不規則動詞

現在人称変化の「**不規則動詞**」がドイツ語にもある「**強変化動詞**」の一部（ドイツ語 II，Lektion 1，第 1 回参照）．現在人称変化で主語が 2 人称単数（du）と 3 人称単数（単数名詞，er, es, sie）の箇所で語幹母音が変化する．どの動詞が不規則動詞なのかは覚えていなければならない．

1）語幹母音が短い a から短い ä になる（ウムラウトする）

→不定詞 fangen（～を捕まえる）		
	単数	複数
1 人称	ich fange	wir fangen
2 人称	du fängst	ihr fangt
3 人称	er fängt	sie fangen
2 人称	Sie fangen	

→その他：fallen（落ちる），wachsen（成長する），waschen（洗う）など．
　　　　halten（保つ，停車する）は du **hältst**, er **hält** となる．

2）語幹母音が長い a から長い ä になる（ウムラウトする）

→不定詞 fahren（乗り物で行く）		
	単数	複数
1 人称	ich fahre	wir fahren
2 人称	du fährst	ihr fahrt
3 人称	er fährt	sie fahren
2 人称	Sie fahren	

→その他：schlafen（眠っている），schlagen（打つ），tragen（運ぶ）など．
→要注意：laufen（走る）は du läufst, er läuft（äu = [ɔɪ]）となる．laden（積む）
　　　　は du **lädst**, er **lädt**，raten（助言する）は du **rätst**, er **rät** となる．

3）語幹母音が短い e から短い i になる

→不定詞 helfen（～を手伝う）		
	単数	複数
1人称	ich helfe	wir helfen
2人称	du **hi**lfst	ihr helft
3人称	er **hi**lft	sie helfen
2人称	Sie helfen	

→その他：brechen（折る），sprechen（しゃべる），treffen（会う）など．

→要注意：werden（なる）は du **wirst**, er **wird** となり，狭くなった母音の後続子音に注意が必要．

4）語幹母音が長い e から長い ie [iː] になる

→不定詞 sehen（～が見える）		
	単数	複数
1人称	ich sehe	wir sehen
2人称	du **sie**hst	ihr seht
3人称	er **sie**ht	sie sehen
2人称	Sie sehen	

→その他：empfehlen（勧める），lesen（読む），stehlen（盗む）など．

→要注意：**a)** nehmen（取る）は du **nimmst**, er **nimmt** と短い母音になり，そのあと子音連続に変わる（子音文字連続の前の母音は短い）．

b) treten（踏む）も du **trittst**, er **tritt** と短い母音になり，そのあと子音連続になる．

c) geben（与える）は du **gibst**, er **gibt** だが i は長い母音．

9

5) なぜ不規則になるのか？

du と er のところで，a が ä，e が i になるのは，古いドイツ語（9 世紀くらいまで）du のときの人称変化語尾 -ist，er のときの人称変化語尾が -it で，i という狭い母音があり，この狭い母音が語幹の母音を**同化**させて狭くしたため，1 段階ずつ母音が狭くなっている．**母音四角形**で見ると，それぞれ 1 段階狭い母音になっていることがわかる．その後，人称変化語尾の i の音はなくなったが，狭くなった母音はそのまま現在まで残っている．頻度が高い動詞だけに，古い形が今に至るまで維持されている．（「コラム 3」参照）

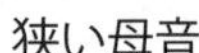

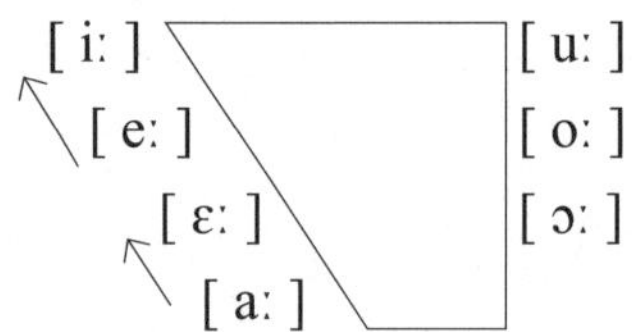

日本語には [e:] の音がない．

日本語の「エ」の音は [ɛ:] に相当．

広い母音

6) wissen（知っている）

単数で母音が変わり，ich と er で語尾なし同形．**話法の助動詞**の現在人称変化（Lektion 10，第 10 回参照）および**過去人称変化**（ドイツ語 II，Lektion 1，第 1 回参照）と同パターン．話法の助動詞も wissen も，もともとは過去形だった形が現在形で使われるようになった動詞で，「**過去現在動詞**」とよばれる．

→不定詞 wissen（知っている）		
	単数	複数
1 人称	ich **weiß**	wir wissen
2 人称	du **weißt**	ihr wisst
3 人称	er **weiß**	sie wissen
2 人称	Sie wissen	

第 9 回練習問題

Übung 1: 括弧内の動詞を人称変化させて下線部に入れ，和訳してください.

(1) Wohin __________ du am Sonntag? - Ich __________ ans Meer. (fahren)

(2) Der Mantel __________ mir. (gefallen)

(3) __________ du immer Zeitung? - Ja, ich __________ sie immer. (lesen)

(4) __________ du mir bitte mal? - Ja, ich __________ dir gerne. (helfen)

(5) Ich __________ Bier. Was __________ du? (nehmen)

(6) Was __________ du später? - Ich __________ Jurist. (werden)

(7) Der Experte __________ viel. (wissen)

Übung 2: 次の日本語の文を括弧内の単語を用いてドイツ語の文になおしてください.

(1) 家の前に木が一本見える.

（主語には不定代名詞 man を用いる，vor, *s* Haus, *r* Baum, sehen）

____

(2) アントニアは流ちょうに日本語を話します.

（Antonia, sprechen, fließend, Japanisch）

____

(3) ちょっと塩とってくれる？

（geben, du, ich 格変化させて用いる，mal, *s* Salz）

____

Deutsche Lieder

Sie liebten sich gigantisch

Udo Lindenberg

Sie sahen sich auf der Straße,
Blieben einfach stehen,
Und sie fragte: „Weißt du, wo es lang geht?"
Er sagte: „Weiß ich auch nicht,
Lass doch zusammen gehen!"
Sie hatten sich so lange gesucht
Und nun endlich getroffen und dann in der Bar,
Obwohl es nur Kaffee war, waren sie wie besoffen
Und sie liebten sich gigantisch
Und es war das erste Mal.
Und sie wußten nicht mehr:
„Gibt es das wirklich oder spinnen wir jetzt total?"
Und für sie war er der größte
Und sie war seine Königin.
Und der Himmel wußte vor lauter Geigen
Überhaupt nicht mehr wohin.

Noch am selben Abend zog sie bei ihm ein.
Und ihre Herzen und Körper waren so hungrig.
Sie dachten, das wird jetzt immer so sein.
Doch irgendwann war der Rausch vorbei.
Sie wurden langsam wieder clean und sie merkten,
Der andere hat noch ein paar Macken,

ドイツ語の歌

ふたりは巨大に愛し合っていた

ウード・リンデンベルク

ふたりは通りで会い
もうただ立ち止まってしまった.
女が聞いた，どう行ったらいいかわかる，と.
男は答えた，俺もわからない，
けど一緒に行こう，と.
ふたりはお互い長いこと探し合っていて
ついに巡り会い，それからバーで
ただのコーヒーだったけど，ふたりは泥酔しているみたいに
お互い巨大に愛し合っていた.
こんなことは初めてだった.
ふたりはもうわからなかった，
「これは本当なのか，それとも夢みているのか.」
彼女には彼は一番偉大な人で
彼女は彼の女王様だった.
お天道様ものぼせあがったふたりを前に
どこを照らしてよいのやらわからなかった.

まだその晩のうちに彼女は彼のところに転がり込んだ.
ふたりの心と体は飢えていた.
ふたりは思った，自分たちはずっとこのままだ，と.
けれどもいつかは陶酔も過ぎ去った.
ふたりはまただんだんクリーンになり気付き始めた，
相手がまだいくらか欠陥がある，

Muss man ein bisschen umerziehen.
Und sie liebten sich gigantisch
Und es war das erste Mal.
Kleine Fehler hat doch wohl jeder, keiner ist ideal.
Trotzdem war er immer noch der größte
Und sie war seine Königin
Nur noch ein bisschen dressieren, bisschen korrigieren
Und dann kriegen wir das schon noch hin.

Ja, sie liebten sich gigantisch
Und trotzdem nervten sie sich sehr,
Wenn der andere doch bloß nicht so wie er ist,
Sondern ein bisschen anders wär'.
Ja, der Rahmen war schon fertig
Und der Rahmen war nicht schlecht.
Jetzt muss nur noch der Mensch reinpassen
Und den biegen wir uns schon zurecht.
Ja, sie liebten sich gigantisch,
Und waren sie angetan wie noch nie,
Als sie merkten, dass es zu Ende ging,
Weil Menschen sind nicht aus Knetgummi.
„Ey, was willst du denn allein weggehen,
Willst du meine Nerven ruinier'n?
Kannst du außerdem nicht mal aufhör'n,
Mir hinterher zu spionier'n?"
„Du blöde Nuss!"
„Ach du, du Penner, du Fuzzi, du Ultra-Idiot!"

少し教育し直さなければ，と思った.
でもふたりは巨大に愛し合っていた.
そしてそんなことは初めてだった.
ちょっとした欠陥は誰にだってある，誰も思ったとおりじゃない.
それでも彼は未だに一番偉大な人で
彼女は彼の女王様だった.
ちょっとだけしつけして，ちょっとだけ直せば
できあがりさ.

そう，ふたりは巨大に愛し合っていた.
それでもお互いイライラさせ合っていた，
もし相手がこうじゃなく，
もうすこし別なら，と.
そう，枠はもう出来上がっていて
その枠も悪くはない.
今度は人間がその枠に合えばいいだけ.
だからお互い正しい形に曲げればいいだけ.
そう，ふたりは巨大に愛し合っていた.
ふたりはそれまでになかったほどお互い惹かれていたけど，
人間はゴム粘土じゃないから，もう関係が終わる，と気付いたとき.
「ふん，どうして一体あなただけが出て行くつもり，
私の神経めちゃくちゃにするつもりなの？
それにちょっと止められないの，
私の後追い回して探偵するの？」
「このおたんこなす！」
「おまえだって，アホ，カス，超バカ！」

アルバム：Keule
リリース：1982 年

この課でポイントとなる表現

[5]An den Änderungen der Namen der Museen kann man den Wandel der Wertvorstellung sowie der Gesellschaft sehen.

博物館の名称変更に，価値観や社会の変遷を見ることができます.

Lektion 10

Das Museumsufer 1_25

[1]Am Main-Ufer gegenüber der Altstadt, wenn man über den Eisernen Steg hinübergeht und nach rechts biegt, stehen mehrere Museen nebeneinander: [2]Das „Museum für Angewandte Kunst" (früher: Museum für Kunsthandwerk), das „Museum der Weltkulturen" (früher: Völkerkundemuseum), das „Deutsche Filmmuseum", das „Museum für Kommunikation" (früher: Bundespostmuseum), das „Städelsche Kunstinstitut", das „Liebighaus für alte Plastik" und das „Museum Giersch für Kunst der Region". [3]Das sind natürlich nicht alle Museen in Frankfurt. [4]Die Ansammlung von all diesen Museen am Main-Ufer nennt man „Museumsufer Frankfurt".

[5]An den Änderungen der Namen der Museen kann man den Wandel der Wertvorstellung sowie der Gesellschaft sehen. [6]So kann man heute kaum noch „Völkerkundemuseum" sagen, weil die Exponate aus der Kolonialherrschaft stammen. [7]Die Objekte sind also moralisch nicht einwandfrei. [8]Die Provenienzforschung untersucht momentan die Herkunft der Exponate.

[9]Unter den Museen sollte man das Städelsche Kunstinstitut, also das Städel Museum, unbedingt besichtigen. [10]Dort gibt es 3 000 Gemälde vom Mittelalter über die Moderne bis in die Gegenwart. [11]Der

第 10 回

博物館河畔

[1] 旧市街の向かい側のマイン河畔には，歩行者鉄橋を渡って右に曲がると，いくつもの博物館が次々と並んでいます．[2] つまり，「応用芸術博物館」（旧芸術手工業博物館），「世界文化博物館」（旧民族博物館），「ドイツ映画博物館」，「コミュニケーション博物館」（旧連邦郵便博物館），「シュテーデル芸術研究所」，「古彫像リービックハウス」，そして「地域芸術博物館ギーアシュ」です．[3] これでもちろんフランクフルトのすべての博物館ではありません．[4] マイン河畔のこれらすべての博物館があつまったものを「博物館河畔フランクフルト」とよんでいます．

[5] 博物館の名称変更に，価値観や社会の変遷を見ることができます．[6] たとえば今日ではもはやほとんど「民族博物館」と言うことはできません．なぜなら展示品は植民地支配に由来するので．[7] これらの展示品はつまり道徳的に非の打ち所がないのではないのです．[8] 出自調査は目下展示物の由来を調査しています．

[9] これらの博物館の中でもシュテーデル芸術研究所，つまりシュテーデル美術館は絶対に観覧するのがよいでしょう．[10] そこには 3000 の絵画が中世から近代を経て現代にいたるまであります．[11] フランクフルトの銀行家かつ

Frankfurter Bankier und Gewürzhändler Johann Friedrich Städel stiftet in seinem Testament am 15. März 1815 ein Kunstinstitut unter seinem Namen. [12]Seine Gemäldesammlung übernimmt das Institut. [13]Das Museumsgebäude steht seit 1878 am Main-Ufer. [14]Zu der Sammlung gehören beispielsweise „Goethe in der Campagna" von Johann Heinrich Wilhelm Tischbein aus dem Jahr 1787, der „Blick auf Frankfurt am Main mit der Alten Brücke" von Sachsenhausen her von Gustave Courbet aus dem Jahr 1858, und die „Venus" von Lucas Cranach dem Älteren aus dem Jahr 1532.

香辛料輸入業者ヨーハン・フリードリヒ・シュテーデルが 1815 年 3 月 15 日付けの自身の遺言の中で自分の名前を冠した芸術研究所を寄進しています. [12] シュテーデルの絵画コレクションをこの研究所が引き取ります. [13] 美術館の建物は 1878 年からマイン河畔にあります. [14] コレクションにはたとえばヨーハン・ハインリヒ・ヴィルヘルム・テッシュバイン 1787 年作の「カンパーニャのゲーテ」, ギュスターヴ・クールベ 1858 年作の, ザクセンハウゼンからの「旧マイン橋のあるフランクフルト・アム・マインの眺め」, そしてルーカス・クラーナッハ・シニア 1532 年作の「ヴィーナス」が数えられます.

ポイントとなる文法 1_26

話法の助動詞

「**話法の助動詞**」という助動詞の一群がある．これは述べられる事柄に対して，話し手の主観的な判断や見方を添える．

1）現在人称変化が不規則

→不定詞 können（～できる）		
	単数	複数
1人称	ich **kann**	wir können
2人称	du **kannst**	ihr könnt
3人称	er **kann**	sie können
2人称	Sie können	

→	dürfen	können	müssen	sollen	wollen	mögen	möchte*
ich	darf	kann	muss	soll	will	mag	möchte
du	darfst	kannst	musst	sollst	willst	magst	möchtest
er	darf	kann	muss	soll	will	mag	möchte
wir	dürfen	können	müssen	sollen	wollen	mögen	möchten
ihr	dürft	könnt	müsst	sollt	wollt	mögt	möchtet
sie	dürfen	können	müssen	sollen	wollen	mögen	möchten

*möchte は mögen の**接続法 II 式基本形**（ドイツ語 II，Lektion 5，第 5 回参照）

原則：sollen 以外，単数と複数で語幹母音が異なり，単数 1 人称と 3 人称で人称変化語尾がなく同形．

2）語順

話法の助動詞は文中では定動詞として用いられ，本動詞は不定形となって文末にくる．

→ Ich lerne Deutsch. > Ich **will** Deutsch **lernen**. 私はドイツ語を学ぶつもりだ．

→ Ich gehe morgen früh zum Bahnhof.

> Ich **muss** morgen früh zum Bahnhof **gehen**.

私は明日早く駅へ行かなければならない．

3）話法の助動詞の意味

	客観的用法	主観的用法（推量表現）
dürfen	～してもよい＜許可＞， 否定は＜禁止＞を意味	
können	～できる＜可能＞＜能力＞	～かもしれない ＜確実性 50% くらい＞
müssen	～しなければならない＜義務＞ ～せざるをえない＜必然＞ 否定は＜免除＞を意味	～に違いない ＜確実性 90% くらい＞
sollen	～すべきだ＜道義＞ ～するように言われている ＜第三者の意向＞	～だそうだ＜噂の sollen ＞
wollen	～するつもり＜意志＞＜決意＞	～だと主張している＜主張の wollen ＞（その真偽は怪しい）
mögen	～が好きだ＜嗜好＞ （本動詞として不定詞なしで）	～かもしれない ＜確実性 30% くらい＞
möchte	～したい＜希望＞	

a）客観的用法

→ **Darf** ich die Broschüre mitnehmen? このパンフレット持って行ってもいいですか？

→ Sie **dürfen** hier nicht parken. あなたはここに駐車してはいけません.

→ Ich **kann** gut Englisch sprechen. 私は上手に英語を話せます.

→ Ich **muss** noch diese Aufgabe erledigen. 私はまだこの課題を片付けなければならない.

→ Du **musst** nicht früh aufstehen. 君は早く起きなくてもいいよ.

→ Sie **sollen** das nicht tun. あなたはそれをすべきではない.（かなり強い語調）

→ Sie **sollten** das nicht tun. あなたはそれをしない方がよい.（丁寧な言い方）

→ Ich **will** langsam fahren. 私はゆっくり運転するつもりだ.

→ Bier **mag** ich nicht. ビールは私は嫌いだ.

→ Ich **möchte** nach Deutschland fahren. 私はドイツへ行きたい.

b）主観的用法（推量表現）

→ Die Frau **kann** krank sein. その女性は病気かもしれない.

→ Der Mann **mag** noch jung sein. その男性はひょっとしたらまだ若いかもしれない.

→ Die Frau **muss** erkältet sein. その女性は風邪をひいているに違いない.

→ Der Mann **soll** reich sein. その男性は金持ちだそうだ.

第 10 回練習問題

Übung 1: 括弧内の話法の助動詞を用いて文を書き換え，和訳してください．

(1) Ich gehe zum Zahnarzt. (müssen)

___

(2) Rufst du mich heute bitte an? (können)

___

(3) Antonia studiert in Japan. (wollen)

___

(4) Öffnen wir das Fenster? (sollen)

___

(5) Das ist falsch. (mögen)

___

(6) Ich schlafe noch. (möchte)

___

(7) Sie parken nicht hier. (dürfen)

___

Übung 2: 次の日本語の文を括弧内の単語を用いてドイツ語の文になおしてください．

(1) このパンフレットもらってもいいですか．(ich, *e* Broschüre, haben, dürfen)

___

(2) あなたは速く走らなくてもよいです．(Sie, nicht, schnell, laufen, müssen)

___

(3) 明日は雨が降るかもしれない．(morgen, es regnet, können)

___

Deutsche Lieder

Wozu sind Kriege da

Udo Lindenberg

Keiner will sterben,
Das ist doch klar.

Wozu sind denn dann Kriege da?
Herr Präsident,
Du bist doch einer von diesen Herren.

Du mußt das doch wissen.
Kannst du mir das mal erklär'n?
Keine Mutter will ihre Kinder verlier'n
Und keine Frau ihren Mann.
Also,
Warum müssen Soldaten losmarschier'n?
Um Menschen zu ermorden? Mach mir das mal klar!

Wozu sind Kriege da?

Herr Präsident,
Ich bin jetzt zehn Jahre alt
Und ich fürchte mich in diesem Atomraketenwald.
Sag mir die Wahrheit!
Sag mir das jetzt!
Wofür wird mein Leben auf's Spiel gesetzt

ドイツ語の歌

何のために戦争があるの？

ウード・リンデンベルク

誰も死にたくない，
あたりまえでしょ.

何のためにじゃあ戦争はあるの？
大統領さん，
あなたは戦争をする人たちの 1 人でしょう.

あなたはこのことをわかっているはずでしょう.
そのことを僕に説明できますか？
どの母親も自分の子どもたちを失いたくない，
そしてどの女性も自分の夫を失いたくない.
だから，
どうして兵士たちは出兵しなければいけないの？
人間を殺すために？　僕にそのことを一度ちゃんと説明して.

何のために戦争があるの？

大統領さん，
僕は今 10 歳，
そして僕は核弾頭ロケットの森の中で怖い思いをしています.
言ってください，僕に本当のことを.
言ってください，僕にそれを今.
何のために僕の命を危険に曝すの？

Und das Leben all der ander'n? Sag mir mal warum!
Sie laden die Gewehre und bring'n sich gegenseitig um.
Sie steh'n sich gegenüber und könnten Freunde sein.

Doch bevor sie sich kennenlernen, schießen sie sich tot.
Ich find' das so bekloppt.
Warum muß das so sein?

Habt ihr alle Milliarden Menschen überall auf der Welt
Gefragt,
Ob sie das so wollen
Oder geht's da auch um Geld?
Viel Geld für die wenigen Bonzen,
Die Panzer und Raketen bau'n

Und dann Gold und Brillianten kaufen für die elegant'n Frau'n?
Oder geht's da nebenbei auch um so religiösen Zwist,

Dass man sich nicht einig wird,
Welcher Gott nun der wahre ist?
Oder was gibt's da noch für Gründe,
Die ich genauso bescheuert find'.
Na ja,
Vielleicht kann ich's noch nicht verstehen,

Wozu Kriege nötig sind.
Ich bin wohl noch zu klein.
Ich bin ja noch ein Kind.

そして他のすべての人々の命を？　僕にとにかく教えて，どうしてなのか．
銃に弾を詰めてお互いに殺し合うのはどうしてなの，
本当なら向かい合ってお互いの友達でいられるかもしれないのに？

でもお互いに知り合う前に殺し合う．
僕はそんなの絶対狂ってると思う．
どうしてそうでなければいけないの？

あなたたちは何十万人ものすべての人間に世界中で
聞いたことがある，
みながそうしたいと思ってる，って？
それともお金のせいなの？
多くのお金はわずかの特権階級，
戦車とロケットを作り，

そしてそれから金と宝石をエレガントなご婦人たちに買う特権階級のため？
またはついでに宗教の不和も問題になるの，

どの神様がほんとうの神様か，
意見がひとつにならないという不和も？
それともまだ理由があるの？
僕が同じようにばからしいと思う理由が？
まあいいや，
ひょっとしたら僕はまだ理解できないかもしれない，

何のために戦争が必要なのか．
僕はきっとまだ小さすぎるんだ．
僕はもちろん子どもだから．

アルバム：Honky Tonky Show
リリース：1990 年

この課でポイントとなる表現

[2-2]Hier gibt es mehrere Museen. [2-3]Darum dieser Name.

ここにはいくつもの博物館があり，それでこの名称になってます.

[6-1]Berühmt ist vor allem das Porträtbild von Stadtkind Goethe bei seiner Reise nach Italien.

有名なのはとくに，この町出身のゲーテのイタリア旅行中の肖像画です.

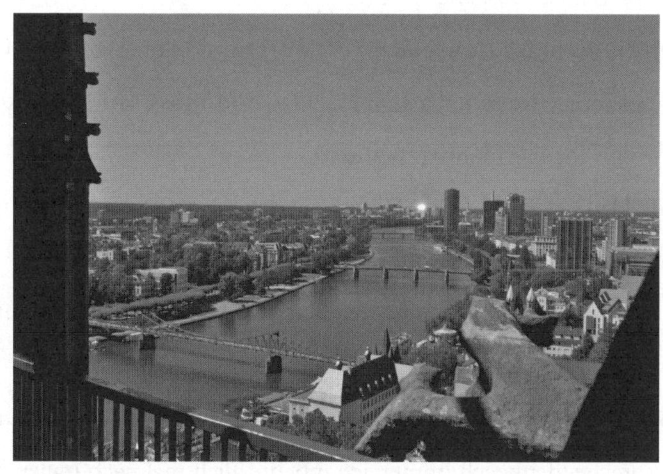

Lektion 11

Am Museumsufer 2_01

[1]*Sara, Nono und Antonia auf dem Museumsufer.*

[2]**Antonia**: [1]Wir sind jetzt am Museumsufer. [2]Hier gibt es mehrere Museen. [3]Darum dieser Name.

[3]**Nono**: [1]Ist das Gebäude dort auch ein Museum? [2]Es sieht etwas altmodisch aus. [3]Es kann sicher kein Hotel sein.

[4]**Sara**: [1]Nein. Das ist das Städel Museum, ein Gemälde-Museum. [2]Die Sammlung dort geht ursprünglich auf die des Museumsstifters Johann Friedrich Städel zurück. [3]Das ist ein Frankfurter Bankier und Gewürzhändler. [4]In dem Museum gibt es über 3 000 Werke.

[5]*Sie sind im Städel Museum.*

[6]**Antonia**: [1]Berühmt ist vor allem das Porträtbild von Stadtkind Goethe bei seiner Reise nach Italien. [2]Das Bild müsst ihr sicher kennen, wenn ihr Germanistinnen seid.

[7]**Nono**: [1]Hm, welches Bild? Vielleicht das da drüben? [2]Auf dem Bild sitzt er etwas schräg auf einem Stein von einer Ruine.

[8]**Sara**: [1]Ja, genau. [2]Seine Reise nach Italien 1786/87 beschreibt er in seinen Tagebüchern.

[9]**Nono**: [1]Ich habe in Tübingen eine Freundin aus Italien. [2]Wenn ich mit ihr spreche, denke ich immer, ich möchte auch mal nach Italien reisen.

第 11 回

博物館河畔で

[1] 博物館河畔のサラ，ノノ，そしてアントニア.

[2] **アントニア**：[1] はい，博物館河畔に着きました. [2] ここにはいくつもの博物館があり，それでこの名前になってます.

[3] **ノノ**：[1] あそこの建物も博物館？ [2] 古めかしく見えるけど. [3] きっとホテルじゃないよね.

[4] **サラ**：[1] うん，そうじゃない. あれはシュテーデル博物館，つまり絵画美術館. [2] そこのコレクションはもともとは博物館寄贈者のヨハン・フリードリヒ・シュテーデルのそれに由来するの. [3] フランクフルトの銀行家かつ香辛料輸入業者. [4] 美術館には 3000 以上の作品があるよ.

[5] 三人はシュテーデル美術館の中.

[6] **アントニア**：[1] 有名なのはとくにこのフランクフルトの町出身のゲーテのイタリア旅行中の肖像画. [2] この絵はサラとノノも知ってるはずよ，二人ともドイツ学専攻なら.

[7] **ノノ**：[1] うーん，どの絵だっけ？ ひょっとしてあの向こうの絵？ [2] 絵ではゲーテが少し斜めになって廃墟の石の上に座っている.

[8] **サラ**：[1] うん，それそれ. [2]1786 年 87 年の自分のイタリア旅行をゲーテは自分の日記に書いている.

[9] **ノノ**：[1] 私，テュービンゲンでイタリアから来ている友達いるよ. [2] その友達と話すと，私もいつかイタリアへ旅行したいと思う.

[10]**Sara**: [1]Frankfurt – Schriftsteller – Italien. [2]Man darf übrigens noch eine Person nicht vergessen: [3]Clemens Brentano, den Romantiker. [4]Neben seinen Märchensammlungen wie „Märchen vom Rhein“ (Rheinmärchen) oder „Italienische Märchen“ ist seine Volksliedersammlung „Des Knaben Wunderhorn“ aus den Jahren 1806 und 1811 sehr berühmt. [5]Er selbst ist in Koblenz geboren, aber seine Vorfahren, eine Kaufmannsfamilie, stammt aus einer Adelsfamilie in der Lombardei. [6]Der Sitz des Handelshauses ist seit 1698 in Frankfurt. [7]Den Einwanderern aus Italien nach Frankfurt damals verdanken die Frankfurter Katholiken ihren Nachschub.

[11]**Antonia**: [1]Beeindruckend, Sara! [2]Du weißt echt sehr viel!

[10] **サラ**：[1] フランクフルト，作家，イタリア．[2] ところでもう一人を忘れてはだめ．[3] ロマン派のクレメンス・ブレンターノ．[4]『ラインのメルヒェン』や『イタリアのメルヒェン』などの自身のメルヒェン収集と並んで，ブレンターノの1806年と1811年の民謡集『童の魔法の角笛』はすごく有名．[5] ブレンターノ自身はコーブレンツ生まれだけど，ブレンターノの祖先は商家でロンバルディアの貴族家系の出身．[6] 商家の拠点は1698年からフランクフルトにあるの．[7] 当時イタリアからフランクフルトへの移民に，フランクフルトのカトリック教徒は自分らの勢力の拡大を負っているの．

[11] **アントニア**：[1] すごい，サラ！ [2] あなた，ほんとたくさんのこと知ってるね！

写真提供　ユニフォトプレス

ポイントとなる文法 2_02

1. 定冠詞類・不定冠詞類の格変化

「**定冠詞類**」，「**不定冠詞類**」とよばれる冠詞の仲間がある．定冠詞類は定冠詞の格語尾変化とほぼ同じ語尾変化を，不定冠詞類は不定冠詞の格語尾変化と全く同じ語尾変化をする．

1）定冠詞類・不定冠詞類格変化表

<table>
<tr><th>→</th><th>男性名詞</th><th>中性名詞</th><th>女性名詞</th><th>複数名詞</th></tr>
<tr><td>1格</td><td>der Garten
dieser Garten
mein Garten
er / der</td><td rowspan="2">das Buch
dieses Buch
mein Buch
es / das</td><td rowspan="2">die Uhr
diese Uhr
meine Uhr
sie / die</td><td rowspan="2">die Hände
diese Hände
meine Hände
sie / die</td></tr>
<tr><td>4格</td><td>den Garten
diesen Garten
meinen Garten
ihn / den</td></tr>
<tr><td>3格</td><td>dem Garten
diesem Garten
meinem Garten
ihm / dem</td><td>dem Buch
diesem Buch
meinem Buch
ihm / dem</td><td>der Uhr
dieser Uhr
meiner Uhr
ihr / der</td><td>den Händen
diesen Händen
meinen Händen
ihnen / denen</td></tr>
<tr><td>2格</td><td>des Gartens
dieses Gartens
meines Gartens
seiner / dessen</td><td>des Buchs
dieses Buchs
meines Buchs
seiner / dessen</td><td>der Uhr
dieser Uhr
meiner Uhr
ihrer / deren</td><td>der Hände
dieser Hände
meiner Hände
ihrer / deren</td></tr>
</table>

セル上から：定冠詞，定冠詞類，不定冠詞類，人称代名詞／指示代名詞

2）定冠詞類には次のものがある

→ **dieser**（この）：Mit **diesem** Zug fahren Sie. この列車であなたは行きます.

→ **jener**（あの）: Das Denkmal stammt aus **jenem** Jahr. この記念碑はかの年に由来する.

→ **welcher**（どの）: **Welche** Jacke nehmen Sie? あなたはどのジャケットにしますか？

→ **solcher**（そんな）: **Solche** Aufsätze schreibe ich nicht. そのような作文を私は書かない.

→ **jeder**（それぞれの）: **Jedem** Kind gefällt das Bild. どの子どもにもこの絵は気に入る.

→ **aller**（すべての）: **Alle** Teilnehmer sind begeistert. すべての参加者は感動している.

→ **mancher**（かなりの）: **Manche** Kritiker sind dagegen. かなりの批評家が反対している.

→ **etlicher**（いくらかの）：**Etliche** Besucher sind mit der Ausstellung unzufrieden.
いくらかの訪問者は展示会に不満だ.

※冒頭に挙げてある語形（見出し語形）は単数男性 1 格の形.

最寄り名詞をさす dieser

dieser はそれ単独で，当該の性・数で最寄りの名詞をさす指示代名詞としても用いられる.

→ Die Eltern schenken **ihren Kindern** ein Brettspiel. **Diesen** gefällt es sehr.
両親は子どもたちにボードゲームをプレゼントする．子どもたちにはそれがとても気に入る.

11

3）不定冠詞類には次のものがある

a）否定冠詞

→ **kein**：Ich habe **keine** Lust auf den Film. 私はその映画を見る気がない.

b）所有冠詞（所有代名詞）

→ **mein**（私の）：Hier ist **meine** Wohnung. これが私の住まいです.

→ **dein**（君の）：Wo ist **dein** Buch? 君の本はどこ？

→ **unser**（私たちの）：Der Gast spricht mit **unserer** Sekretärin
その客は私たちの秘書と話す.

→ **euer**（君たちの）：Was ist **euer** Plan? 君たちの予定は何ですか？

→ **sein**（彼の, その, 自分の）: Jürgen geht in **sein** Haus. ユルゲンは自分の家に入る.

→ **ihr**（彼女の，彼らの，それらの，自分の）: Karin besucht **ihre** Tante.

カーリンは自分の叔母を訪問する.

→ **Ihr**（あなたの）: Wie ist **Ihr** Name? あなたの名前は？

※ unser, euer の語末尾 -er は語尾のように見えるが語尾ではなく語の一部.

2. 男性弱変化名詞 --

「**男性弱変化名詞**」という男性名詞の一群がある．これは単数１格以外のすべてで語尾 –(e)n がつく．

→	der Architekt（建築家）〔辞書での略記例：m -en / -en〕	
	単数	複数
1 格	der Architekt	die Architekt**en**
4 格	den Architekt**en**	die Architekt**en**
3 格	dem Architekt**en**	den Architekt**en**
2 格	des Architekt**en**	der Architekt**en**

→その他: der Student（学生）, der Polizist（警察官）; der Rabe（カラス）,

der Hase（ウサギ）など.

ギリシャ語起源の -t におわる名詞に多い．ドイツ語古来の語彙では男性名詞で -e におわる名詞に多い．

3. 不定代名詞 man・einer --

「**不定代名詞**」とよばれる代名詞がある．特定の対象をささない．

1）man

特定の人間をささないが，文法上 1 格主語が必要になるような場合用いられる．man の 4 格の形は **einen**，3 格の形は **einem** となる．

→ **Man** trinkt in Deutschland viel Wein. ドイツではたくさんワインが飲まれる.

2) einer

男性形で不特定のひとりの「人間」をさす．中性形 **eines** だとひとつの「事柄」をさす．他に，すでに出てきた名詞のどれでもよいからどれかひとつをさし「～のうちのひとつ」という意味をあらわす用法もある．出てきた複数名詞のうちのひとつをさして「(～のうちの) ひとつ」を 1 格で言う場合，複数形になっている名詞の性が，男性名詞ならば **einer**，中性名詞ならば **eines**，女性名詞ならば **eine** を使う．不特定の名詞複数をさす場合には **welche** を単独で用いる．下の表のように格変化する．

→ Da kommt **einer**. あそこに誰かが来る.

→ Ich frage nur **eines**. 私はひとつのことだけ質問します.

<table>
<tr><th>→</th><th>男性名詞</th><th>中性名詞</th><th>女性名詞</th><th>複数名詞</th></tr>
<tr><td>1 格</td><td>ein**er**</td><td rowspan="2">ein**es**</td><td rowspan="2">ein**e**</td><td rowspan="2">welch**e**</td></tr>
<tr><td>4 格</td><td>ein**en**</td></tr>
<tr><td>3 格</td><td>ein**em**</td><td>ein**em**</td><td>ein**er**</td><td>welch**en**</td></tr>
<tr><td>2 格</td><td>ein**es**</td><td>ein**es**</td><td>ein**er**</td><td>welch**er**</td></tr>
</table>

→ Frankfurt ist **eine** der Großstädte in Deutschland.
フランクフルトはドイツの大都市のひとつです.

→ die Geschichte **eines** unserer letzten Naturreservate
私たちの自然保護地区のひとつの歴史

→ Hast du noch Bleistifte? - Ich habe nur noch **einen**.
鉛筆まだある？——もう 1 本しかない.

→ Haben Sie noch Karten? - Ja, wir haben noch **welche**.
チケットまだありますか？——まだいくらかあります.

4. 否定代名詞 keiner

否定冠詞 kein も単独で語尾変化を伴って「**否定代名詞**」として用いられ，対象が存在しないことをあらわす．格変化のパターンは不定代名詞 einer と全く同じ．

→ Hier steht **keiner**. ここには誰も立っていない．

→ Hast du noch eine Tüte? — Nein, ich habe **keine**. まだ紙袋ある？—— もうない．

5. 数量詞の名詞化

定冠詞類の語や数量詞は当該の語があらわす数量の人間をあらわす場合，複数 1・4 格の語尾 **-e** を付加し，manch**e**, all**e**; einig**e**, wenig**e**, viel**e** のように単独で複数名詞として用い，当該の語があらわす数量の事柄をあらわす場合，単数中性 1・4 格の語尾 **-es** を付加し，manch**es**, all**es**; einig**es**, wenig**es**, viel**es** のように単独で中性名詞として用いる（ドイツ語 II, Lektion 8, 第 8 回参照）．

→名詞化（複数）	意味	名詞化（中性）	意味
viele	多くの人々が・を	vieles	多くのことが・を
manche	かなりの人々が・を	manches	かなりのことが・を
alle	すべての人々が・を	alles	すべてのことが・を
wenige	わずかの人々が・を	weniges	わずかのことが・を
etliche	何人かの人々が・を	etliches	いくつかのことが・を
andere	他の人々が・を	anderes	他のことが・を
meiste	大抵の人々が・を	meistes	大抵のことが・を

→ **Alle** glauben daran. すべての人々がそのことを信じている．

→ Mir ist **alles** unverständlich. 私にはすべてのことが理解できない．

第 11 回練習問題

Übung 1: 例にならって文を作り，和訳してください.

（例）Das Buch gehört mir. > Das ist mein Buch

（例）Gehört diese Uhr deiner Mutter? — Ja, das ist ihre Uhr.

(1) Der Garten gehört uns. Das ist ______________.

(2) Die Tasche gehört dir. Das ist ______________.

(3) Das Fahrrad gehört mir. Das ist ______________.

(4) Die Schokolade gehört euch. Das ist ______________.

(5) Die Mütze gehört Ihnen. Das ist ______________.

(6) Gehört dieser Mantel Antonia? - Ja, das ist ______________.

(7) Gehört dieses Auto Jürgen? - Ja, das ist ______________.

(8) Gehören diese Schirme den Gästen? - Ja, das sind ______________.

(9) Gehören diese Bilderbücher dem Kind? - Ja, das sind ______________.

Antonia 女性の名前，Jürgen 男性の名前

Übung 2: 下線部に格変化語尾を補い，和訳してください．なお語尾が必要ない場合は×をしてください.

(1) Welch___ Linie (*e*) fährt zum Flughafen?

(2) Mir gefällt dies___ Mantel (*r*) sehr gut.

(3) Jed___ Kind (*s*) kennt diese Geschichte.

Übung 3: 次の日本語の文を括弧内の単語を用いてドイツ語の文になおしてください.

(1) ここにあるどの本もおもしろい.

(jeder, *s* Buch, hier, interessant sein)

____

(2) かなりの批評家がその作品を大変よいと思っている.

(mancher, *r* Kritiker, *s* Werk, sehr gut, finden (4 格) を (形容詞) だと思う)

____

(3) 私は弟（兄）にプレゼントを贈る.

(ich, mein, *r* Bruder, *s* Geschenk, geben)

____

コラム 2 — 第二次子音推移 —

英語の音とドイツ語の音の間には規則的な対応関係があり，この音韻法則を用いるとドイツ語に対応する英語の単語が見えてくる。たとえば前置詞の aus（～から出て）は音韻法則上は英語の out に対応する．ちなみにこの語はオランダ語だと uit と綴られる．

英語やオランダ語などのゲルマン諸語と，ドイツ語を区別する音韻法則は「第二次子音推移」とよばれる．この変化を経た言語が「ドイツ語」とよばれる．第二次子音推移は，たとえば英語やオランダ語などのゲルマン諸語とドイツ語の間で，p > pf / ff，t > tz [ts] /ʒʒ [s]，k > kch / hh という対応関係を示す。推移後のドイツ語の音には二種類あるが，大雑把に言うと，子音環境（語頭など）ではスラッシュの前の音，母音環境（母音直後など）ではスラッシュの後の音になる．p > pf については apple > Apfel，pound > Pfund，p > ff については ship > Schiff，sleep > Schlaf など，t > tz については，to > zu，salt > Salz など，t > ʒʒ については, water > Wasser, eat > essen などがある．k > kch [x] になるケースはドイツ語でもスイスドイツ語にしか見られない．たとえば標準ドイツ語で Wolke（雲）というとき，スイスドイツ語では k の音は doch などでの ch の [x] の音で発音される．

この第二次子音推移の浸透度は地域によって異なるため，ドイツ語方言は第二次子音推移の浸透の度合いによって区別される．第二次子音推移を一切経ていない方言は「低地ドイツ語」とよばれ，p, t, k の音は英語やオランダ語などのゲルマン諸語の音と同じであり, 言語学的には「ドイツ語」とはされない．p, t, k の音のどれかでも変化している方言は「高地ドイツ語（Hochdeutsch）」とよばれ，これが言語学的には狭義の「ドイツ語」．p, t, k の音すべてで変化している方言は「上部ドイツ語」とよばれ，バイエルン，オーストリア，スイスなど，ドイツ語圏の南の方言が該当する．低地ドイツ語と上部ドイツ語の間の方言は「中部ドイツ語」方言とよばれ，低地から高地，つまり北から南に行くに従って浸透の度合いが高くなる．

Deutsche Lieder

Hoch im Norden

Udo Lindenberg

Hoch im Norden, hinter den Deichen, bin ich gebor'n.
Immer nur Wasser, ganz viele Fische,
Möwengeschrei und Meeresrauschen in meinen Ohr'n.
Und mein Vater war Schipper und fluchte, wenn Sturm war.
Denn dann konnt' er nicht raus auf See.
Und dann ging er zu Herrn Hansen,
Der der Chef vom Leuchtturm war.
Und der sagte: „Keine Panik auf der Titanic.
Jetzt trinken wir erst mal einen Rum mit Tee.“

Und ich verbrachte meine Tage im Nordseedünensand,
Bin jahrelang tagtäglich am Deich entlang gerannt
Und Mutter brachte jeden Tag und freitags ganz besonders
Muschelzeug und Fisch auf den Tisch.

Ja es war ja auch ganz schön und das Klima war gesund
Und doch hab' ich mir gedacht:
„Hier wirst du auf die Dauer, nur Schipper oder Bauer.
Hier kommst du ganz allmählich auf den Seehund.“
Und als ich so um 16 war, da hatte ich genug.
Da nahm ich den nächstbesten nach Süden fahrenden Zug.

ドイツ語の歌

北の果てで

ウード・リンデンベルク

北の果て，堤防の裏側で僕は生まれた.
いつも水だけ，たくさんの魚，
カモメの鳴き声，そして海の波の音が僕の耳に焼き付いている.
そして僕のお父さんは船乗りで，罵っていた，嵐の度に.
というのもそうするとお父さんは海に出られなかったから.
そしてそうするとお父さんはハンゼンさんのところ行った.
ハンゼンさんは灯台守だった.
そしてハンゼンさんは言った,「タイタニックでのようにパニックになりなさるな，さあ，さしあたってお茶をいれてラム酒を飲もう」と.

そして僕は日々を北海の砂丘の砂の中で過ごし，
何年も何年も毎日毎日堤防に沿って歩いた，
そしてお母さんは毎日，そして金曜日には特別には，
貝と魚を食卓に出した.

もちろんとてもきれいだったし，気候も健康だった
けど僕は考えた，
ここではおまえは結局は船乗りか百姓になる，
ここではおまえはだんだんと鳴かず飛ばずになる，と.
そして 16 歳のとき，僕はうんざりした.
そこで南へ向かう次の列車に乗った.

Und nun sitz' ich hier im Süden und so toll ist es hier auch nicht.
Und eine viel zu heiße Sonne knallt mir ins Gesicht.
Nein, das Gelbe ist es auch nicht.
Und ich muss so schrecklich schwitzen.
Ach wie gern würd' ich mal wieder
Auf einer Nordseedüne sitzen.

そして今僕はここ南にいるけど，それほどすごいわけでもない.
そしてあまりにも強い日差しが顔に照りつける.
いや，ベストでもない.
僕は恐ろしく汗をかかなければならない.
どんなにまた
北海の砂丘の上に座っていたいことか.

アルバム：Daumen im Wind
リリース：1972 年

この課でポイントとなる表現

[3]Man kann jedoch bestimmt leicht verstehen, worum es geht, wenn der Name „Völkerkundemuseum“ heißt.

けれどもきっと簡単にわかるかもしれません，何がテーマとなっているのかを，もし名称が「民族博物館」であれば．

Lektion 12

Museum für Weltkulturen 2_03

[1]Museum der Weltkulturen – Bei dieser Bezeichnung muss man sich fragen, was für ein Museum das eigentlich ist. [2]Denn schon der Begriff „Weltkultur(en)“ klingt etwas seltsam. [3]Man kann jedoch bestimmt leicht verstehen, worum es geht, wenn der Name „Völkerkundemuseum“ heißt. [4]Heutzutage spricht man nicht mehr von „Völkerkunde“, sondern von „Ethnologie“. [5]Die Völkerkundemuseen kommen heute deswegen in Verruf, weil ihre Exponate eigentlich nicht in die Museen hier gehören dürfen. [6]Denn sie stammen aus den Kolonien von damals. [7]Den Raub der Objekte durch die Kolonialherren kann man nicht vollkommen verleugnen. [8]Die Einstellung damals gegenüber den „Völkern“, d.h. den Völkern außerhalb Europas, ist: Sie leben primitiv und zeigen den Schlüssel für die Entwicklung der Menschheit. [9]Ihre Kulturen erwecken in Europa einen Exotismus. [10]Die „Völkerschau“ im Frankfurter Zoo damals stellt die Menschen aus den Kolonien zur Schau. [11]Sie zeigt, wie authentisch die Völker ihr Alltagsleben führen. [12]Diese Diskriminierung von Menschen aus den Kolonien damals kann man heute nur noch verurteilen. [13]Dieser Anklang der Diskriminierung im „Völkerkundemuseum“ führt zu dessen Namensänderung, nicht nur in Frankfurt, sondern auch in anderen Städten wie in München, Wien, Berlin usw.

第 12 回
世界文化博物館

[1] 世界文化博物館―この名称のもとでは問わざるを得ないでしょう，これは一体どんな博物館なのか，を．[2] というのも「世界文化」という概念は少し奇妙に聞こえるからです．[3] けれどもきっと簡単にわかるかもしれません，何がテーマとなっているのかを，もし名称が「民族博物館」であれば．[4] 今日ではもはや「民族学」とは言わず，そうではなく「エトゥノロギー」と言います．[5] 民族博物館は今日では次のこと故に評判が悪くなっています，なぜなら民族博物館の展示品が本来はここの博物館には属してはならないので．[6] というのもこれらの展示品はかつての植民地に由来するからです．[7] 植民地宗主国がこれらの物品を強奪したことは完全には否定することができません．[8]「民族」，つまりヨーロッパ以外の民族に対する当時の考え方は次のとおりです．つまり，それらの民族は原始的に生活していて人類の発展にとっての鍵を示している，と．[9] これらの民族の諸文化はヨーロッパでは異国趣味を目覚めさせます．[10] 当時のフランクフルト動物園での「民族ショー」は植民地の人間を見世物にします．[11] そのショーは見せるのです，いかに本当に諸民族が自分たちの日常生活を送っているのかを．[12] 当時の植民地の人間のこのような差別は今日では非難することしかできません．[13]「民族博物館」（という名称）の中にあるこの差別の響きが民族博物館の名称変更へと至ります．フランクフルトだけではなく，ミュンヘン，ウィーン，ベルリンなどの他の都市でも．

12

ポイントとなる文法 2_04

接続詞と副文

「**接続詞**」という品詞がある．これは文と文をつなぐときに用いられる．語順（定動詞の位置）に変化を及ぼさない「**並列の接続詞**」と語順に変化を及ぼす「**従属の接続詞**」に分けられる．

1）並列の接続詞

並列の接続詞には以下のようなものがある．

und（そして），aber（しかし），denn（というのは），oder（または），sondern（そうではなくて）

定動詞文頭第 2 位となっている主文の冒頭におくが，それによって定動詞の位置に変化はない．

→ Ich gehe in die Stadt. Im Restaurant esse ich zu Mittag.
私は街へ行く．レストランで私は昼食を食べる．
> Ich gehe in die Stadt **und** (ich) esse im Restaurant zu Mittag.
私は街へ行ってレストランで昼食を食べる．

→ Heute kommen Gäste zu mir. Heute ist mein Geburtstag.
今日客たちが私のところへ来る．今日は私の誕生日だ．
> Heute kommen Gäste zu mir. **Denn** heute ist mein Geburtstag.
今日客が私のところへ来る，というのは今日は私の誕生日だから．

2）従属の接続詞

従属の接続詞には次のようなものがある．

→ als（～した時），weil（～なので），da（～なので），ob（～かどうか），obwohl（～にもかかわらず），während（～している間／一方で），damit（～するために），indem（～することによって），wenn（もし～ならば，～する時），dass（～ということ）

従属の接続詞ではじまる文では，**定動詞文末**の**副文**となる．副文はその前後をコンマで区切る．定動詞が文末にくる文はどれも副文とされ，必ずどこかへ掛かる**依存文**.

→ Ich gehe heute nicht zur Arbeit, **weil** ich erkältet **bin**.
私は今日仕事へ行かない，風邪をひいているので.

a）語順での注意

従属の接続詞に導かれる副文で文がはじまると，それに続く主文は定動詞ではじまる.

→ **Wenn** das Wetter schön **ist**, **fahren** wir ans Meer.
天気がよければ私たちは海へ行く.

これは従属の接続詞に導かれる副文全体が文頭第 1 位の位置を占めているためで，主文の定動詞第 2 位の原則は守られている．従属の接続詞に導かれる副文は，主文の動詞に掛かる文.

b）従属接続詞としての疑問詞

疑問詞を用いた疑問文（**補足疑問文**）も，どこかに掛かる副文として用いることができ，その際疑問詞は従属接続詞となり，文中の定動詞が文末にくる.

→ Weißt du, **warum** Peter böse **ist**? なぜペーターが怒っているか知ってる？

c）疑問詞を用いない疑問文を依存文にする接続詞 ob

疑問詞を用いないで，定動詞を文頭に置き，Ja または Nein で答える疑問文（**決定疑問文**）をどこかに掛かる副文にするときは従属接続詞 ob を用いる.

→ Kommt Petra heute? Weißt du es? ペトラは今日来る？　知ってる？
> Weißt du, **ob** Petra heute **kommt**? ペトラが今日来るかどうか知ってる？

d）文を他の文の主語文や目的語文，付加語文にする従属接続詞 dass など

文を他の文の主語となる「**主語文**」，目的語となる「**目的語文**」，あるいは名詞に掛かる「**付加語文**」にするとき，dass などの従属接続詞を用いて副文にする.

12

→ **Dass** ich zu spät **komme**, ärgert meinen Chef.（主語文）

　＝ Es ärgert meinen Chef, **dass** ich zu spät **komme**.

　　私が遅刻することは私の上司を怒らせる．

主語文のときは仮主語に es を置き，dass 副文を文末にもってくることができる．この仮主語はあとに出てくる内容を指す「**後方照応**」の es（ドイツ語 II，Lektion 9，第 9 回参照）．

→ Ich weiß, **dass** ich immer leise **spreche**.

　私はわかっている，自分がいつも小さな声で話すことを．（目的語文）

→ Ich sorge **dafür**, **dass** die Gäste zufrieden **sind**.

　私がお客たちが満足であるように配慮する．（前置詞目的語文）

→ Ich wundere mich **darüber**, **wie schnell** wir das Ziel erreichen **konnten**.

　私はいかに速く私たちが目標に到達できたかに驚いている．（前置詞目的語文）

　（sich^4 über etw^4 wundern：〔über etw^4 に〕驚く（再帰動詞, Lektion 14, 第 14 回参照））

　（konnten：話法の助動詞 können の過去形（ドイツ語 II，Lektion 1，第 1 回参照））

→ **Die Nachricht, dass** der Zug heute nicht **fährt**, empört die Fahrgäste.

　ニュース，列車が今日は運行しないというニュースは乗客らを怒らせる．（付加語文）

第 12 回練習問題

Übung 1: 括弧内の接続詞を用いてその後ろにある文を導き，ふたつの文をひとつにし，和訳してください．並列の接続詞か従属の接続詞かに注意してください．

(1) Ich putze den Boden. (aber) Er wird nicht sauber.

____

(2) Ich bin dagegen. (denn) Der Plan ist unrealistisch.

____

(3) Wir lieben Antonia. (weil) Sie ist sehr nett.

____

(4) Ich schreibe den Spruch auf. (damit) Ich vergesse ihn nicht.

____

(5) Die Daten werden zuverlässig. (indem) Man überprüft die Daten genau.

____

(6) Ich vergesse es immer wieder. (dass) Meine Frau arbeitet mittwochs zu Hause.

____

Übung 2: 冒頭の例に倣って，疑問詞を縦続接続詞として用いてふたつの文をひとつに結びつけ，和訳してください．

(例) Woher kommt Karin? Weißt du es? > Weißt du, woher Karin kommt?

カーリンはどこ出身？　知ってる？ —— カーリンがどこ出身か知ってる？

(1) Wann beginnen die Ferien? Weißt du es?

____

(2) Wo ist der Informationsstand? Wissen Sie es?

____

(3) Kommt Beate heute? Weißt du es?

____

(4) Was willst du als Geschenk kaufen? Weißt du es schon?

____

(5) Wie komme ich zum Bahnhof? Können Sie mir es sagen?

____

(6) Warum kommt Werner heute nicht? Weißt du es vielleicht?

____

Übung 3: 次の日本語の文を括弧内の単語を用いてドイツ語の文になおしてください.

(1) どちらのご出身か教えていただけますか？

(können, Sie, mir, sagen, woher, Sie kommen)

____

(2) 私は暗くなる前に家に帰ります.

(bevor, es dunkel werden, nach Hause, gehen, ich)

____

(3) 雨が降っているにもかかわらず，アントニアは公園に行く.

(obwohl, es regnet, Antonia, in den Park gehen)

____

コラム 3 — ウムラウトとは? —

「ウムラウト」(Umlaut) は日本語では「変母音」とよばれる. 音声学的には, 後続の音の影響を受けてその前の音が後の音に「同化」する現象.

母音は a, o, u, au のように, 発音の際に舌の位置が下の方にあり, 口の中が広い「広母音」と, i, e のように, 発音の際に舌の位置が上の方にあり, 口の中が狭い「狭母音」に分けられるが, ウムラウトは, 後続の狭母音がその前の広母音を狭い母音に変化させる「逆行同化」という現象. 現代ドイツ語ではアクセントのない母音は曖昧な音になり, 狭い母音とはならないが, 中世初期のドイツ語ではまだアクセントのない母音でも区別があり, アクセントのない狭い母音 i が語尾に含まれていることも多かった。

現在人称変化で du と er のところで母音がウムラウトする強変化動詞がいくつもあるが, 中世初期, 800 年くらいまでの古高ドイツ語 (古代高地ドイツ語) では, 現在人称変化の語尾は ich -u, du -ist, er -it であった。たとえば geben (あげる) にこれらの人称変化語尾がつくと, 人称変化語尾の狭い音が動詞の語幹母音を一段階狭い音に同化させる。ich geb + u > gibu, du geb + ist > gibist, er geb + it > gibit となり, 語尾から i の音が脱落しても, 同化させられた語幹母音の音が現代にまで残っている.

複数形で語幹母音がウムラウトする名詞にも同じ原理が通用する。名詞の場合には, i- 語幹, iz- 語幹とよばれるグループの語が存在し, 複数形になる場合にこの語幹の音があらわれ, i の音が名詞の語幹母音を狭い音に同化させた. やはりこの i という音が消滅しても, 語幹母音のウムラウトは現在にまで残っている。母音四角形 (第 1 回, 第 9 回参照) で見るとわかるが, ウムラウトとは, 母音を一段階狭い母音にすることである. 母音は広い母音から狭い母音にかけて [a] – [ɛ] – [e] – [i] と並び, 現在人称変化が不規則な動詞では, du と er のところで, 母音がそれぞれ一段階狭くなるため, a > ä [ɛ], e > i となる.

12

Deutsche Lieder

Kleiner Junge

Udo Lindenberg

Als er ein kleiner Junge war
Und mal nix essen wollte, sagte Ma,
Dass viele Kinder hungrig sind und sterben.
Er war so geschockt und dachte: So'n Wahnsinn.
Und rannte zu seinem Sparschwein hin.
Da war sein ganzer Reichtum drin.
„Mutter, wir müssen was tun!"
„Mit deinen paar Groschen," sagte Ma,
„Kriegste diese Welt leider auch nicht klar.
Das ist hier nun mal so'n bekloppter Planet,
Wo die Menschheit schon immer total durchdreht.
Daran wirst du dich gewöhnen, damit muss man leben,
Auch wenn es manchmal traurig macht."
Doch er beschloss, wenn ich groß bin, werde ich das ändern
Und heulte die ganze Nacht.
„WAS IST MIT GOTT?" und Mutter sagt:
„Der hat den Himmel zugemacht, ist abgereist, ist ganz weit weg
Und kümmert sich 'n Dreck."
„UND WAS IST MIT DEM PAPST?" und Mutter sagt:

„Der hat schon viele auf dem Gewissen:
Durch sein Pillenverbot kommen Babies zur Welt,

ドイツ語の歌

小さな男の子

ウード・リンデンベルク

その子が小さな男の子だったとき，
そしてちょっと何も食べようとしなかったとき，ママが言った，
多くの子どもたちがお腹すいていて死んじゃうのよ，と.
その子はとてもショックで考えた，そんなばかな，と.
そして自分の貯金箱へ駆けつけた，
そこにはその子の全財産があった.
「ママ，何かしなきゃ！」と.
ママは言った，「あんたのちょっとのお金では，
あんたはこの世界を悪いけどまだわからないわよ.
ここはこんな狂った惑星なのよ，
人類がもういつも全くめちゃくちゃな.
それにあんたも慣れるでしょう，そういうものよ.
どんなに悲しくなるときがあっても.」
けれどもその子は決心した，自分が大きくなったらこれを変えるんだ，と.
そして一晩中大声で泣いた.
「神様はどうなの」にママは言う，
「神様は天を閉め，出かけちゃったのよ，とても遠くへ，
そしてどうでもいいの」と.
「教皇はどうなの」にママは言う，

「教皇はもう多くの人に対して責任があるのよ.
教皇のピル禁止で赤ちゃんが生まれているの，

Obwohl man weiß, daß sie gleich wieder sterben müssen."
„UND WAS IST MIT DEN POLITIKERN?"
„Viele von denen sind totale Verbrecher.
Sie lügen, betrügen und erklären den Krieg,
Machen Menschen zu Mördern und labern vom Sieg."

Kleine Jungs werden größer
Und wenn's dann immer mehr um das Ego geht,
Ist ein palästinensisches Flüchtlingsghetto
Bald so weit weg wie der fernste Planet.
Doch bei ihm war das anders - er wurde groß,
Doch sein Gewissen wurd' nicht kleiner
Und wenn er mal ausflippte, schrie und weinte, im Büro, einfach so,
Lachten sie ihn aus.
Psychiatrie - Irrenhaus,
Psychiatrie - Irrenhaus.

Und was ist mit Gott? Mit dem Papst, mit den Politikern, den Terroristen?
Und was ist mit dir?

その赤ちゃんたちがすぐにまた死ななければならないとわかっているのに」
「政治家はどうなの？」
「政治家の多くは完全な犯罪者よ，
政治家は嘘をつくし，人を欺すし，戦争を始めるし，
人間を殺人者にし，そして勝利について空疎なことを言うから.」

小さな男の子たちは大きくなり，
そしてそれからますます自分のことが問題になると，
パレスチナ難民ゲットーは
まもなく極めて遠いところにある惑星のように遠い.
けれどもこの男の子は違っていた．その男の子は大きくなったけれども
その男の子の良心は小さくならなかった.
そしてその大人になった男の子が感情的になったり，叫んだり，泣いたりしたとき，オフィスではみながその大人になった男の子を笑った.
精神科，病院,
精神科，病院.

神様はどうなの？　教皇は？　政治家は？　テロリストは？
で，あんたはどうなの？

アルバム：Odyssee
リリース：1983 年

この課でポイントとなる表現

5-1 Bei der Bezeichnung „Weltkulturen“ fallen mir eher Kulturen überall in der Welt ein, einschließlich der deutschen oder der japanischen.

「世界文化」っていうと，私はむしろ世界中の文化が思い浮かぶ，ドイツや日本のも含めて.

Lektion 13

Im Museum für Weltkulturen 2_05

[1]*Sara, Nono und Antonia im Museum für Weltkulturen.*

[2]**Nono**: [1]Lauter exotische Dinge! [2]Exotische Dinge kann man auch in Museen für Archäologie sehen. [3]Bloß kommen die noch aus Zeiten weit davor, wie aus der Steinzeit.

[3]**Sara**: [1]Die Exponate hier sind nicht so alt. [2]Sie kommen praktisch aus der ganzen Welt.

[4]**Antonia**: [1]Meistens aus dem 19. Jahrhundert. [2]Sie stammen aus den Kolonien.

[5]**Sara**: [1]Bei der Bezeichnung „Weltkulturen" fällt mir eher „Kulturen überall in der Welt" ein, einschließlich der deutschen oder der japanischen. [2]Aber das Museum stellt praktisch die Kulturen der Kolonien aus, von Afrika, Ozeanien, Südostasien usw. [3]Bei „Amerika" kommt es auf die sogenannten „Indianer", die Ureinwohner Nordamerikas, an.

[6]**Nono**: [1]Die Gegenstände sehen teilweise sehr schön aus. [2]Bei einigen Dingen habe ich aber keine Ahnung, wofür sie gut sein sollen.

[7]**Sara**: [1]Es geht hier meistens um die Materialkultur der Einwohner in den Kolonien. [2]Sie mögen heute vielleicht wie Kunstobjekte

第13回

世界文化博物館で

[1] 世界文化博物館の中のサラ，ノノ，そしてアントニア.

[2] **ノノ**：[1] 異国情緒のあるものばっかり！ [2] エキゾチックなものって，考古学博物館でも見られるよね. [3] ただ，考古学博物館のエキゾチックなものって，それよりもはるかもっと前の時代のものだよね，たとえば石器時代のような.

[3] **サラ**：[1] ここの展示品はそんなに古くないよ. [2] 事実上世界中からだけど.

[4] **アントニア**：[1] 大抵は 19 世紀から. [2] 植民地に由来.

[5] **サラ**：[1]「世界文化」っていうと，私にはむしろ「世界中の文化」が思い浮かぶ，ドイツや日本のも含めて. [2] でもこの博物館は事実上，植民地の文化，つまりアフリカ，オセアニア，東南アジアなどの文化を展示しているね. [3]「アメリカ」ではいわゆる「インディアン」，つまり北アメリカの先住民が問題になっているね.

13

[6] **ノノ**：[1] これらの展示品はものによってはとてもきれい. [2] いくつかのものでは，何のためのものかさっぱりわからない.

[7] **サラ**：[1] 大抵は植民地の住民の物質文化だよね. [2] これらの展示品は今日ではひょっとすると芸術作品のように見えるかもしれないけど，日常で

aussehen, haben aber eine bestimmte Funktion im Alltag. [3]Fremde Sitten und Gebräuche kann man heute noch bei Festen und Ritualen sehen.

8 **Antonia**: [1]Die Heimatmuseen auf dem Land in Japan stellen auch Rituale aus. [2]Die sind auch den Japanern fremd. [3]Zum Beispiel „Namahage“ in Akita. [4]Das ist echt gruselig! [5]Die Masken machen mir schon etwas Angst.

9 **Nono**: [1]Apropos Masken: [2]In Rottweil im Schwarzwald, nicht so weit weg und südlich von Tübingen, da feiert man noch mit Masken die alemannische Fastnacht. [3]Die sehen auch ziemlich unheimlich aus. [4]Ich möchte auch mal so eine Maske tragen und in der Verkleidung rumlaufen.

10 **Sara**: [1]Die Kulturen in der Welt haben doch viele Gemeinsamkeiten. [2]Die Museen sollten dann vielleicht besser nicht nur die Objekte aus den Kolonien ausstellen, sondern auch gegenwärtige „Folkloregegenstände“ aus der Heimat.

特定の役割があるんだろうね．[3]見知らぬしきたりや習慣は今日まだ祭りや儀式で見ることができるね．

8 **アントニア**：[1]日本の田舎の郷土博物館は儀式も展示しているよね．[2]それらの儀式は日本人にも馴染みがないんじゃない．[3]たとえば秋田の「なまはげ」．[4]ほんとゾーッとする！ [5]お面は私にはちょっと怖いわ．

9 **ノノ**：[1]ところでお面．[2]シュヴァルツヴァルトのロットヴァイル，テュービンゲンの南，そんなに遠くないところ，そこではまだお面を使ってアレマン・ファスナハト*を祝っているよ．[3]そのお面もかなり不気味に見える．[4]私もそんなお面かぶって変装して練り歩きたいな．

10 **サラ**：[1]世界の文化はやっぱり多くの共通点があるね．[2]博物館はそれなら植民地の展示品だけではなくて地元の今の「フォークロア・オブジェ」も展示するのがいいよね．

* ファスナハト：断食期間前夜の無礼講に遡る祝祭．地域によってはカーニヴァル（謝肉祭）とよばれる．

ポイントとなる文法 2_06

1. 分離動詞

「**分離動詞**」という派生した動詞がある．これは文中で分離する「**分離前綴り**」をもつ．この分離前綴りには必ずアクセントがある（＝アクセントのある前綴りは分離する）．

1）分離するとき

定形第 2 位の平叙文，w で始まる疑問詞を用いた疑問文では前綴りが分離して文末におかれる．

abfahren（出発する）：辞書に見出し語で載っている形．

→ áb | fahren アクセントと分離位置

→ Ich **fahre** morgen um 6 Uhr **ab**. 私は明日 6 時に出発する．（平叙文）

→ **Fahren** Sie morgen um 6 Uhr **ab**? あなたは明日 6 時に出発しますか？（決定疑問文）

→ **Wann fahren** Sie morgen **ab**? 何時にあなたは明日出発しますか？（補足疑問文）

2）分離しないとき

話法の助動詞を用いて本動詞の不定形が文末にくる場合（Lektion 10，第 10 回参照）や従属の接続詞を用いた副文で**定動詞文末**の場合（Lektion 12，第 12 回参照）は分離しない．

→ Ich **will** morgen früh **abfahren**. 明日早く出発するつもりだ．

→ **Weil** ich morgen früh **abfahre**, gehe ich früh ins Bett. 明日早く出発するので早く寝る．

3）分離前綴りの種類

ab-, an-, auf-, aus-, bei-, ein-, mit-, nach-, vor-, zu- などのように前置詞とほぼ同形のもの，それ単独では副詞として用いられる fort-, hin-, her-, los-, weg-, weiter-, zurück-, zusammen- など，もともとは名詞であった statt-, teil- などがある．とくに前置詞とほぼ同形の分離前綴りの場合，基礎動詞の意味と前綴りの意味を足したものが全体の意味になるわけではない．文中で分離して用いられている分離動詞をそれと見分けられるかが重要．

2. 非分離動詞

「**非分離動詞**」という派生した動詞がある．これは分離しない「**非分離前綴り**」をもつ．この非分離前綴りには決してアクセントがない（＝アクセントのない前綴りは決して分離しない）．

1）分離しない前綴り

前綴りは分離せず，アクセントもない．

besuchen（訪問する）：辞書に見出し語で載っている形．

→ besúchen アクセント位置

→ Ich **besuche** meine Freunde. 私は友人たちを訪問する．（平叙文）

2）いつも非分離の前綴り

非分離前綴りには be-, ge-, er-, emp-, ent-, ver-, zer- があり，これらは決してアクセントをもつことがない．

→ Ich **verstehe** Ihren Standpunkt. 私はあなたの立場を理解します．

3）分離にも非分離にもなる前綴り

一方 durch-, hinter-, über-, um-, unter- などは，非分離前綴りとしてアクセントをもたず分離しない場合と，分離前綴りとしてアクセントを持ち分離する場合がある．前綴りにアクセントがあるかないかによって分離か非分離かを判断する．

→ ǘbergehen ＜分離動詞＞

→ Wir **gehen** zu diesem Thema **über**. 私たちはこのテーマに移る．

→ übergéhen ＜非分離動詞＞

→ Wir **übergehen** diese Frage zunächst. 私たちはこの質問はまずとばす．

第 13 回練習問題

Übung 1: 括弧内の分離動詞を用いて文を完成させ，和訳してください．不規則動詞もあるので，基礎動詞の現在人称変化にも注意！

(1) Peter ________ ein Projekt ________. (vórschlagen)

(2) Ich ________ in Deutschland an einem Sprachkurs ________. (téilnehmen)

(3) Was ________ ihr im Urlaub ________? (vórhaben)

Übung 2: アクセントの位置に注意して括弧内の動詞を用いて文を完成させ和訳してください．何もはいらない下線部には×をしてください．

(1) Ich ________ das Gerät ________. (úmtauschen)

(2) Ich ________ Sie akustisch schlecht ________. (verstéhen)

(3) Die Sonne ________ langsam ________. (úntergehen)

Übung 3: 次の日本語の文を括弧内の単語を用いてドイツ語の文になおしてください．

(1) 1 時間後に列車は出発する．

(in, *e* Stunde, *r* Zug, ábfahren)

____

(2) 私はみなさんに私の計画を紹介します．

(ich, Ihnen, mein, *r* Plan, vórstellen)

____

(3) 列車は時間どおりにフランクフルトに到着します．

(*r* Zug, pünktlich, in, Frankfurt, ánkommen)

____

コラム 4 — 低地ドイツ語方言 —

低地ドイツ語にはドイツ北部が該当する．かつてのハンザ同盟の諸都市の多くは低地ドイツ語地域に存在する．第二次子音推移を一切経ていないことがその特徴であり，オランダ語，英語と共通する音（p, t, k）を有する．ハンザ同盟が隆盛を極めた頃は北海・バルト海沿岸の共通商用言語として有力であったが，ハンザ同盟の衰退とともに，共通言語としての地位も失われ，ルターのドイツ語訳聖書が低地ドイツ語には翻訳されなくなるに及び，書きことばとしても用いられなくなり，日常の話しことばとしての低地ドイツ語と，書きことばとしての高地ドイツ語の言文不一致状態になった．低地ドイツ語での写本や印刷本は，文学作品などよりも実用的なものが比較的多く，特に 13 世紀に挿絵入りで書かれた『ザクセン法鑑』は低地ドイツ語で書かれ，高地ドイツ語へも筆写，印刷され，写本だけでも 400 点以上が残されている．また活版印刷聖書で最初に挿絵を導入したのも 1478/79 年にケルンのハインリヒ・クヴェンテルもしくはバルトロメウス・フォン・ウンケルの印刷工房で出版されたとされる低地ドイツ語版の聖書が最初である．何やら実務精神に長けた方言地域のような気がする．

Deutsche Lieder

Reeperbahn (Penny Lane)

Udo Lindenberg

Reeperbahn, wo früher mal der große Star-Club war
Und das Top-Ten mit all den wirklich starken Bands.
Jeden Abend war ich da
Und war einer der ersten Beatles-Fans.
Und nach der Show ging ich mit Ringo zu den Damen.
Sie trugen Negligés und kauften uns Pommes frites
Und Ringo brachte manchen losen Witz
Aus Liverpool, very cool!

Reeperbahn, wenn ich dich heute so anseh',
Kulisse für 'n Film, der nicht mehr läuft.
Ich sag' dir, das tut weh.

Und dann die Jungs aus Buxtehude und aus Lüneburg,
Die machten Freitagnacht bis Sonntagmorgen durch.
Sie schluckten jede Menge Schnaps und Trips
Für ihre Flips von der wilden Welt (oh).

Reeperbahn, wenn ich dich heute so anseh',
Die Abende sind teuer,
Doch es gibt kein Abenteuer.

ドイツ語の歌

レーパーバーン（ペニー・レーン）

ウード・リンデンベルク

レーパーバーン，かつては大きなスタークラブのあったレーパーバーン
そしてほんとうにすごいバンドのトップテンがいたレーパーバーン.
毎晩僕はそこにいた，
そして最初のビートルズファンのひとりだった.
そしてショーのあとにリンゴとご婦人たちのところへ行った.
ご婦人たちはネグリジェを着て，僕たちにフライドポテトを買ってくれ，
リンゴはかなりの人たちにゆるいジョークをもってきた，
リバープールから，すごくかっこよかった.

レーパーバーン，僕がおまえのことを今見ると，
映画の舞台，もう上映されない映画の舞台.
正直，これはつらい.

そしてそれからブクステフーデとリューネブルクの若者たち，
こいつらが金曜の夜から日曜の朝まで徹夜した.
ものすごい量シュナップスとトリップスを飲んだ，
荒れた世界の自分たちのフリップスのために.

レーパーバーン，僕がおまえのことを今見ると，
夜な夜な高いけど，
でも冒険もない.

An jeder Ecke roch's nach Hafen
Und nach Rock 'n' Roll.
Bei jedem Trödler gab's für hundertzwanzig Mark
Die Original-Gitarre von Cliff Richard.
Das war stark.
Und jeder Musiker erzählte seinem Groupie:
„Du wirst es sehen, ich werd' ein weltberühmter Star."
Doch heute legt er in 'ner Disco Platten auf
Und sie macht Striptease
In einer Nepper-Bar.

Reeperbahn, wenn ich dich heute so anseh',
Kulisse für 'n Film, der nicht mehr läuft.
Ich sag' dir, das tut weh.

Reeperbahn (de de do da de da do ...),
Reeperbahn.

どの路地角でも港の香りと
ロックンロールの香りがした.
どのガラクタ屋でも 25 マルクで
クルフ・リチャードのオリジナルギターが手に入った.
これはすごかった.
そしてどのミュージシャンも自分のグルーピーに話した,
「いいか, おれは世界で有名なスターになるからな」と.
けれども今ではかつてのミュージシャンはディスコでレコードをかけ,
グルーピーはストリップショーをしている,
詐欺バーで.

レーパーバーン, 僕がおまえのことを今見ると,
映画の舞台, もう上映されない映画の舞台.
正直, これはつらい.

レーパーバーン (デ, デ, ド, ダ, デ, ダ, ド…)
レーパーバーン

アルバム：Lindenbergs Rock-Revue
リリース：1978 年

この課でポイントとなる表現

[1]Ein bisschen flussaufwärts vom Eisernen Steg befindet sich die „Alte Brücke".

歩行者鉄橋アイゼルナー・シュテークから少し上流に「旧橋」があります.

Lektion 14

Die Alte Brücke 2_07

[1]Ein bisschen flussaufwärts vom Eisernen Steg befindet sich die „Alte Brücke". [2]Ihr Ursprung geht bis ins Mittelalter zurück. [3]Urkundlich findet sie erstmals im Jahr 1222 Erwähnung. [4]Ihre Gestalt ändert sich in der Geschichte oft. [5]So hat sie anfangs mehrere Pfeiler und Bögen, teilweise aus Stein, teilweise aus Holz. [6]Sie erleidet bei Hochwasser und Eisgang immer Schaden. [7]In die Geschichte geht vor allem das Magdalenenhochwasser am 22. Juli 1342 ein. [8]Damit die Brücke nicht jedes Mal beim Hochwasser oder Eisgang Schaden erleidet, muss sie stabil sein. [9]Andererseits spielt sie auch zur Verteidigung der Stadt eine Rolle: Man muss sie unpassierbar machen können, damit sich die Stadt vor Feinden schützen kann. [10]Dazu ist die Brückendecke aus Holz. [11]Oder man sprengt sie wie am 26. März 1945, kurz vor dem Ende des Zweiten Weltkriegs – umsonst. [12]Denn die Amerikaner ziehen in die Stadt nicht über den Main ein.

[13]Im 20. Jahrhundert ändert sich die Gestalt der Alten Brücke erneut, damit oben auf der Brücke mehr Menschen und Fahrzeuge und unter der Brücke Frachter passieren können. [14]Die „Neue Alte Brücke" entsteht 1926. [15]Sie hält jedoch nur 18 Jahre, bis zu ihrer Sprengung im Zweiten Weltkrieg. [16]Die Alte Brücke heute geht auf ihren Neubau

第 14 回

旧橋

[1] 歩行者鉄橋から少し上流に「旧橋」があります．[2] この旧橋の起源は中世にまで遡ります．[3] 記録上は旧橋は最初 1222 年に言及されます．[4] 旧橋の姿は歴史の中でしばしば変化します．[5] 実際，旧橋ははじめはいくつもの支柱とアーチがあり，あるところは石で，あるところは木材でできています．[6] 旧橋は洪水や流氷の際いつも損害を被ります．[7] 歴史に残るのはとくに 1342 年 7 月 22 日のマグダレーネ洪水です．[8] 橋がその都度洪水や流氷の際に被害を受けないように，橋は頑丈でなければなりません．[9] 一方で，橋は町の防衛のためにも役割を果たします．たとえば，橋を渡れないようにすることができなければなりません，町が自らを敵から護ることができるように．[10] そのために橋の渡しは木材でできています．[11] もしくは橋を破壊します，1945 年 3 月 26 日，第二次世界大戦終結直前のように．これは無駄でしたが．[12] というのも，アメリカ軍は市内へはマイン河を越えては入ってこないからです．

[13] 20 世紀，旧橋の姿は再び変わります，橋の上はより多く人間と乗り物が通り，橋の下は貨物船が通ることができるために．[14]「新旧橋」が 1926 年に誕生します．[15] この新旧橋はけれどもたった 18 年しか持ちませんでした，つまり第二次世界大戦中に新旧橋が破壊されるまで．[16] 今日の旧橋は第二次世

gleich nach dem Zweiten Weltkrieg zurück. [17]Sie passt sich an die Erfordernisse im Verkehr an. [18]Sie widmet sich ausschließlich dem Verkehr, nicht dem Tourismus. [19]Damit sieht sie leider nicht mehr traditionell aus wie die Alte Mainbrücke in Würzburg, die Karlsbrücke über den Neckar in Heidelberg, die Steinerne Brücke über die Donau in Regensburg oder die Karlsbrücke über die Moldau in Prag.

界大戦直後の橋の新設に遡ります. [17] 今日の旧橋は交通の要請に適合します. [18] 今日の旧橋は交通にのみ寄与し，観光には寄与しません. [19] このこととともに，今日の旧橋は残念ながらもはや伝統的には見えません，ヴュルツブルクの旧マイン橋，ハイデルベルクのネッカー河に掛かるカール橋，レーゲンスブルクのドナウ河にかかる石橋，またはプラハのモルダウ河にかかるカレル橋のようには.

ポイントとなる文法 2_08

再帰動詞と再帰代名詞

「**再帰動詞**」という動詞の一群がある．これは「**再帰代名詞**」という代名詞 sich と常にセットになって用いられる動詞．再帰代名詞は文中で 3 人称で 3 格，4 格の人称代名詞が 1 格主語と同一の対象をさす場合に用いられる．

1）動詞と再帰代名詞の人称変化

3 格の再帰代名詞を伴う再帰動詞と，4 格の再帰代名詞を伴う再帰動詞の 2 種類があり，人称変化の際に動詞のみならず再帰代名詞も人称に応じて変化させなければならないので注意．

a）4 格の再帰代名詞を伴う再帰動詞

→不定詞 sich[4] über etw[4] freuen（～を喜ぶ）		
	単数	複数
1 人称	ich freue **mich**	wir freuen **uns**
2 人称	du freust **dich**	ihr freut **euch**
3 人称	er freut **sich**	sie freuen **sich**
2 人称	Sie freuen **sich**	

sich[4]: 4 格再帰代名詞；etw[4]: もの・ことの 4 格

b）3 格の再帰代名詞を伴う再帰動詞

→不定詞 sich[3] etw[4] merken（～を覚えておく）		
	単数	複数
1 人称	ich merke **mir**	wir merken **uns**
2 人称	du merkst **dir**	ihr merkt **euch**
3 人称	er merkt **sich**	sie merken **sich**
2 人称	Sie merken **sich**	

sich[3]: 3 格再帰代名詞；etw[4]: もの・ことの 4 格

2）再帰動詞の格支配

a）4格の再帰代名詞を伴う再帰動詞では目的語は前置詞目的語

→ Ich **freue mich auf** den Urlaub. 私は長期休暇を楽しみにしている.

→ Ich **interessiere mich für** Musik. 私は音楽に関心をもっている.

b）4格の再帰代名詞を伴う再帰動詞では希に古い用法で2格目的語

→ Die Stadt **nimmt sich** verstärkt **der** Kinderbetreuung **an**.
市はもっと保育に力をいれる.（例：sich^4 etw^2 annehmen〔～に取り組む〕）

c）3格の再帰代名詞を伴う再帰動詞では目的語は4格

→ Ich **merke mir** diese Vokabeln. 私はこれらの語彙を覚えておこう.

→ Du **stellst dir** deine Lage zu optimistisch **vor**.
君は自分の状況をあまりにも楽観的に想像している.

3）再帰代名詞の役割

a）「自分（を・に）」の sich

→ Ich **fühle mich** benachteiligt. 私は自分が不利にあつかわれていると感じる.

b）他動詞自動詞化・受動化の sich

→ Die Tür **öffnet sich**. ドアが開く.

4）他動詞から派生する再帰動詞

4格の再帰代名詞を用い，前置詞目的語をとる再帰動詞の動詞はもともとは他動詞で，「誰かに何かをさせる」という意味だが，目的語の人間を1格主語にして「誰かが何かする」という表現にしたものが再帰動詞になることが多い.

→ Die Musik **interessiert** mich. 音楽は私に関心をもたせる.

> Ich **interessiere mich für** die Musik. 私は音楽に関心をもっている.

→ Das **wundert** mich. そのことは私を不思議に思わせる.

> Ich **wundere mich darüber**. 私はそのことを不思議に思う.

14

第 14 回練習問題

Übung 1: 括弧内の再帰動詞を用いて文を完成させ，和訳してください.

(1) Im Urlaub ________ wir ____ eine Ferienwohnung. (sich^3 etw^4 mieten)

(2) Diesen Spruch ________ ich ____. (sich^3 etw^4 merken)

(3) Ich ________ _____ um die Kinder. (sich^4 um etw^4 / jn kümmern)

(4) Ich ________ _____ für die Kunst. (sich^4 für etw^4 interessieren)

(5) Die Tür ________ _____. (sich^4 öffnen)

(6) Ich ________ _____ auf einen Stuhl. (sich^4 setzen)

(7) Ich ________ _____ vor. Ich heiße Sara und komme aus Japan. (sich^4 vórstellen)

(8) Ich ________ _____ schuldig. (sich^4 ... fühlen)

jn = jemanden 人間の 4 格

Übung 2: 次の日本語の文を括弧内の単語を用いてドイツ語の文になおしてください.

(1) 私は君との再会を楽しみにしています.

(*s* Wiedersehen, mit, sich^4 auf etw^4 freuen)

____

(2) 私は招待に喜んでいる. (*e* Einladung, sich^4 über etw^4 freuen)

____

(3) 私は尽力します. (ich, sich^3 Mühe geben)

____

コラム 5 ― 中部ドイツ語方言 ―

中部ドイツ語は特にライン川沿いに扇状地をなすように第二次子音推移の浸透度が細かく異なる．一番浸透度の少ないケルンあたりの方言は「リプアリア方言」とよばれる．das の代わりに dat と言うが，これは今でも生粋のケルン子はそう言っている．ケルンの南にかけて浸透度がもう少し進んだ方言は「モーゼル・フランケン方言」とよばれ，それより南，浸透度がもう少し高い「ライン・フランケン方言」と区別される．狭い地域で細かく分けられているが，地元の人間はこれら方言をはっきりと区別できるらしい．ちょうど日本でも，「関西弁」とひとくくりにしても，京都，大阪，兵庫でそれぞれ異なり，地域外の人間には同じように聞こえても，地域内の人間には差違がはっきりしている状況に似ている．筆者は学生時代ライン・フランケン地域に留学していたが，p, t, k の音の推移以上に，イントネーションが独特だったことが印象的だった．今でもイントネーションを聞くと，あ，このあたりの出身の人だ，とわかるほど独特である．

Deutsche Lieder

Desperado

Udo Lindenberg

Desperado, du reitest nun schon seit Jahren
Allein und verloren durch die Prälie.
So hart und rastlos bist du auf der Suche,
Doch hier in der Einsamkeit findest du dich nie.
Du treibst dein Pferd die Hügel hoch.
In den Canyons hängt dein Echo.
Was du suchst, das weißt nur du allein.
Das nächste Tal kann noch grüner sein
Und dahinter glänzt Gold im Sonnenschein.
Vielleicht ist das endlich dein Eldorado.

Desperado, du belügst dich und du wirst nicht jünger.
Schmerzen und Hunger brechen dich bald.
Freiheit, Freiheit, so nennen es die anderen.
Doch für dich wird es zum Gefängnis,
Darin wirst du schwach und alt.

Ist das nicht zu kalt in der Winterzeit,
Die Luft voll Schnee und die Sonne so weit?
Du weißt nicht, ob es Tag ist oder Nacht.
In dunklen Höhlen sitzt du dann
und lehnst dich an deine Träume an.
Es gab mal Zeiten, da hast du auch gelacht:

ドイツ語の歌

デスペラド（やけっぱちの冒険家）

ウード・リンデンベルク

デスペラド，おまえはもう何年も前から
ひとりで行くあてもなく草原を彷徨っている.
そんなに容赦なく絶え間なくおまえは探している.
でもこの孤独の中でおまえは自分を見つけられはしない.
おまえは馬に丘を駆け上らせる.
谷間にはおまえの声が長くこだまする.
おまえが探しているものはおまえだけが知っている.
次の谷はもっと緑にあふれているかもしれない.
そしてその向こうには金が太陽の光の中で輝いているかもしれない.
ひょっとしたらやっとそれがおまえの理想郷かもしれない.

デスペラド，おまえは自分を欺いても若くはならない.
痛みと飢えがそのうちにおまえを打ち負かすだろう.
自由，自由，そう他の人々は言う.
しかしおまえにとっては監獄かもしれない,
そこでおまえは弱々しくなり歳をとるだろう.

冬は寒すぎないか？
空気は雪だらけで太陽ははるか遠くじゃないか？
おまえは昼なのか夜なのかわからない.
暗い洞窟におまえは座りそれから
おまえの夢にもたれかかる.
かつておまえも笑った時代があった.

Desperado, merkst du nicht, dass es hier draußen
Keine Spur Hoffnung mehr für dich gibt?
Du reitest nun schon seit Jahren
an deinem Abgrund entlang,
gibt deinem Pferd die Sporen,
denn noch bist du nicht verloren.
Zu Hause wartet schon lange jemand,
der dich sehr liebt.

デスペラド，おまえはまだ気がつかないのか，
ここ外にはおまえにとって一筋の望みももうない，と？
おまえはもう何年も前から
崖っぷちで馬を走らせている，
馬に拍車をかけている．
そうすればおまえはまだ失われてしまわないから．
家ではもう長いこと誰かが待っているのに，
おまえを愛している誰かが．

アルバム：Der Detektiv / Rock Revue II
リリース：1973 年

この課でポイントとなる表現

4-3 Das Anliegen, sofort für den Wiederaufbau der Stadt beizutragen, hatte damals absolute Priorität.

懸案，すぐに町の再建に貢献するという懸案が当時は最優先でした.

4-4 Der Aspekt, dem Tourismus zu dienen, kommt gar nicht in Frage.

観光に役立つという観点は全く問題にならない.

Lektion 15

Auf der Alten Brücke 2_09

[1]*Sara, Nono und Antonia auf der Alten Brücke*

[2]**Nono**: [1]Sind wir jetzt auf der Alten Brücke? [2]Die sieht ja gar nicht so alt aus. [3]Wie die Neckar-Brücke in Tübingen. [4]Hier herrscht aber ziemlich starker Verkehr: [5]Oben Autos und unten dann die Frachter.

[3]**Antonia**: [1]Ja, du hast recht, Nono. [2]Die Karlsbrücke über den Neckar in Heidelberg, meiner Heimatstadt, gefällt mir auch besser.

[4]**Sara**: [1]Ja, kein Wunder. [2]Diese Brücke stammt aus der Zeit kurz nach dem Zweiten Weltkrieg und ist ganz neu. [3]Das Anliegen, sofort für den Wiederaufbau der Stadt beizutragen, hatte damals absolute Priorität. [4]Der Aspekt, dem Tourismus zu dienen, kommt gar nicht in Frage. [5]Damals geht es vor allem darum, der Wirtschaft wieder auf die Beine zu helfen.

[5]**Nono**: [1]Da ist eine Statue. [2]Wen stellt sie dar?

[6]**Antonia**: Karl den Großen.

[7]**Nono**: Wieso ist seine Statue in Frankfurt zu sehen?

[8]**Sara**: [1]Einer Sage in Grimms „Deutsche Sagen“ nach flieht der Franke vor den Sachsen. [2]Am Main, ein bisschen flussabwärts von hier, findet er eine Furt, eine Stelle mit wenig Wasser. [3]Die überquert

第15回

旧橋の上で

[1] 旧橋の上のサラ，ノノ，そしてアントニア

[2] **ノノ**：[1] 今，旧橋の上？ [2] 橋，全然古く見えないんだけど．[3] テュービンゲンのネッカー橋みたい．[4] ここ，でも，かなり交通が激しいね．[5] 上は自動車とバスでそれから下は貨物船．

[3] **アントニア**：[1] たしかに，ノノ．[2] 私の故郷の町ハイデルベルクにあるネッカー河にかかるカール橋の方がいいわ．

[4] **サラ**：[1] うん，無理もないね．[2] この橋は第二次世界大戦直後の時代にできてすごく新しい．[3] 懸案，すぐに町の復興に寄与するという懸案が当時は最優先．[4] 観光に役立つという観点は全く問題にならない．[5] 当時はとにかく，経済を復興させることがすべて．

[5] **ノノ**：[1] あそこに像がある．[2] あれ誰？

[6] **アントニア**：カール大帝よ

[7] **ノノ**：どうしてカール大帝の像がフランクフルトで見られるの？

[8] **サラ**：[1] グリムの『ドイツ伝説集』の中の伝説によれば，フランケン人のカール大帝はザクセン人から逃れる．[2] マイン河に，つまりここから少し下流に，カール大帝は浅瀬，水の浅いところを見つけるの．[3] この浅瀬

er, um sich vor seinen Feinden zu retten. [4]Diese Furt gibt der Stadt den Namen „Frankenfurt".

9 **Antonia**: Wirklich, Sara, du weißt echt viel. Toll!

10 **Nono**: Heißt dann „Sachsenhausen", der Stadtteil gegenüber dem Main, deswegen so, weil die Sachsen dort sind?

11 **Sara**: [1]Wahrscheinlich nicht. [2]Da gibt es viele Thesen. [3]Plausibel ist die These, „Sachsen" auf „(Bei-)Sassen" zurückzuführen, also Bewohner ohne volle Bürgerrechte.

12 **Antonia**: [1]Heute ist Sachsenhausen für seinen „Äppelwoi", also den Apfelwein, bekannt. [2]Habt Ihr Lust, dort mal Äppelwoi zu probieren?

13 **Sara und Nono**: Ja, gern!

をカール大帝は越える，自分を自分の敵たちから護るために．[4] この浅瀬がフランクフルトの町に「フランケンフルト」（フランケン人のための浅瀬）という名前をつけてるの．

9 **アントニア**：ホント，サラ，あなたほんとによく知ってるわね．すごい！

10 **ノノ**：そうすると「ザクセンハウゼン」，つまりマイン河の向こうの部分は，ザクセン人がそこにいたからそういう名前なの？

11 **サラ**：[1] 多分そうじゃない．[2] 多くの説があるけど，[3] 信憑性があるのは次の説，つまり「ザクセン」を「ザッセン」（便乗して座る者），つまり完全な市民権を持たない住民に遡らせる，という説．

12 **アントニア**：[1] 今はザクセンハウゼンはその「エッペルヴォイ」，つまりリンゴワインで有名．[2] そこでちょっとエッペルヴォイ飲む気ある？

13 **サラ・ノノ**：うん，いいね！

ポイントとなる文法 2_10

zu 不定詞句

「**zu 不定詞**」という動詞の用法がある．これは動詞を名詞化するひとつの方法．zu を不定形の動詞の前においてつくる．zu 不定詞の動詞と結びつく要素も一緒に句になったものは「**zu 不定詞句**」とよばれる．

1）zu 不定詞句の作り方

a）zu 不定詞句内の語順

zu 不定詞となった動詞が句の最後にくる．zu 不定詞句内では 1 格主語を用いることはできない．zu 不定詞句はコンマで区切る．

→ kaufen 買う > **zu** kaufen 買うこと

→ im Supermarkt Getränke kaufen スーパーで飲み物を買う

> im Supermarkt Getränke **zu** kaufen スーパーで飲み物を買うこと

b）分離動詞の zu 不定詞

分離前綴りと基礎動詞の間に zu が入り一語で綴られる．

→ abfahren 出発する > ab**zu**fahren 出発すること

2) zu 不定詞句の用法

zu 不定詞句には次の用法がある．a）文の主語，b）特定の動詞とともに話法の助動詞 können または müssen のもつ意味をあらわす，c）動詞の目的語, d）特定の前置詞とともに一定の意味で用いる, e）名詞を修飾する．

a）文の主語となる用法

主語の位置に es を仮主語としておき，文末にコンマで区切って本来主語となる zu 不定詞句をもってくることができる．英語の it…to の構文に相当．

→ Früh auf**zu**stehen, ist gut für die Gesundheit. 朝早く起きることは健康によい．

→ **Es** ist gut für die Gesundheit, früh auf**zu**stehen.

b）特定の動詞とともに話法の助動詞 können または müssen のもつ意味をあらわす用法

brauchen, haben, sein と用いて話法の助動詞 können または müssen と同等の意味をあらわす.

→ Ich **brauche** heute **nicht** früh auf**zu**stehen.

= Ich **muss** heute **nicht** früh aufstehen.

私は今日早起きしなくてもよい.

→ Ich **habe** noch diese Aufgabe **zu** erledigen.

= Ich **muss** noch diese Aufgabe erledigen.

私はまだこの課題を片付けなければならない.

→ Die Unterlagen **sind** bis morgen ab**zu**geben.

= Man **muss** die Unterlagen bis morgen abgeben.

必要書類は明日までに提出されなければならない.

→ Dieser Name **ist** leicht **zu** merken.

= Man **kann** sich diesen Namen leicht merken.

この名前は簡単に覚えられる.

c）動詞の目的語としての用法

zu 不定詞句はコンマで区切る.

→ Dieses Jahr **habe** ich **vor**, nach Deutschland **zu** fahren.

今年は私はドイツへ行くことを予定している.

→ Ich **verspreche** dir, bis morgen Bescheid **zu** sagen.

私は君に約束する，明日までに連絡することを.

d）特定の前置詞と用いられる用法

前置詞 um, statt, ohne と用いて特定の意味をあらわす．zu 不定詞句はコンマで区切る．

α）**um ... zu 不定詞**（～するために）＜目的＞

→ Ich fahre nach Deutschland, **um** Deutsch **zu** lernen.

= Ich fahre nach Deutschland, damit ich Deutsch lerne.

ドイツ語を学ぶために私はドイツへ行く．

β）**statt ... zu 不定詞**（～する代わりに）

→ **Statt** ins Restaurant **zu** gehen, esse ich zu Hause.

レストランへ行く代わりに私は家で食事する．

γ）**ohne ... zu 不定詞**（～しないで）

→ Hans geht weg, **ohne** sich **zu** verabschieden.

= Hans geht weg, **ohne dass** er sich verabschiedet.

ハンスは，別れの挨拶をしないで去る．

e）名詞を修飾する用法

zu 不定詞句はその直前の名詞に掛かり，その名詞を詳しく説明する．zu 不定詞句はコンマで区切る．

→ Hast du **Lust**, mit mir ins Kino **zu** gehen?

私と一緒に映画観に行く気ある？

→ Haben wir **Zeit**, zusammen essen **zu** gehen?

私たちは一緒に食事に行く時間ありますか？

第 15 回練習問題

Übung 1: 括弧内の文を zu 不定詞句になおしてもうひとつの文と結びつけ文を完成させ，和訳してください．

(1) Sara hofft, (Sie kommt bald wieder nach Deutschland).

____

(2) Ich rate dir, (Du gehst sofort zum Arzt).

____

(3) Die Stadt gibt den Plan auf, (Die Stadt baut das Rathaus um).

____

(4) Hast du Lust, (Du gehst mit mir zusammen ins Theater)?

____

(5) Es ist nicht leicht, (Man beherrscht eine Fremdsprache perfekt).

____

(6) Es lohnt sich, (Man steht jeden Morgen früh auf).

____

Übung 2: ふたつの文の意味が同じになるように下線部に適切な動詞と zu 不定詞を入れ，和訳してください．

(1) Man kann den Satz leicht verstehen.

= Der Satz _______ leicht ___________.

(2) Ich muss noch einen Aufsatz schreiben.

= Ich ______ noch einen Aufsatz ___________.

(3) Sie müssen den Gast nicht abholen.

= Sie ________ den Gast nicht _____________.

Übung 3: 括弧内の文を zu 不定詞句になおしてもうひとつの文と結びつけ文を完成させ，和訳してください.

(1) Sara arbeitet fleißig. (Sie besteht die Prüfung.)

____

(2) Der Mann verlässt die Party. (Er sagt kein Wort.)

____

(3) Wir fahren mit dem Fahrrad. (Wir gehen zu Fuß.)

____

Übung 4: 次の日本語の文を括弧内の単語を用いてドイツ語の文になおしてしてください.

(1) ノノは約束する，期限を守ることを.

(versprechen, *r* Termin, éinhalten)

____

(2) 通勤しないで在宅勤務できるというオファーは魅力的です.

(pendeln, zu Hause arbeiten können, attraktiv, *s* Angebot)

____

(3) 試合に勝つために，私たちは頑張る.

(*s* Spiel, gewinnen, sich[4] ánstrengen)

____

コラム 6 — 上部ドイツ語方言 —

いわゆる「南ドイツ」と言われる地域の方言であり，更にバイエルン・オーストリア方言，シュヴァーベン方言，アレマン方言などに区別される．アレマン方言はドイツ南西部からスイスにかけての方言で，中世と同じ母音体系を維持している．現代ドイツ語の二重母音の au が中世までの単長母音 u で発音されることが特徴的．auf が uf と発音される．

かつての中世シュタウフェン朝の支配地域に相当するシュヴァーベン方言はかつての中世文学での共通語とされ，書きことばでは手本とされた．s の音を sch と同じ [ʃ] の音で発音するのも特徴のひとつで，今でも gestern > geschtern, du bist > du bischt, gehst du > gehscht du などになる．

バイエルン・オーストリア方言は，上部ドイツ語の西部とはかなり異なる．特に目立つ特徴は，有声子音，つまり濁る音 b, d, g が濁らないで発音される点．たとえば Bauer（農家）> Pauer のように．どの方言も，ネイティヴが方言でしゃべったら，標準語しかわからないドイツ人には何を言っているのかわからないかもしれないくらい．中世から近世初期にかけてはドイツ語文化の中心的地域で，残されている写本も上部ドイツ語のものが圧倒的に多い．帝国の諸機関があり，ステータスの高い方言だったと言われる．

Deutsche Lieder

Sandmännchen

Die Prinzen

Die Sandmännchen kamen auf leisen Sohlen,
Um sich den Sand abzuholen.
Sie taten das nun schon Jahrtausende lang,
Allmählich sind die Strände leer und blank.
Da ist nicht mehr viel zum Streuen gab,
Dünen ganz mickrig und nur noch 'n paar.
Am besten weicht man aus auf die Sahara,
Denn der Strand an unserm Meer gibt nicht mehr viel her.
Der Deichgraf Hauke Wattenschlick
Und ein Kurverwalter namens Möwenpick
Schrieben 'nen Protestbrief nach Bremerförde
An die Deutsche Schlafbehörde.
Sie schlugen vor, dass man sich so arrangiert:
Für die Kleinen werden noch 'n paar Dünen reserviert,
Für die Älteren aber, sind sie nachts noch zu munter,
Heißt es: Auszieh'n, Hinlegen, Reizwäsche runter!

Hallo Süße, hör mal her:
Es gibt ja nun in Deutschland keine Sandmännchen mehr.
Lass uns schmusen, bis die Pofe* kracht,
Ich muss doch irgendetwas tun, was dich müde macht.
Ich werd' dich jetzt erschöpfen, aber auf die nette,

ドイツ語の歌

砂男

ディ・プリンツェン

砂男たちは忍び足でやってくる,
砂を持っていくために.
砂男たちはこれをもう何千年もやっていたので
だんだん砂浜は空になり何もなくなっている.
そこでもう撒くものも多くなくなり,
砂丘は小さくなり，もうわずかしかなくなった.
一番いいのはサハラ砂漠へ行ってくれること,
というのもここの海の砂浜はもはや多く砂がないから.
堤防伯ハウケ・ヴァッテンシュリックと
メーヴェンピックという名の保養所管理人が
抗議の手紙をブレーメンフェアデにある
ドイツ睡眠庁に書いて
提案した，次のように対策をとられたい，と.
つまり小さな子どもたちのためにまだいくつかの砂丘を保存し,
年配の人々には，年配の人々が夜にまだうるさ過ぎるので,
服を脱ぎ，横になり，下着も脱ぐこと，と.

ハロー，かわいこちゃん，聞いて.
今はドイツにはもう砂男はいない.
私たちは今はベッドがきしむまで，抱きしめなければなならない.
僕はやはり何かをしなければならない，君を疲れさせる何かを.
僕は君を今疲れさせる，でも優しく.

Dann brauchst du keine Schlaftablette.
Komm, nimm mich und dann heben wir ab!
Da sind wir so richtig schön schlapp.

Ja, früher war das so geregelt:
Da kommt so 'n Sandsack angesegelt,
Der streut dir das Zeug ins Auge rein
Und schon tauchst du ins Meer der Träume ein.
Doch dann gab's diesen Riesen-Putz
Mit Leuten vom Küstenschutz.
Man entzogen den Sandmännern die Lizenz,
Ja, was mach'n wir denn jetzt bloß, wenn du nicht pennst?

Hallo Süße, hör mal her:
Es gibt ja nun in Deutschland keine Sandmännchen mehr.
Wir müssen jetzt schmusen, bis die Pofe* kracht,
Ich muss doch irgendetwas tun, was dich müde macht.
Ich werd' dich jetzt erschöpfen, aber auf die nette,
Dann brauchst du keine Schlaftablette.
Komm, nimm mich und dann heben wir ab
und nachher sind wir so richtig schön schlapp.

そうすれば君は睡眠薬も要らない.
おいで，僕を連れて行ってそれから一緒に降りて
そしてそうすれば僕たちは十分に疲れる

もちろん，かつてはこうだった，
つまり砂袋が帆船でもってこられ，
砂男が目に砂を撒き，
そししすぐさま君は眠りの海に沈没.
けれどもそれからこの巨大捜査があった，
沿岸警備の人々
その人たちが砂男たちからライセンスを取り上げてしまった.
さあ，どうしよう，君が寝れないなら.

ハロー，かわいこちゃん，聞いて.
今はドイツにはもう砂男はいない.
私たちは今はベッドがきしむまで，抱きしめなければなならない.
僕はやはり何かをしなければならない，君を疲れさせる何かを.
僕は君を今疲れさせる，でも優しく.
そうすれば君は睡眠薬も要らない.
おいで，僕を連れて行ってそれから一緒に降りて
そしてそうすれば僕たちは十分に疲れる

アルバム：Ganz oben: Hits MCMXCI - MCMXCVII
リリース：1997 年

練習問題解答

第 2 回練習問題解答 2_11

Übung 1: 括弧内の動詞を人称変化させて下線部に入れ，和訳してください.

(1) Lernst du Deutsch? — Ja, ich lerne Deutsch. (lernen)
（目の前の相手に）ドイツ語学んでる？——うん，学んでる.

(2) Was trinkt ihr? — Wir trinken Tee. (trinken)
（目の前の相手二人以上に）何飲む？——紅茶.

(3) Wie heißt du? — Ich heiße Klaus. (heißen)
（目の前の相手に）名前は？——クラウス.

(4) Petra redet sehr schnell. (reden)
ペトラはとても速く話す.

Übung 2: 語順を変えて文を書き換え，和訳してください.

(1) Ich trinke sehr gern Wein.
Wein trinke ich sehr gern.
ワインを飲むのが私はとても好きです.

(2) Wir spielen morgen Tennis.
Morgen spielen wir Tennis.
明日，私たちはテニスをします.

(3) Beate studiert in Leipzig, aber sie wohnt in Berlin.
Beate studiert in Leipzig, aber in Berlin wohnt sie.
ベアーテはライプツィヒで大学に行くが，ベルリンに住んでいる.

Übung 3: 次の日本語の文を括弧内の単語を用いてドイツ語の文になおしてください.

(1) 私は歩いて行きます. (ich, zu Fuß, gehen)
Ich gehe zu Fuß.

(2) ペーターはひとりで住んでいます．(Peter, allein, wohnen)

Peter wohnt allein.

(3) サラとアントニアは歌うのが好きです．(Sara, Antonia, singen, gern)

Sara und Antonia singen gern.

第 3 回練習問題解答 2_12

Übung 1: 下線部に sein を人称変化させて入れ，和訳してください．

(1) Sind Sie Japanerin? — Ja, ich bin Japanerin.

（目の前の相手に）日本人ですか？ —— はい，日本人です．

(2) Bist du heute zu Hause? — Ja, ich bin zu Hause.

（目の前の相手に）今日家にいる？ —— うん，家にいる．

(3) Frau Kühn ist sehr nett.

キューンさんはとても親切です．

(4) Herr und Frau Schneider sind nett.

シュナイダー夫妻は親切です．

(5) Seid ihr noch böse? — Nein, wir sind gar nicht böse.

君たちまだ怒ってる？ —— いいえ，全然．

(6) Die Familie Jungmann ist schrecklich nett!

ユンクマン家はめちゃくちゃ親切です．

(7) Ich bin fix und fertig. Bist du auch fix und fertig?

私は疲労困憊．君も？

Übung 2: 次の日本語の文を括弧内の単語を用いてドイツ語の文になおしてください．

(1) 君たち疲れた？ —— うん，疲れた．(ihr, müde, sein)

Seid ihr müde? - Ja, wir sind müde.

(2) 君たちは終わりましたか？ ——はい，私たちも終わりましたか？

(ihr, fertig sein, wir, auch)

Seid ihr fertig? - Ja, wir sind fertig.

(3) ミュラー夫妻はまだ移動中です．(Herr, Frau, Müller, noch, unterwegs sein)

Herr und Frau Müller sind noch unterwegs.

第 4 回練習問題解答 2_13

Übung 1: 下線部に冠詞の語尾を入れ，和訳してください．なお語尾が不必要な場合は×してください．(*r*) 男性名詞，(*s*) 中性名詞，(*e*) 女性名詞．

(1) Hier ist ein Stuhl (*r*). Der Stuhl ist bequem.

ここに椅子があります．その椅子は快適です．

(2) Hier steht ein Bett (*s*). Das Bett ist sehr alt.

ここにベッドがあります．このベッドはとても古いです．

(3) Dort kommt eine Frau (*e*). Die Frau wohnt allein.

あそこに女性が来ます．その女性は一人で住んでいます．

(4) Dort sind Kinder. Die Kinder spielen Fußball.

あそこに子どもたちがいます．その子どもたちはサッカーをしています．

Übung 2: 下線部の名詞を人称代名詞に置き換えて下線部に入れ，和訳してください．

(1) Wo ist der Stuhl? - Er ist dort.

どこに椅子はありますか？ —— あそこです．

(2) Wo steht das Auto? - Es steht hier.

どこに自動車はありますか？ —— ここです．

(3) Wo sind die Teller? - Sie sind dort.

どこにお皿はありますか？ —— あそこです．

(4) Wo ist die Gabel? - Sie ist hier.
どこにフォークはありますか？ —— ここです.

Übung 3: 括弧内の名詞を複数形にして下線部に入れ，和訳してください.

(1) In Deutschland sind überall Schlösser und Burgen. (Schloss, Burg)
ドイツにはいたるところに居城と山城がある.

Übung 4: 次の日本語の文を括弧内の単語を用いてドイツ語の文になおしてください.

(1) ここに家が一軒あります．この家は大変古いです.
(hier, *s* Haus, stehen, sehr alt, sein)
Hier steht ein Haus. Es ist sehr alt.

(2) 新聞はどこ？ —— ここ．(*e* Zeitung, wo, hier, sein)
Wo ist die Zeitung? - Sie ist hier.

(3) コップはどこ？ —— あそこです．(*s* Glas 複数形にして用いる，wo, dort, sein)
Wo sind Gläser? - Sie sind dort.

第 5 回練習問題解答 2_14

Übung 1: 下線部に適切な格変化語尾を入れ，和訳してください．なお不必要な場合は×をしてください.

(1) Ich lese jetzt einen Roman (*r*). Der Roman ist sehr spannend.
私は今小説を読んでいる．この小説はとてもわくわくさせる.

(2) Ich schreibe jetzt ein Gedicht (*s*). Das Gedicht thematisiert die Liebe.
私は今詩を書いています．この詩は愛をテーマとしています.

(3) Ich trage eine Tasche (*e*). DieTasche ist sehr leicht.
私はバッグを提げています．このバッグはとても軽量です.

(4) Ich sammle jetzt Münzen (*pl*). Die Münzen sind alt.
私は今硬貨を集めています．これらの硬貨は古いです．

Übung 2: 下線を引いた名詞を人称代名詞にして下線部に入れ，和訳してください．

(1) Die Kinder sind draußen. Die Mutter fotografiert sie.
子どもたちは外で遊んでいます．母親がその子どもたちを撮っています．

(2) Der Zug steht noch da. Wir erreichen ihn noch.
列車はまだ止まっています．私たちはその列車にまだ間に合います．

(3) Das Buch ist spannend. Ich lese es gern.
この本はスリルがあります．私はこの本を読むのが好きです．

(4) Die Ausstellung beginnt bald. Ich besuche sie bestimmt.
その展覧会はまもなく始まります．私はその展覧会をきっと訪問します．

Übung 3: 括弧内の 1 人称，2 人称の人称代名詞を格変化させて下線部に入れ，和訳してください．

(1) Antonia kennt dich (du) schon.
アントニアは君のことをもう知っています．

(2) Sara kennt euch (ihr) schon.
サラは君たちのことをもう知っています．

(3) Sara und Antonia kennen Sie (Sie) schon.
サラとアントニアはあなた（方）のことをもう知っています．

(4) Antonia kennt mich (ich) gut.
アントニアは私のことをよく知っています．

(5) Sara und Antonia kennen uns (wir) gut.
サラとアントニアは私たちのことをよく知っています．

Übung 4: haben を人称変化させて下線部に入れ，破線下線部の格変化語尾も補い，和訳してください．なお変化語尾が必要ない箇所は×をしてください．

(1) Hast du vielleicht einen Zettel? - Nein, ich habe leider keinen Zettel (*r*).
（目の前の相手に）ひょっとして紙切れある？ —— いや, 残念ながらない.

(2) Hat Silke Fieber? - Nein, sie hat kein Fieber (*s*).
ジルケは熱がありますか？ —— いや，ありません.

(3) Haben Sie Hunger? - Nein, ich habe keinen Hunger (*r*).
（目の前の相手に）おなかがすいていますか？ —— いいえ，すいていません.

(4) Habt ihr eine Idee? - Nein, wir haben leider keine Idee (*e*).
（目の前の相手複数に）アイデアある？—いや，残念ながらない.

(5) Haben Herr und Frau Weiß ein Kind? - Nein, sie haben kein Kind (*s*).
ヴァイス夫妻には子どもがいますか？ —— いいえ，ヴァイス夫妻には子どもがいません.

Übung 5: 次の日本語の文を括弧内の単語を用いてドイツ語の文になおしてください.

(1) あなたは兄弟姉妹がいますか？ —— はい，姉（妹）がひとり.
(Sie, *s* Geschwister 通常複数形で用いる，*e* Schwester, haben)
Haben Sie Geschwister? — Ja, ich habe eine Schwester.

(2) 今日，私はアポがあります.
(ich, heute, *r* Termin, haben)
Heute habe ich einen Termin.

(3) 市にはもう借金がない.
(*e* Stadt, *r* Schuld「借金」意味では複数形で用いる，mehr, haben)
Die Stadt hat keine Schulden mehr.

第 6 回練習問題解答 2_15

Übung 1: 下線部に適切な格変化語尾を入れ，和訳してください．なお不必要な場合は×をしてください．

(1) Die Gäste geben den Kindern (*pl*) Geschenke (*pl*). (Kinder, Geschenke ともに複数形)
客たちは子どもたちにプレゼントをあげる．

(2) Der Mantel gehört der Sekretärin (*e*).
そのコートは秘書のものです．

(3) Wir sagen dem Chef (*r*) die Wahrheit.
私たちは上司に本当のことを言う．

(4) Ich zeige dem Kind (*s*) ein Bilderbuch.
私はその子に絵本を見せます．

Übung 2: 括弧内の名詞を置き換える人称代名詞をそれぞれ下線部に入れ，和訳してください．

(1) Die Gäste kennen die Stadt noch nicht. Ich zeige ihnen (den Gästen) die Stadt.
客たちは町をまだ知らない．私は客たちに町を案内します．

(2) Der Sportler gewinnt den Preis. Die Sponsoren schenken ihm (dem Sportler) ein Auto.
その選手は賞を獲得する．スポンサーらがその選手に自動車を贈呈する．

(3) Die Studentin hat ein Auto. Das Auto da gehört ihr (der Studentin).
その女子学生は自動車をもっている．あそこの自動車がその女子学生のものです．

(4) Der Kellner ist sehr nett. Wir geben ihm (dem Kellner) gern Trinkgeld.
そのウェイターはとても親切です．私たちはそのウェイターには喜んでチップをあげます．

Übung 3: 括弧内の 1 格人称代名詞を格変化させて下線部に入れ，和訳してください.

(1) Sara schreibt mir (ich) einen Brief.
サラは私に手紙を書く.

(2) Wir schreiben euch (ihr) eine Karte.
私たちは君たちにハガキを書く.

(3) Sara erzählt uns (wir) eine Geschichte.
サラは私たちに物語を話す.

(4) Antonia schickt dir (du) ein Paket.
アントニアは君に小包を送る.

Übung 4: 次の日本語の文を括弧内の単語を用いてドイツ語の文になおしてください.

(1) 私はあなたにあるお話をしてあげましょう.
(ich, Sie を格変化させて用いる，*e* Geschichte 冠詞注意，erzählen)
Ich erzähle Ihnen eine Geschichte.

(2) 私はとても調子がよい.
(ich を格変化させて用いる，es geht jm, sehr, gut)
Mir geht es sehr gut.

(3) ウェイトレスはそのお客にメニューをもってくる.
(*e* Kellnerin, *r* Gast, *e* Speisekarte 冠詞注意，bringen)
Die Kellnerin bringt dem Gast die Speisekarte.

第 7 回練習問題解答 2_16

Übung 1: 下線部に適切な格変化語尾を入れ，和訳してください．なお不必要な場合は×をしてください．

(1) Das Haus hat einen Garten. Der Garten des Hauses (*s*) ist klein.
この家には庭がある．この家の庭は小さい．

(2) Die Klinke der Tür (*e*) ist kaputt.
ドアのノブは壊れている．

(3) Die Farbe der Blätter (*pl*) ist noch grün.
葉の色はまだ緑です．

(4) Der Gipfel des Berges (*r*) ist schon nah.
山の頂上はもう近い．

Übung 2: 次の日本語の文を括弧内の単語を用いてドイツ語の文になおしてください．

(1) スーパーマーケットの入り口はまだ閉まっている．
(*r* Eingang, *r* Supermarkt, zu, sein)
Der Eingang des Supermarkts ist noch zu.

(2) その橋は町のシンボルです．
(*e* Brücke, *e* Stadt, *s* Symbol 冠詞注意，sein)
Die Brücke ist ein Symbol der Stadt.

(3) その研究の目標は野心に満ちている．
(*s* Ziel, *e* Forschung, ambitioniert, sein)
Das Ziel der Forschung ist ambitioniert.

第 8 回練習問題解答 2_17

Übung 1: 下線部に冠詞・名詞の語尾を補い和訳してください．なお変化語尾が不要な場合は×をしてください．

(1) Trotz des Schnees (*r*) geht Sara in den Park.
雪にもかかわらずサラは公園に行く．

(2) Die Straße führt mitten durch das Dorf (*s*).
通りは村の真ん中を通っている．

(3) Wohin stelle ich den Stuhl (*r*)? - Du stellst ihn neben das Regal (*s*).
（目の前の相手に）どこに椅子おく？――棚の横へおいて．

(4) Ich hänge das Bild über den Eingang (*r*).
私はその絵を入り口の上に掛ける．

(5) Über dem Eingang (*r*) hängt ein Bild.
入り口の上に絵が掛かっている．

Übung 2: 辞書で調べて下線部に適切な前置詞を補い，和訳してください．

(1) Ich warte auf den Bus.
（〔～を待つ〕の〔～を〕の部分にはどの前置詞を用いるか）
私はバスを待っている．

(2) Sara fragt mich nach dem Weg.
（〔～に…を尋ねる〕の〔…を〕の部分にはどの前置詞を用いるか）
サラは私に道を聞く．

(3) Antonia achtet auf die Zeit.
（〔～を気に掛ける〕の〔～を〕の部分にはどの前置詞を用いるか）
アントニアは時間を気に掛けている．

(4) Wir beginnen mit der Wiederholung.
（〔～から始める〕の〔～から〕の部分にはどの前置詞を用いるか）
私たちは復習から始めます．

(5) Wir bitten Sie um Verständnis.
(〔～に…を頼む〕の〔…を〕の部分にはどの前置詞を用いるか)
ご理解お願いいたします.

Übung 3: 次の日本語の文を括弧内の単語を用いてドイツ語の文になおしてください.

(1) 家の前に木が一本立っている.
(vor, *s* Haus, *r* Baum, stehen)
Vor dem Haus steht ein Baum.

(2) ベアーテはそれらの本を椅子の上におく.
(Beate, *s* Buch, auf 格支配に注意, *r* Stuhl, legen)
Beate legt die Bücher auf den Stuhl.

(3) それらの本は椅子の上にある.
(*s* Buch, auf 格支配に注意, *r* Stuhl, liegen)
Die Bücher liegen auf dem Stuhl.

第 9 回練習問題解答 2_18

Übung 1: 括弧内の動詞を人称変化させて下線部に入れ，和訳してください.

(1) Wohin fährst du am Sonntag? - Ich fahre ans Meer. (fahren)
(目の前の相手に) 日曜日どこへ行く? —— 海へ行く.

(2) Der Mantel gefällt mir. (gefallen)
このコートは私の気に入っている.

(3) Liest du immer Zeitung? - Ja, ich lese sie immer. (lesen)
(目の前の相手に) 新聞はいつも読む? —— うん，いつも読む.

(4) Hilfst du mir bitte mal? - Ja, ich helfe dir gerne. (helfen)
(目の前の相手に) ちょっと手伝ってくれる? —— 喜んで.

(5) Ich nehme Bier. Was nimmst du? (nehmen)
（目の前の相手に）自分はビールにするけど，何にする？

(6) Was wirst du später? - Ich werde Jurist. (werden)
（目の前の相手に）将来何になる？ ―― 法律家.

(7) Der Experte weiß viel. (wissen)
専門家はたくさん知っている.

Übung 2: 次の日本語の文を括弧内の単語を用いてドイツ語の文になおしてください.

(1) 家の前に木が一本見える.
(主語には不定代名詞 man を用いる，vor, *s* Haus, *r* Baum, sehen)
Man sieht vor dem Haus einen Baum.

(2) アントニアは流ちょうに日本語を話します.
(Antonia, sprechen, fließend, Japanisch)
Antonia spricht fließend Japanisch.

(3) ちょっと塩とってくれる？
(geben, du, ich 格変化させ用いる，mal, *s* Salz)
Gibst du mir mal Salz?

第 10 回練習問題解答 2_19

Übung 1: 括弧内の話法の助動詞を用いて文を書き換え，和訳してください.

(1) Ich gehe zum Zahnarzt. (müssen)
Ich muss zum Zahnarzt gehen.
私は歯医者に行かなければならない.

(2) Rufst du mich heute bitte an? (können)
Kannst du mich heute anrufen?
（目の前の相手に）今日，電話してくれる？

(3) Antonia studiert in Japan. (wollen)

Antonia will in Japan studieren.

アントニアは日本で大学に行くつもりだ.

(4) Öffnen wir das Fenster? (sollen)

Sollen wir das Fenster öffnen?

（目の前の相手に）窓を開けましょうか？

(5) Das ist falsch. (mögen)

Das mag falsch sein.

そのことは誤りかもしれない.

(6) Ich schlafe noch. (möchte)

Ich möchte noch schlafen.

私はまだ寝ていたい.

(7) Sie parken hier nicht. (dürfen)

Sie dürfen hier nicht parken.

（目の前の相手に）ここに駐車してはいけません.

Übung 2: 次の日本語の文を括弧内の単語を用いてドイツ語の文になおしてしてください.

(1) このパンフレットもらってもいいですか. (ich, *e* Broschüre, haben, dürfen)

Darf ich die Broschüre haben?

(2) あなたは速く走らなくてもよいです. (Sie, nicht, schnell, laufen, müssen)

Sie müssen nicht schnell laufen.

(3) 明日は雨が降るかもしれない. (morgen, es regnet, können)

Morgen kann es regnen.

第 11 回練習問題解答 2_20

Übung 1: 例にならって文を作り，和訳してください.

(1) Der Garten gehört uns. Das ist unser Garten.
この庭は私たちのものです．これは私たちの庭です.

(2) Die Tasche gehört dir. Das ist deine Tasche.
このバッグは君のものです．これは君のバッグです.

(3) Das Fahrrad gehört mir. Das ist mein Fahrrad.
この自転車は君のものです．これは私の自動車です.

(4) Die Schokolade gehört euch. Das ist eure Schokolade.
このチョコレートは君たちのものです. これは君たちのチョコレートです.

(5) Die Mütze gehört Ihnen. Das ist Ihre Mütze.
この帽子はあなたのものです．これはあなたの帽子です.

(6) Gehört dieser Mantel Antonia? - Ja, das ist ihr Mantel.
このコートはアントニアのものですか？ —— はい，それはアントニアのコートです.

(7) Gehört dieses Auto Jürgen? - Ja, das ist sein Auto.
この自動車はユルゲンのものですか？ —— はい，それはユルゲンの自動車です.

(8) Gehören diese Schirme den Gästen? - Ja, das sind ihre Schirme.
これらの傘は客たちのものですか？ —— はい，それは客たちの傘です.

(9) Gehören diese Bilderbücher dem Kind? - Ja, das sind seine Bilderbücher.
これの絵本はその子のものですか？——はい，これらはその子の絵本です.

Übung 2: 下線部に格変化語尾を補い，和訳してください．なお語尾が必要ない場合は×をしてください．

(1) Welch<u>e</u> Linie (*e*) fährt zum Flughafen?
どの路線が空港へ行きますか？

(2) Mir gefällt dies<u>er</u> Mantel (*r*) sehr gut.
私にはこのコートがとても気に入っています．

(3) Jed<u>es</u> Kind (*s*) kennt diese Geschichte.
どの子どももこの物語を知っています．

Übung 3: 次の日本語の文を括弧内の単語を用いてドイツ語の文になおしてください．

(1) ここにあるどの本もおもしろい．
(jeder, *s* Buch, hier, interessant sein)
Jedes Buch hier ist interessant.

(2) かなりの批評家がその作品を大変よいと思っている．
(mancher, *r* Kritiker, *s* Werk, sehr gut, finden（4 格）を（形容詞）だと思う)
Manche Kritiker finden das Werk sehr gut.

(3) 私は弟（兄）にプレゼントを贈る．
(ich, mein, *r* Bruder, *s* Geschenk, geben)
Ich gebe meinem Bruder ein Geschenk.

第 12 回練習問題解答 2_21

Übung 1: 括弧内の接続詞を用いてその後ろにある文を導き，ふたつの文をひとつにし，和訳してください．並列の接続詞か従属の接続詞かに注意してください．

(1) Ich putze den Boden. (aber) Er wird nicht sauber.
Ich putze den Boden, aber er wird nicht sauber.
私は床を磨くが，きれいにならない．

(2) Ich bin dagegen. (denn) Der Plan ist unrealistisch.
Ich bin dagegen. Denn der Plan ist unrealistisch.
私は反対です．というのも，その計画は非現実的だからです．

(3) Wir lieben Antonia. (weil) Sie ist sehr nett.
Wir lieben Antonia, weil sie sehr nett ist.
私たちはアントニアが好きだ，とても親切なので．

(4) Ich schreibe den Spruch auf. (damit) Ich vergesse ihn nicht.
Ich schreibe den Spruch auf, damit ich ihn nicht vergesse.
私はこの格言を書き留める，忘れないように．

(5) Die Daten werden zuverlässig. (indem) Man überprüft die Daten genau.
Die Daten werden zuverlässig, indem man sie genau überprüft.
データは信頼できるようになる，それらのデータを厳密に検証することで．

(6) Ich vergesse es immer wieder. (dass) Meine Frau arbeitet mittwochs zu Hause.
Ich vergesse es immer wieder, dass meine Frau mittwochs zu Hause arbeitet.
私たちはいつも忘れる，妻が毎週水曜日在宅勤務するのを．

Übung 2: 疑問詞を従属接続詞として用いてふたつの文をひとつに結びつけ，和訳してください．

(1) Wann beginnen die Ferien? Weißt du es?
Weißt du, wann die Ferien beginnen?

知ってる，いつ長期休暇始まるか？

(2) Wo ist der Informationsstand? Wissen Sie es?

Wissen Sie, wo ist der Informationsstand ist?

どこに案内所があるかご存じですか？

(3) Kommt Beate heute? Weißt du es?

Weißt du, ob Beate heute kommt?

知ってる，ベアーテが今日来るかどうか？

(4) Was willst du als Geschenk kaufen? Weißt du es schon?

Weißt du schon, was du als Geschenk kaufen willst?

もう決まってる，プレゼントに何を買うつもりか？

(5) Wie komme ich zum Bahnhof? Können Sie mir es sagen?

Können Sie mir sagen, wie ich zum Bahnhof komme?

どうしたら駅に行けるか教えていただけますか？

(6) Warum kommt Werner heute nicht? Weißt du es vielleicht?

Weißt du vielleicht, warum Werner heute nicht kommt?

ひょっとして知ってる，どうしてヴェルナーが今日来ないか？

Übung 3: 次の日本語の文を括弧内の単語を用いてドイツ語の文になおしてください.

(1) どちらのご出身か教えていただけますか？

(können, Sie, mir, sagen, woher, Sie kommen)

Können Sie mir sagen, woher Sie kommen?

(2) 私は暗くなる前に家に帰ります.

(bevor, es dunkel werden, nach Hause, gehen, ich)

Bevor es dunkel wird, gehe ich nach Hause.

(3) 雨が降っているにもかかわらず，アントニアは公園に行く.

(obwohl, es regnet, in den Park gehen)

Obwohl es regnet, geht Antonia in den Park.

第 13 回練習問題解答 2_22

Übung 1: 括弧内の分離動詞を用いて文を完成させ，和訳してください．不規則動詞もあるので，基礎動詞の現在人称変化にも注意！

(1) Peter schlägt ein Projekt vor. (vórschlagen)
ペーターはプロジェクトを提案する．

(2) Ich nehme in Deutschland an einem Sprachkurs teil. (téilnehmen)
私はドイツで語学研修に参加する．

(3) Was habt ihr im Urlaub vor? (vórhaben)
（目の前の相手に）長期休暇に何を予定している？

Übung 2: アクセントの位置に注意して括弧内の動詞を用いて文を完成させ和訳してください．何もはいらない下線部には×をしてください．

(1) Ich tausche das Gerät um. (úmtauschen)
私はその器具を交換する．

(2) Ich verstehe Sie akustisch schlecht. (verstéhen)
私はあなたの言っていることがよく聞こえません．

(3) Die Sonne geht langsam unter. (úntergehen)
太陽がゆっくり沈む．

Übung 3: 次の日本語の文を括弧内の単語を用いてドイツ語の文になおしてください．

(1) 1 時間後に列車は出発する．

(in, *e* Stunde, *r* Zug, ábfahren)

In einer Stunde fährt der Zug ab.

(2) 私はみなさんに私の計画を紹介します.

(ich, Ihnen, mein, *r* Plan, vórstellen)

Ich stelle Ihnen meinen Plan vor.

(3) 列車は時間どおりにフランクフルトに到着します.

(*r* Zug, pünktlich, in, Frankfurt, ánkommen)

Der Zug kommt pünktlich in Frankfurt an.

第 14 回練習問題解答 2_23

Übung 1: 括弧内の再帰動詞を用いて文を完成させ，和訳してください.

(1) Im Urlaub mieten wir uns eine Ferienwohnung. (sich^3 etw^4 mieten)
長期休暇に私たちは休暇アパートを借りる.

(2) Diesen Spruch merke ich mir. (sich^3 etw^4 merken)
この格言を私は覚えておく.

(3) Ich kümmere mich um die Kinder. (sich^4 um etw^4 /jn kümmern)
私は子どもたちの世話をする.

(4) Ich interessiere mich für die Kunst. (sich^4 für etw^4 interessieren)
私は芸術に興味があります.

(5) Die Tür öffnet sich. (sich^4 öffnen)
ドアが開く.

(6) Ich setze mich auf einen Stuhl. (sich^4 setzen)
私は椅子に座る（腰を下ろす）.

(7) Ich stelle mich vor. Ich heiße Sara, und komme aus Japan. (sich^4 vorstellen)
自己紹介します．サラです．日本出身です.

(8) Ich fühle mich schuldig. (sich^4 ... fühlen)
私は自分のことを責任があると感じている.

Übung 2: 次の日本語の文を括弧内の単語を用いてドイツ語の文になおしてください.

(1) 私は君との再会を楽しみにしています.

(*s* Wiedersehen, mit, sich^4 auf etw^4 freuen)

Ich freue mich auf das Wiedersehen mit dir.

(2) 私は招待に喜んでいる.

(*e* Einladung, sich^4 über etw^4 freuen)

Ich freue mich über die Einladung.

(3) 私は尽力します. (ich, sich^3 Mühe geben)

Ich gebe mir Mühe.

第 15 回練習問題解答 2_24

Übung 1: 括弧内の文を zu 不定詞句になおしてもうひとつの文と結びつけ文を完成させ, 和訳してください.

(1) Sara hofft, (Sie kommt bald wieder nach Deutschland).

Sara hofft, bald wieder nach Deutschland zu kommen.

サラは望む, まもなくまたドイツへ来れることを.

(2) Ich rate dir, (Du gehst sofort zum Arzt).

Ich rate dir, sofort zum Arzt zu gehen.

(目の前の相手に) すすめるよ, すぐに医者に行くことを.

(3) Die Stadt gibt den Plan auf, (Die Stadt baut das Rathaus um).

Die Stadt gibt den Plan auf, das Rathaus umzubauen.

市は計画, 市庁舎を改築する計画をあきらめる.

(4) Hast du Lust, (Du gehst mit mir zusammen ins Theater)?

Hast du Lust, mit mir zusammen ins Theater zu gehen?

(目の前の相手に) 一緒にお芝居見に行く気ある?

(5) Es ist nicht leicht, (Man beherrscht eine Fremdsprache perfekt).

Es ist nicht leicht, eine Fremdsprache perfekt zu beherrschen.

簡単ではない，外国語を完璧にマスターすることは.

(6) Es lohnt sich, (Man steht jeden Morgen früh auf).

Es lohnt sich, jeden Morgen früh aufzustehen.

その甲斐がある，毎朝早起きすることは.

Übung 2: ふたつの文の意味が同じになるように下線部に適切な動詞と zu 不定詞を入れ，和訳してください.

(1) Man kann den Satz leicht verstehen.

= Der Satz ist leicht zu verstehen.

その文は簡単に理解できる.

(2) Ich muss noch einen Aufsatz schreiben.

= Ich habe noch einen Aufsatz zu schreiben.

私はまだ作文を書かなければならない.

(3) Sie müssen den Gast nicht abholen.

= Sie brauchen den Gast nicht abzuholen.

あなたは客を迎えに行かなくてもよいです.

Übung 3: 括弧内の文を zu 不定詞句になおしてもうひとつの文と結びつけ文を完成させ，和訳してください.

(1) Sara arbeitet fleißig. (Sie besteht die Prüfung.)

Sara arbeitet fleißig, um die Prüfung zu bestehen.

サラは一生懸命勉強します，試験に受かるために.

(2) Der Mann verlässt die Party. (Er sagt kein Wort.)

Der Mann verlässt die Party, ohne ein Wort zu sagen.

その男性はパーティーを去る，ひとことも言わずに.

(3) Wir fahren mit dem Fahrrad. (Wir gehen zu Fuß.)

Wir fahren mit dem Fahrrad, statt zu Fuß zu gehen.

私たちは自転車で行きます，徒歩で行く代わりに.

Übung 4: 次の日本語の文を括弧内の単語を用いてドイツ語の文になおしてしてください.

(1) ノノは約束する，期限を守ることを.

(versprechen, *r* Termin, éinhalten)

Nono verspricht, den Termin einzuhalten.

(2) 通勤しないで在宅勤務できるというオファーは魅力的です.

(pendeln, zu Hause arbeiten können, attraktiv, *s* Angebot)

Das Angebot, zu Hause ohne zu pendeln arbeiten zu können, ist attraktiv.

(3) 試合に勝つために，私たちは頑張る.

(*s* Spiel, gewinnen, sich[4] ánstrengen)

Um das Spiel zu gewinnen, strengen wir uns an.

文法用語索引

文法用語索引

Lは単元を示す．ポイントとなる文法での該当する章の番号とアルファベットを示してある．

数字・アルファベット

あ

か

さ

た

な

は

ま

や

ら

わ

ドイツ語語彙索引

- 語彙索引の対象は，基礎テキスト，ポイントとなる文法．そして練習問題．ドイツ語の歌の語彙は含まない．すべての語形を網羅し，辞書での見出し語以外の形には (>) で見出し語形を示してある．使用箇所は単元を L と二桁の数字で示し，基礎テキストでの語彙は文番号ないしは発言者番号（ダイアログテクスト）を二桁で示し，ポイントとなる文法での語彙は B の後に該当する章番号と章アルファベットで示し，練習問題での語彙は Ü の後に練習問題番号と括弧内設問番号で示す．各単元のタイトル行は 00 で表記．
- 人名では，姓の後にコンマをうち，その後にファーストネーム，ミドルネームを並べてある．日本語では「ファーストネーム・姓」の順序で表記してある．
- 名詞は見出し語形（単数形）の横に性を当該の定冠詞で示し，スラッシュの右側に複数形を並べてある．単数形の性が der/die となっているのは形容詞・分詞の名詞化．
- 複数形でアクセント位置が変わる語ではその位置を示す．
- 2 音節以上の単語には ´ でアクセントのある母音を示してある．合成語などで二番目に強いアクセント箇所には場合によっては ` で示してある．
- 分離動詞の不定形では分離前綴りと基礎動詞の間に | を入れてある．
- 変化形を見出し語の後に示すため，厳密にアルファベット順になっていないところもある．
- 指示前置詞句は文脈によってアクセント位置が異なるので示していない．
- 所有冠詞などの訳語では 1 格に「は」，4 格に「を」などの格助詞をあててあるが，前置詞目的語での格の場合は必ずしも当該の格助詞に対応するとは限らない．

間：間投詞
形：形容詞
再代：再帰代名詞
再動：再帰動詞
従接：従属の接続詞
前：前置詞
動：動詞
副：副詞
並接：並列の接続詞
名：名詞
#：混合変化動詞

(s)：完了の助動詞に sein
(swm)：男性弱変化名詞
*：強変化動詞（三基本形で母音交替）
**：強変化動詞かつ現在人称変化不規則
/ -：複数形なし
-：ハイフン部分に格変化語尾
〔　〕：格支配
…：後ろに語が続くことを示す
2：2 格
3：3 格
4：4 格

A

Áachen 都市名，アーヘン L01_B_1)_a)_α)
ab- 分離前綴 (> abfahren) L13_B_1_3), L13_Ü3_(1)
ábends 副，晩に L01_B_3)
áber 並接，しかし，だけど L02_Ü2_(3); L04, 12; L07, 05; L09, 02, 06, 08; L11, 10; L12_B_1), Ü1_(1); L13, 05, 06; L15, 02
ábfahre (> abfahren) L13_B_1_2)
áb|fahren 動，出発する L13_B_1_1), 2), Ü3_(1); L15_B_1)_b)
áb|geben 動，〔4 を〕提出する L15_B_2)_b)
áb|holen 動，〔4 を〕迎えに行く L15_Ü2_(3)
Ábkehr, die / - 名，引き返し L01_B_4)_c)
absolút 形・副，絶対の L15, 04
absolúte (> absolut) L15, 04
ábzufahren (> abfahren) L15_B_1)_b)
ábzugeben (> abgeben) L15_B_2)_b)
ábzuholen (> abholen) L15_Ü2_(3)
ab 前 3，～から L03, 02, 05
ach so 間，ああそう L07, 05
áchten 動，〔auf 4 に〕注意する L08_Ü2_(3)
áchtet (> achten) L08_Ü2_(3)
áchtundzwànzig 基数，28 L01_B_5)_a)
áchtundzwànzigst- 序数，28 番目の L01_B_5)_b)
Áchtung, die / die Achtungen 名，注意 L01_B_3)
áchtzehn 基数，18 L01_B_5)_a)
áchtzehnt- 序数，18 番目の L01_B_5)_b)
áchtzig 基数，80 L01_B_5)_a)
áchtzigst- 序数，80 番目の L01_B_5)_b)
ach 間，あっ L07, 05
acht 基数・序数，8，8 番目の L01_B_5)_a)
Ádelsfamilie, die / die Adelsfamilien 名，貴族家系 L11, 10
Áfrika 地域名，アフリカ L13, 05
Áhnung, die / die Ahnungen 名，想像 L13, 06
Ä̃hre, die / die Ähren 穂 L01_B_1)_b)_[ɛ:]
Akita 地名，秋田 L13, 08
Aktión, die / die Aktionen 名，行動 L01_B_3)
akústisch 形・副，音響上の L13_Ü2_(2)
alemánnisch 形・副，アレマン方言の L13, 09
alemánnische (> alemannisch) L13, 09
áller ... 定冠詞類，男性 1 格（見出し語形）すべての … が L11_B_1_2)（格語尾変化パターンは dieser 参照）
all ... (> aller ...) L10, 04
álle ... (> aller ...) 定冠詞類，複数 1 格，すべての～が L10, 03; L11_B_1_2)
allen ... (> aller ...) 定冠詞類，複数 3 格，すべての～に L06, 08
álle 名, すべての人々が・を（数量詞の名詞化）L11_B_5
álles 名, すべてのことが・を（数量詞の名詞化）L11_B_5
álles klar 慣用表現，了解 L03, 04;
allein 副，ひとりで L02, 21, Ü3_(2), L04_Ü1_(3)
Álltag, der Alltag / die Alltage 名，日常 L13, 07
Álltagsleben, das / die Alltagsleben 名，日常生活 L12, 11
Alphabét, das / die Alphabete 名，アルファベット L01
álso 副，では，つまり L02, 17; L09, 05; L10, 07, 09; L15, 11, 12
als 前，～として L06_B_2_2); L07, 19; L08, 16; L12_Ü2_(4)
als 従接，～した時 L12_B_2)
alt 形，古い，年取った L04_B_1_1), Ü1_(2), Ü4_(1); L05_B_1_2)_a), Ü1_(4); L07_B_1_4); L13, 03; L15, 02
álte (> alt) L10, 02
Álte (> alt) L06, 04, 09; L07, 02; L08, 10; L14, 00, 01, 14, 16, 19
Álten (> alt) L06, 07; L07, 01; L10, 14; L14, 13;

L15, 00, 01, 02

Ä́lteren (> älter- >alt) L10, 14

Alte Brǘcke, die / - 固有名詞，フランクフルト・マイン河旧橋 L08, 10; L10, 14; L14, 00, 01, 13, 16; L15, 00, 01, 02

Alte Ráthaus, das / die Alten Rathäuser 名，旧市庁舎 L06, 04; L06, 07; L06, 09; L07, 01, 02; L07, 02; L08, 10

altmódisch 形・副，ふるめかしい L11, 03

Áltstadt, die / die Altstädte 名，旧市街 L10, 01

ambitioníert 形・副，野心に満ちている L07_Ü2_(3)

Amerikáner, der / die Amerikaner 名，アメリカ人，アメリカ軍 L14, 12

Amérika 名，アメリカ L13, 05

an- 分離前綴り L13_B_1_3); L14, 16, B_2)_b); L15_Ü4_(3)

an 前 3/4，～のきわで／へ L06, 09; L07, 07, 08, 18; L08, 05, 09, 12, B_1)_d), 3), 4), Ü2_(1), (3), Ü3_(2), (3) ; L09, 05, 06, 07; L10, 05; L13, 08, Ü1_(2); L14, 13, 17, Ü1_(6); L15, 01, 02,

ans (< an das) 前置詞と定冠詞の融合形 L07, 16, 18; L08, 01, B_1)_e); L09_Ü1_(1), L12_B_2)_a)

am (> an dem) L02, 05; L06, 00, 01, 02, 04; L07, 00, 12, 14, 17, 18, 19; L08, 17, B_1)_e); L09, 04, Ü1_(1); L10, 01, 04, 11, 13, 14; L11, 00, 02; L14, 07, 11; L15, 08

ánder- 形，他の，別の L12, 13

ánderen (> ander-) L12, 13

ándere 名 , 他の人々が・を L11_B_5

ánderes 名，他のこと／ものが・を L11_B_5

ándererseits 副，他方で L14, 09

ä́ndern 動，〔4 を〕変える L14, 04, 13

ä́ndern, sich⁴ 再動，変わる L14, 04, 13 (cf. L14_B_3)_b))

ä́ndert (> ändern) L14, 04, 13

Ä́nderung, die / die Änderungen 名，変化 L10, 05

Ä́nderungen (> Änderung) L10, 05

ánfangs 副，最初に L14, 05

Ángebot, das / die Angebote 名，オファー，提供 L15_Ü4_(2)

ángenehm 形・副，心地よい L03, 05

ángenehmen (> angenehm) L03, 05

ángewandt 形，応用された (< anwenden) L10, 02

Ángewandte (> angewandt) L10, 02

Ángst, die / die Ängste 名，不安 L13, 08

Ánklang, der / die Anklänge 名，響き L12, 13

án|kommen 動（s），到着する L13_Ü3_(3)

án|kommen 動（s），〔auf 4 が〕問題となる L13, 05

Ánliegen, das / die Anliegen 名，懸案 L15, 04

án|nehmen, sich** 再動，〔2 に〕取り組む L14_B_2)_b)

án|passen 動，〔4 を〕〔an 4 に〕合わせる L14, 17

án|passen, sich⁴ 再動，〔an 4 に〕合わせる L14, 17 (cf. L14_B_3)_b))

án|rufen 動，〔4 に〕電話をかける L10_Ü1_(2)

Ánsammlung, die / die Ansammlungen 名，集まったもの，集合体 L10, 04

anstátt 前 2 格，～のかわりに L08_B_1)_c)

án|strengen, sich⁴ 再動，努める，頑張る L15_Ü4_(3)

Ánteilsschein, der / die Anteilsscheine 名，協賛証券 L08, 15

Ánteilsscheinen (> Anteilsschein) L08, 15

Antónia 固有名詞，女性の名前

án|wachsen** 動，成長する（s）L08, 09

Ä́pfel (> Apfel) L07, 07

Ápfel, der / die Äpfel 名，リンゴ L01_B_1)_b)_[ɛ]; L07, 07

Ápfelwein, der / die Apfelweine 名，アップルワイン L15, 12

Ä̆ppelwoi 名，アップルワイン（方言）L15, 12
apropós 副，ところで L13, 09
Árbeit, die / die Arbeiten 名，仕事 L08, 08; L12_B_2)
árbeiten 動，働く，仕事する，勉強する L05, 05, 07; L12_Ü1_(6); L15_Ü3_(1), Ü4_(2)
árbeite (> arbeiten) L05, 05,
árbeitet (> arbeiten) L12_Ü1_(6); L15_Ü3_(1)
Archäologíe, die / - 名，考古学 L13, 02
Architékt, der / die Architekten 名（swm），建築家 L11_B_2
Architékten (> Architekt) L11_B_2
Architektúr, die / die Architekturen 名，建築 L06, 05
ä́rgern 動，〔4 を〕怒らせる L12_B_2)_d)
ä́rgern, sich[4] 再動，〔über 4 に〕怒る，腹を立てる
ä́rgert (> ärgern) L12_B_2)_d)
Arzt, der / die Ärzte 名，医師 L15_Ü1_(2)
Ásche, die / die Aschen 名，灰，灰燼 L06, 02
Aspékt, der / die Aspekte 名，観点 L15, 04
átmen 動，呼吸する L02_B_1_9) _a)
attraktív 形・副，魅力的な L15_Ü4_(2)
auch 副，～も L01_3); L03_Ü1_(7), Ü2_(2); L04, 04, 08, 15; L05, 05, 07; L07, 04, 05, 06, 07, B_1_4); L09, 02, 07, 09; L11, 03, 09; L12, 13; L13, 02, 08, 09, 10; L14, 09; L15, 03
auf die Béine helfen 慣用句，〔3 を〕復活・復興させる L15, 04
auf die Schúlter klopfen 慣用句，〔3 の〕肩をたたく L06_B_1_4)
auf eínmal 慣用句，一度に L09, 03
auf- 分離前綴り L09, 05; L13_B_1_3); L15_Ü1_(5)
auf 前 3/4，～の上で／へ L02, 00; L05, 08; L06_B_1_4); L07, 07, 08, 18; L08, 05, 09, 12, B_1)_d), 2)_a), b), 3), 4), Ü1_(1), Ü2_(3), Ü3_(2); L09, 01, 05, 06, 07; L10, 14; L11, 01, 04, 07, B_1_3)_a); L13, 05, 08; L14, 13, 16, B_2)_a), Ü1_(6), Ü2_(1); L15, 00, 01, 02, 04, 11
Áufenthalt, der / die Aufenthalte 名，滞在 L03, 05
Áufgabe, die / die Aufgaben 名，課題 L08_B_1)_a); L10_B_3)_a); L15_B_2)_b)
áuf|geben** 動，〔4 を〕あきらめる L15_Ü1_(3)
áufgemacht (> aufmachen) L01_B_4)_b)
áuf|lösen 動，〔4 を〕解く，ほどく L09, 05
áuf|machen 動，〔4 を〕開ける L01_B_4)_b)
Áufsatz, der / die Aufsätze 名，作文 L11_B_1_2); L15_Ü2_(2)
Áufsätze (> Aufsatz) L11_B_1_2)
áuf|schreiben* 動，〔4 を〕書き取る L12_Ü1_(4)
áuf|stehen 動（s），立ち上がる L10_B_3)_a); L15_B_2)_a), b), Ü1_(6)
Áuftakt, der / die Auftakte 名，出だし，スタート L01_B_4)_a)
áufzustehen (< aufstehen) L15_B_2)_a); L15_Ü1_(6)
aus- 分離前綴り L11, 03; L13, 05, 08, 10, B_1_3); L14, 19; L15, 02
aus 前 3，～から L02, 02; L03, 03; L04_B_1_2); L07, 07, 08; L08, 03, 06, 07, 08, B_1)_b); L10, 06, 14; L11, 09, 10, B_1_2); L12, 06, 10, 12; L13, 02, 03, 04, 10; L14, 05, 10, Ü1_(7)
Áuskunft, die / die Auskünfte 名，案内 L01_B_4) _b)
áusschließlich / ausschlíeßlich 副，もっぱら，～のみ L14, 18
áus|sehen** 動，～のように見える L13, 06, 07, 09; L14, 19; L15, 02
áußerhalb 前 2 格，～のそとで・の L12, 08

áus|stellen 動，〔4 を〕展示する L13, 05, 08, 10
Áusstellung, die / die Ausstellungen 名，展覧会 L05_Ü2_(4); L11_B_1_2)
Áuszahlung, die / die Auszahlungen 名，支払い L08, 17
authéntisch 形・副，本物の，本物らしく L12, 11
Áuto, das / die Autos 名，自動車 L04_Ü2_(2); L05_B_1_2)_b); L06_B_1_3), Ü2_(2), (3); L08_B_3); L07_B_1_5); L08_Ü1_(3); L11_Ü1_(3), (4); L15, 02
Áutos (> Auto) L07_B_1_5); L08_B_3); L15, 02
Áutobahn, die / die Autobahnen 名，アウトバーン L07, 19

B

Bach, der / die Bäche 名，小川 L01_B_3)
Bahn, die / die Bahnen 名，鉄道 L01_B_1)_b)_[a:]
Báhnhof, der / die Bahnhöfe 名，駅 L10_B_2); L12_Ü2_(5)
bald 副，まもなく L05_Ü2_(4); L15_Ü1_(1)
Bankiér, der / die Bankiers 名，銀行家 L10, 11; L11, 04
Bann, der / die Banne 名，呪い L01_B_1)_b)_[a]
Bär, der / die Bären 名，クマ L01_B_1)_b)_[ɛ:]
Bau, der / die Bauten 名，建設 L08, 14
Báukosten, die（通常は複数形）名，建設費・コスト L08, 15, 17
Baum, der / die Bäume 名，木 L05_B_1_2)_b); L08_Ü3_(1); L09_Ü2_(1)
Báumaterial, das / die Baumaterialien 名，建築素材 L06, 05
baut (> umbauen) L15_Ü1_(3)
Báyern 地域名，バイエルン L01_B_2)
bőse 形・副，〔auf 4 に〕怒っている，腹をたてている L03_Ü1_(5); L12_B_2)_b)
be- 非分離前綴り L13_B_2_2)
Beáte 固有名詞，女性の名前 L02_Ü2_(3); L07_B_1_1); L08_Ü3_(2); L12_Ü2_(3)
bedénklich 形・副，問題がある，憂慮される L09, 07
beéindruckend 形・副，すごい，圧倒させる L11, 11
befíndet (> befinden) L14, 01
befínden*, sich[4] 再動，ある L14, 01
begéistert 形・副，感動した，夢中になった L11_B_1_2)
begínnen* 動，始まる，〔mit 3 を〕始める L05_Ü2_(4); L08_Ü2_(4); L12_Ü2_(1)
begínnt (> beginnen) L05_ Ü2_(4)
Begríff, der / die Begriffe 名，概念 L12, 02
behérrschen 動，〔4 を〕支配する L15_Ü1_(5)
behérrscht (> beherrschen) L15_Ü1_(5)
bei- 分離前綴り L13_B_1_3)
beim (> bei dem) L03, 01; L08_B_1)_e); L04, 00, 01; L06, 07; L14, 08
Bein, das / die Beine 名，脚 L15, 04
Béine (> Bein) L15, 04
Béisassen 歴史用語，市民権のない市民 L15, 11
Béispiel, das / die Beispiele 名，例 L13, 08 (zum Beispiel 例えば)
béispielsweise 副，例えば L10, 14
béi|tragen** 動，〔zu 3 に〕貢献する L15, 04
béizutragen (< beitragen) L15, 04
bei 前 3/4，～の際に，～のもとで L05, 07; L07, 19; L08_B_1)_b); L11, 06; L12, 01; L13, 05, 06, 07; L14, 06
bekánnt 形，〔für 4 で〕〔als … として〕知られている L06, 03; L15, 12
bekómmen* 動，〔4 を〕もらう L02, 16, 25
bekómmt (> bekommen) L02, 16
benáchteiligen 動，〔4 を〕不利に扱う L14_B_3)_a)
benáchteiligt (> benachteiligen) L14_B_3)_a)

Benútzer, der / die Benutzer 名，利用者 (< benutzen) L08, 16

Benútzungsgebühr, die / die Benutzungsgebühren 名，利用料 L08, 16

bequém 形・副，快適な L04_Ü1_(1); L08_Ü1_(3)

Berg, der / die Berge 名，山 L07_Ü1_(4)

Bérges (> Berg) L07_Ü1_(4)

Berlín 都市名，ベルリン L02_Ü2_(3); L12, 13

berühmt 形，有名な L11, 06, 10

Beschéid sagen 慣用句，結果を知らせる L15_B_2)_c)

beschréiben* 動，〔4 を〕描写する L11, 08

beschréibt (> beschreiben) L11, 08

besíchtigen 動，〔4 を〕見物する，観光する L09, 01; L10, 09

bésser (> gut) 副，～する方がよい，よりよく L13, 10; L15, 03

bestéhen* 動，〔4 に〕合格する L15_Ü3_(1)

bestéht (> bestehen) L15_Ü3_(1)

bestímmte (> bestimmt) L13, 07

bestímmt 形・副，特定の，きっと L05_Ü2_(4); L07, 13, 15; L12, 03; L13, 07

besúchen 動，〔4 を〕訪問する L05_B_2_3); L05_Ü2_(4); L06_1_1); L07_1_1); L11_B_1_3)_b); L13_B_2_1)

besúche (> besuchen) L05_ Ü2_(4); L13_B_2_1)

Besúcher, der / die Besucher 名，訪問者 L06, 04; L11_B_1_2)

Besúchern (> Besucher) L06, 04

besúcht (> besuchen) L05_B_2_3), L07_B_1_1); L11_B_1_3)_b)

béten 動，祈る L01_B_1)_b)

Bett, das / die Betten 名，ベッド L01_B_1)_b)_[e]; L04_Ü1_(2); L13_B_1_2)

bétteln 動，物乞いする L01_B_1)_b)_[e]

bevór 従接，～するまえに L12_Ü3_(2)

Bewóhner, der / die Bewohner 名，住民 L15, 11

Bezéichnung, die / die Bezeichnungen 名，名称 L12, 01; L13, 05

Bezíehung, die / die Beziehungen 名，関係 L09, 05

Bezúg, der / die Bezüge 名，関連 L01_B_4)_b)

Bíbel, die / die Bibeln 名，聖書 L01_B_1)_b)_[i:]

bíegen* 動，曲がる L10, 01

biegt (> bieten) L10, 01

Bier, das / die Biere 名，ビール L07, 13, 15; L09_Ü1_(5); L10_B_3)_a)

bíeten* 動，〔3 に〕〔4 を〕提供する L01_B_1)_b)

Bild, das / die Bilder 名，絵 L08_Ü1_(4), (5); L11, 06, 07, B_1_2)

Bíldband, der / die Bildbände 名，写真集 L06_B_2_2)

Bílderbuch, das / die Bilderbücher 名，絵本 L06_Ü1_(4); L11_Ü1_(9)

Bílderbücher (> Bilderbuch) L11_Ü1_(9)

Billión, die / die Billionen 名，一兆 L01_B_5)_c)

bin (> sein) L03_B, Ü1_(1), (2); L05, 07, 08; L12_B_2), Ü1_(2)

Biss, der / die Bisse 名，噛み合わせ L01_B_1)_b)_[i]

bísschen, ein bisschen 副，少し L09, 03; L14, 01; L15, 08

bist (> sein) L03_B, Ü1_(7); L04, 02, 17, B_1_2); L05, 05,

bis 前（zu, in, an など他の前置詞とともに），～まで L01_B_1)_b)_[i]; L06, 08; L07, 18; L10, 10; L11, 09; L14, 02, 15; L15_B_2)_b), c)

bítten* 動，〔4 に〕〔um 4〕を頼む L01_B_1)_b)_[i]; L01_B_4)_c); L02_B_1_9) _a); L08_Ü2_(5); L10_Ü1_(2)

bítte 慣用表現，おねがいします L03, 03; L09_Ü1_(4); L10_Ü1_(2)

Blatt, das / die Blätter 名，葉，紙切れ L07_Ü1_(3)

Blắtter (> Blatt) L07_Ü1_(3)
bléiben* 動 (s)，とどまる L02, 06, 14, 24; L03, 03; L05_B_1_4)
bléibe (> bleiben) L05_B_1_4),
Bléistift, der / die Bleistifte 名，鉛筆 L11_B_3_2)
Bléistifte (> Bleistift) L11_B_3_2)
Blick, der / die Blicke 名，視線，眺め L10, 14
bloß 副，ただ L13, 02
Bóden, der / die Böden 名，床，地面 L12_Ü1_(1)
Bógen, der / die Bögen 名，アーチ L14, 05
Bőgen (> Bogen) L14, 05
Bonn 都市名，ボン L08_B_1)_b)
Boot, das / die Boote 名，ボート L01_B_1)_b)_[o:]
bráuchen 動，〔4 を〕必要とする L15_B_2)_b); L15_Ü2_(3)
bráuche (> brauchen) L15_B_2)_b)
bréchen* 動，折れる（s）；折る（h）L09_B_3)
breit 形・副，幅の広い L07, 18; L09, 02
Brémen 都市名，ブレーメン L01_B_1)_a)_γ)
Brentáno, Clémens 固有名詞，クレメンス・ブレンターノ（ロマン派詩人）L11, 10
Bréttspiel, das / die Brettspiele 名，ボードゲーム L11_B_1_2)
Brief, der / die Briefe 名，手紙 L06_Ü3_(1)
bríngen# 動，〔3 に〕〔4 を〕もってくる・いく L06_B_1_2); L06_Ü4_(3)
bringt (> bringen) L06_B_1_2)_a), Ü4_(3)
Broschűre, die / die Broschüren 名，パンフレット L10_B_3)_a), Ü2_(1)
Brot, das / die Brote 名，パン L07, 04
Brótsorte, die / die Bortsorten 名，パンの種類 L04, 06
Brűcke, die / die Brücken 名，橋 L07_Ü2_(2); L08, 02, 10, 12, 16, B_3); L09, 02, 05; L10, 10; L14, 00, 01, 08, 13, 14, 16, 19; L15, 00, 01, 02, 04
Brűckendecke, die / die Brückendecken 名，橋の渡し L14, 10
Brűckengelànder, das Brückengeländer / die Brückengeländer 名，橋の欄干 L09, 04
Brúder, der / die Brüder 名，兄弟 L06_B_1_1); L07_B_1_1), 2_2); L11_Ü3_(3)
Buch, das / die Bücher 名，本 L04_B_2; L05_B_1_1), Ü2_(3); L06_B_1_1); L08_Ü3_(2), (3); L11_B_1_1), 3)_b), Ü1_(例)，(1), Ü3_(1)
Buchs (> Buch) L7_B_1_1); L11_B_1_1)
Bűcher (> Buch) L08_Ü3_(2), (3)
Búchhandlung, die / die Buchhandlungen 名，書店 L05, 05
Búndespostmusèum, das 固有名詞，連邦郵政博物館 L10, 02
Burg, die / die Burgen 名，山城 L04_Ü3_(1)
Bűrger, der / die Bürger 名，市民 L08, 13, 14
Bűrgerrechte, die（通常複数形で用いる）名，市民権 L15, 11
Bus, der / die Busse 名，バス L02_B_1_2); L07_B_1_3); L08_B_2)_b), Ü2_(1)

C

Campágna 地名，カンパーニャ（イタリア）L10, 14
Chef, der / die Chefs 名，上司 L06_B_2_1); L06_Ü1_(3); L12_B_2)_d)
Clémens Brentáno (> Brentano) L11, 10
Courbét, Gustáve 固有名詞，ギュスターヴ・クールヴェ（フランス画家 ; 1819-1877）L10, 14
Cránach, Lúcas 固有名詞，ルカス・クラーナッハ・シニア（ドイツ画家；1472-1553）L10, 14

D

d.h. = das heißt 副，つまり L12, 08
da[r]+ 前置詞（指示前置詞句）L08_B_3)
Dach, das / die Dächer 名，屋根 L04_B_2
dafür (> für) 指示前置詞句，～のために，～に L06, 03; L12_B_2)_d)
dafǘr 副，そのかわり；賛成だ L06, 03
dagegen (> gegen) 指示前置詞句，～に対して L05, 08; L11_B_1_2); L12_Ü1_(2)
dagégen 副，それに対して L05, 08
dagégen 副，反対だ L11_B_1_2); L12_Ü1_(2)
daher 副，それゆえに，だから L09, 03
dámals 副，当時 L06, 04; L08, 07, 11; L11, 10; L12, 06, 08, 10, 12; L15, 04,
Dáme, die / die Damen 名，婦人 L01_B_1)_b)_[a:]
damit (> mit) 指示前置詞句，～とともに，～でもって L08_B_3); L14, 19
damit 副，それでもって，それで L08_B_3); L14, 19
damít 従接，～するために L12_B_2); L12_Ü1_(4); L14, 08, 09, 13; L15_B_2)_d)_α)
Damm, der / die Dämme 名，ダム L01_B_1)_b)_[a]
Dánke schön! 慣用句，どうもありがとう L03, 05, 06
Dánke! 慣用句，ありがとう L02, 27; L05, 04, 05
dann 副，それから；そうすると，それなら，そうしたら，じゃあ L05, 11; L07, 16; L08, 05; L09, 03, 05; L13, 10; L15, 02, 10
dar- 分離前綴り L15, 05
daran (> an) 指示前置詞句，～に L11_B_5
darauf (> auf) 指示前置詞句，～の上に，～に L08_B_3)
darf (< dürfen) L10_B_1), 3)_a), Ü2_(1); L11, 10
darfst (< dürfen) L09_B_1); L10_ B_1)
dár|stellen 動，〔4 を〕示す，あらわす L15, 05
darüber (> über) 指示前置詞句，～について L12_B_2)_d); L14_B_4)
darum (> um) 指示前置詞句，～のために，～のゆえに L15, 04
darum 副，それゆえに L06, 07; L11, 02; L15, 04
das 定冠詞，中性 1 格 L03, 05; L04, 05, B_1_ 1), 2), 2, Ü1_(2), Ü2_(2), Ü4_(1); L05_B_1_1), Ü1_(2), Ü2_(3); L06, 01, 04, 05, 09, Ü2_(3); L07, 02, 13, 15, 18, 19, Ü1_(1), Ü2_ (3); L08_B_1)_c); L09, 05, 06, 07; L10, 00, 02, 12, 13; L11, 03, 04, 06, B_ 1_1), 2), Ü1_(3); L12, 01, B_2)_a); L13, 05; L14, 04, 07; L15_Ü4_(2)
das 定冠詞，中性 4 格 L05_B_1_1); L06, 05, 07; L08_Ü1_(2), (3); L09, 05, 07; L10, 09, Ü1_(4); L11, 06, B_1_1), Ü3_(2); L12_B_2)_d); L13_Ü2_(1); L14_Ü2_(1); L15_Ü1_(3), Ü4_(3)
das 指示代名詞，中性 1 格，それが L01_B_1)_b)_[a]; L05, 05, B_1_1); L07, 04; L09, 05; L10, 03, Ü1_(5); L11, 07, B_1_1), Ü1_(例), (1), (2), (3), (4), (5), (6), (7), (8), (9); L13, 08; L14_B_4)
das 指示代名詞，中性 4 格，それを L01_B_1)_b)_[a]; L05, B_1_1); L07, 08; L10_B_3)_a); L11_B_1_1)
dass 従接，～ということ L08_B_3); L12_B_2), 2)_c), d), Ü1_(6)
Dáten, die（常に複数形）名，データ L12_Ü1_(5)
dáuern 動，続く L08_B_2)_c)
dáuert (> dauern) L08_B_2)_c)
davor (> vor) 指示前置詞句，～の前に L13, 02
dazu (> zu) 指示前置詞句，～のために L14, 10
da 副，そこで・に L04, 08; L05_B_2_1); L05_Ü2_(2); L06_Ü2_(3); L09, 04; L11, 07, B_3_2); L13, 09; L15, 05, 11
da 従接，～なので L12_B_2)
décken 動，おおう，カバーする，満たす

L11_B_1_1); L12, 13; L14, 09, 13, B_2)_b); L15, 04
der ... 定冠詞，複数 2 格 L07_B_1_1), Ü1_(3); L08, 13, 17; L09, 07; L10, 02, 05, 08; L11_B_1_1), 3_2); L12, 01, 07; L13, 05, 07
der 指示代名詞，男性 1 格 L05_B_1_1), L11_B_1_1)
der 指示代名詞，女性 3 格 L06_B_1_1)
déren 指示代名詞，女性 2 格 L07_B_1_1), 2_2); L11_B_1_1)
déren 指示代名詞，複数 2 格 L07_B_1_1); L11_B_1_1)
dérer 指示代名詞，3 人称複数 2 格（掛かる名詞に後置され，その後に続く関係文の先行詞となる）L07_B_1_1)
des ... 定冠詞，男性 2 格 L07, 07, B_1_1), 3), 5), Ü1_(4), Ü2_(1); L08_B_1)_c); L11, 04, 10; L14, 11
des ... 定冠詞，中性 2 格 L07_B_1_1), 2), 5), Ü1_(1),
déssen 指示代名詞，男性 2 格 L07_B_1_1), 2_2); L11_B_1_1)
déssen 指示代名詞，中性 2 格 L07_B_1_1); L11_B_1_1); L12, 13
déshalb 副，それ故に L08, 04
déswegen 副，それ故に L09, 08; L12, 05; L15, 10
déutsch 形・副，ドイツ（語）の L13, 05
Déutsch 名，ドイツ語 L02_Ü1_(1); L10_B_2); L15_B_2)_d)_α)
Déutsche (> deutsch) L10, 02; L15, 08
déutschen (> deutsch) L13, 05
Déutschland 名，ドイツ L01_3); L02, 01, 03, 10, 12, 19, 26; L03, 03, 19; L04, 09, B_1_2), Ü3_(1); L05, 07; L06, 8; L07, 15; L08_B_2)_c), 3)_a); L09, 07; L10_B_3)_a), L11_B_3_1), 3_1), 2); L13_Ü1_(2); L15_B_2)_c); L15_Ü1_(1)
Deutsche Fílmmusèum, das 固有名詞，ドイツ映画博物館 L10, 01
dich (> du) 人称代名詞，2 人称単数親称，4 格（= du の 4 格形）L05_B_2_3), Ü3_(1); L08_B_2)_b); L14_B_1)_a)
dick 形・副，厚い L01_B_3)
die ... 定冠詞，女性 1 格 L02, 05, 08; L03_Ü1_(6); L04, 17, B_1_1), 2), 2, Ü1_(3), Ü2_(4), Ü4_(2); L05_B_1_1), 2)_a), 2_1), Ü2_(1), (4), Ü5_(3), L06, 03, 06, B_1_2)_a), Ü2_(3), Ü4_(3); L07, 06, 19, Ü1_(2), (3), (4), Ü2_(2); L08, 09, B_1)_a), 4), Ü1_(2); L09, 05, 07, 08; L10, 08, 14, B_3)_b); L11, 04, B_1_1), 3_2), Ü1_(2), (4); L12, 08, 10, B_2)_d); L13_Ü1_(2); L14, 01, 08, 09, 10, 13, 14, 16, 19, B_2)_b), 3)_b), 4), Ü1_(5); L15, 02, 03, 11, Ü1_(3)
die ... 定冠詞，女性 4 格 L02, 07; L03, 03; L05, 08, B_1_1), 3), 4), Ü1_(2); L06, 05, B_1_2)_a), 4), Ü1_(3), Ü2_(1), Ü4_(3); L08, 07, 08, 10, 13, B_1)_d), 4), Ü2_(3); L09, 05, 09; L10, 04, 08, 10, B_3)_a); L11_B_1_1); L12, 08, B_1); L13, 05, 07, 09; L14, 07, 12, 19, Ü1_(4), Ü2_(2); L15_B_2)_a), b), Ü3_(1), (2)
die ... 定冠詞，複数 1 格 L04, 07, 12, L04_B_1_1), 2), 2, Ü1_(4), Ü2_(3); L05_B_1_1), Ü2_(1), Ü6_B_2_1); L06_Ü1_(1), Ü2_(1), (2); L07, 04, 07, B_1_3); L08, 14, 16, Ü3_(3); L10, 07; L11, 10, B_1_1), 2); L12, 11, B_2)_d), Ü1_(5); L13, 03, 06, 08, 10; L14, 12; L15, 02, 10, B_2)_b)
die ... 定冠詞，複数 4 格 L05_B_1_1); L08, 15, Ü3_(2); L09, 04, 08; L11_B_1_1); L12, 05, 07, B_2)_d), Ü1_(5); L13, 05, 10; L14, 17, Ü1_(3); L15, 04
die 指示代名詞，女性 1 格 L11_B_1_1); L15, 02
die 指示代名詞，女性 4 格 L11, 04, B_1_1);

L15, 08
die 指示代名詞，複数 1 格 L04, 06; L05_B_1_1); L09, 04; L11_B_1_1); L13, 02, 09
die 指示代名詞，複数 4 格 L05_B_1_1); L09, 07; L11_B_1_1)
dieser ... 定冠詞類，男性 1 格，（見出し語形）この～が L11, 02, B_1_1), 2), Ü1_(6), Ü2_(2); L12, 13; L15_B_2)_b)
díese ... (> dieser ...) 定冠詞類，女性 1 格，この～が L11_B_1_1), Ü1_(例), L15, 04, 08
díese ... (> dieser ...) 定冠詞類，女性 4 格，この～を L10_B_3)_a); L11_B_1_1), Ü2_(3); L12, 12; L13_B_2_3); L15_B_2)_b)
díese ... (> dieser ...) 定冠詞類，複数 1 格，これらの～が L11_B_1_1), Ü1_(8), (9)
díese ... (> dieser ...) 定冠詞類，複数 4 格，これらの～を L11_B_1_1); L14_B_2)_c)
díesem ... (> dieser ...) 定冠詞類，男性 3 格，この～に L08, 05; L11_B_1_1), 2)
díesem ... (> dieser ...) 定冠詞類，中性 3 格，この～に L11_B_1_1), L13_B_2_3)
díesen ... (> dieser ...) 定冠詞類，男性 4 格，この～を L11_B_1_1), L14_Ü1_(2); L15_B_2)_b)
díesen ... (> dieser ...) 定冠詞類，複数 3 格，これらの～に L10, 04; L11_B_1_1)
díeser ... (> dieser ...) 定冠詞類，女性 3 格，この～に L11_B_1_1); L12, 01
díeser ... (> dieser ...) 定冠詞類，女性 2 格，この～の L11_B_1_1)
díeser ... (> dieser ...) 定冠詞類，複数 2 格，これらの～の L11_B_1_1)
díeses ... (> dieser ...) 定冠詞類，中性 1 格，この～が L11_B_1_1), Ü1_(7)
díeses ... (> dieser ...) 定冠詞類，中性 4 格，この～を L11_B_1_1); L15_B_2)_c)
díeses ... (> dieser ...) 定冠詞類，男性 2 格，この～の L11_B_1_1)
díeses ... (> dieser ...) 定冠詞類，中性 2 格，この～の L11_B_1_1)
díeser 最寄り名詞をさす dieser L11_B_1_2)
díesen (> dieser) L11_B_1_2)
díenen 動，〔3/zu 3 に〕役立つ L15, 04
Ding, das / die Dinge 名，もの L13, 02, 06
Dínge (> Ding) L13, 02
Díngen (> Ding) L13, 06
dir (> du) 人称代名詞，2 人称単数親称，3 格（＝ du の 3 格形）L05, L06_B_2_3), Ü3_(4); L09_Ü1_(4); L11_B_3_2), 3), Ü1_(2); L14_B_1)_b), 2)_c), Ü2_(1); L15_B_2)_c), Ü1_(2)
Diréktor, der / die Direktóren 名，所長，社長 L07_B_1_5)
Diréktors (> Direktor) L07_B_1_5)
Diskriminíerung, die / die Diskriminierungen 名，差別 L12, 12, 13
doch 副，やっぱり，けれども L04, 09; L08_Ü1_(3); L13, 10
Dónau, die 固有名詞，ドナウ川 L14, 19
Dorf, das / die Dörfer 名，村 L08_Ü1_(2)
dort 副，（あ）そこで L03, 05; L04_B_1_1), L04_Ü1_(3), (4), Ü2_(1), (2), (3); Ü4_(3); L06, 08; L07, 06, 18; L08, 02, 08, 11; L10, 10; L11, 03, 04; L15, 10, 12
dráußen 副，外で L05_Ü2_(1); L07_B_1_3)
dréißig 基数，30 L01_B_5)_a)
dréißigst- 序数，30 番目の L01_B_5)_b)
dréiundzwanzig 基数，23 L01_B_5)_a)
dréiundzwanzigst- 序数，3 番目の L01_B_5)_b)
dréizehn 基数，13 L01_B_5)_a)
dréizehnt- 序数，13 番目の L01_B_5)_b)
drei 基数，3 L01_B_5)_a)
dritt- 序数，3 番目の L01_B_5)_b)
drúben 副，向こうで L11, 07

dúnkel 形・副，暗い L12_Ü3_(2)
durch- 分離または非分離前綴り L13_B_2_3)
durch- 分離前綴り L13_B_2_3)
durch 前 4，を通じて L01_B_3); L08, 01, 15, B_1)_a), 4), Ü1_(2); L12, 07
dǘrfen# 話法助動詞，〜してもよい L09_B_1); L10_ B_1), 3)_a), Ü1_(7), Ü2_(2); L12, 05
dürft (< dürfen) L09_B_1), L10_B_1)
Durst, der / - 名，のどの渇き L07, 15
du 人称代名詞，2 人称親称，君は，おまえは L02_B_1_1), Ü1_(1), (3); L03_Ü3_(2); L04, 02; L05_B_2_2), 3, 4_3), Ü4_(1), L06_B_2_2); L07, 14, B_2_2); L08_Ü1_(3); L09, 04, 08, B_1), 2), 3), 4), 6), Ü1_(1), (4), (4), (5), (6); L10_B_3)_a), Ü1_(2), Ü2_(3); L11, 11, B_4; L12_B_2)_b), c), Ü2_(例), (3), (4), (6); L14_B_1)_a), b), 2)_c); L15, 03, 09, Ü1_(2), (4)

E

ében 副，まさに，もちろん L07, 16
echt 形・副，ほんとうに，まじで L05, 07, 08; L07, 07; L09, 02, 06; L11, 11; L13, 08; L15, 09
éher 副，むしろ L13, 05
Éhre, die / die Ehren 名，名誉 L01_B_1)_b)_[e:]
éigentlich 副，本来，もともとは，そもそも L12, 01, 05
ein- 分離前綴り，L13_B_1_3); L14, 07, 12
ein ... 不定冠詞，男性 1 格（見出し語形）L04, 10, B_1_1); L07, 04, 05; L08_Ü3_(1); L09, 02; L11, 04
ein ... 不定冠詞，中性 1 格 L03, 05; L04, 10, B_1_1), Ü1_(2); L05, 08, B_1_1); L07_Ü2_(2); L08_B_4); L09, 02, 03, 05; L11, 03, 04; L12, 01; L14, 01
ein ... 不定冠詞，中性 4 格 L05_B_1_2)_b), Ü1_(2); L06_B_2_3), Ü1_(4), Ü2_(2), (3), Ü3_(4); L08_B_3); L10, 11; L11_B_1_2), Ü3_(3); L13_Ü1_(1); L15, 08, Ü3_(2)
éine... (> ein ...) 不定冠詞，女性 1 格 L03, 02, 03; L04, 09, 10, B_1_1), Ü1_(3); L05, 08, B_1_1), 3; L06_B_1_3); L07, 06; L08, 02, B_3), 4); L11, 10; L15, 05, 08
éine ... (> ein ...) 不定冠詞，女性 4 格 L05_B_1_1), Ü1_(3), Ü4_(4), Ü5_(1); L06_B_2_3), Ü3_(2), (3), Ü4_(1); L08, 01, 15; L09, 08; L11, 10, B_4; L13, 07, 09; L14, 09, Ü1_(1); L15_Ü1_(5)
éinem ... (> ein ...) 不定冠詞，男性 3 格 L06_B_1_1); L08, 15, B_2)_a); L11, 07; L13_Ü1_(2)
éinem ... (> ein ...) 不定冠詞，中性 3 格 L05, 07; L06_B_1_1); L08_B_1)_b); L09, 05, 09
éinem (> einer) 不定代名詞，男性 3 格 L11_B_3_2)
éinem (> einer) 不定代名詞，中性 3 格 L11_B_3_2)
éinem (> man) 不定代名詞 man の 3 格形 L11_B_3_1)
éinen ... (> ein ...) 不定冠詞，男性 4 格 L02, 15; L05, 09, B_1_1), 2)_b), 3, 4_3), Ü1_(1), Ü4_(1); L06_B_2_2), Ü3_(1); L07, 12, Ü1_(1); L08, 14, 16, B_1)_d); L09, 08, Ü2_(1); L12, 09; L14_Ü1_(6); L15_Ü2_(2)
éinen (> man) 不定代名詞 man の 4 格形 L11_B_3_1)
éiner ... (> ein ...) 不定冠詞，女性 3 格 L06_B_1_1); L07, 09; L08, 13; L11, 07, 10; L13_Ü3_(1); L15, 08
éiner ... (> ein ...) 不定冠詞，女性 2 格 L07_B_1_1); L08, 14
éiner (> einer) 不定代名詞，女性 3 格 L11_

B_3_2)
éiner (> einer) 不定代名詞，女性 2 格 L11_B_3_2)
éiner 不定代名詞，男性 1 格（見出し語形），ひとつの L11_B_3_2)
éines ... (> ein ...) 不定冠詞，男性 2 格 L07_B_1_1), 4)
éines ... (> ein ...) 不定冠詞，中性 2 格 L07_B_1_1)
éines (> einer) 不定代名詞，中性 1 格 L11_B_3_2)
éines (> einer) 不定代名詞，中性 4 格 L11_B_3_2)
éines (> einer) 不定代名詞，男性 2 格 L11_B_3_2)
éines (> einer) 不定代名詞，中性 2 格 L11_B_3_2)
éines Tages 副，ある日，いつか L07_B_1_4)
Éinchecken (> einchecken) L03, 01
éin|checken 動，チェックインする L03, 01
éin|fallen** 動〔3 に〕思い浮かぶ，思い出す L13, 05
Éingang, der / die Eingänge 名，入り口 L07_Ü2_(1); L08_Ü1_(4), (5)
éin|gehen* 動，名を残す L14, 07（in die Geschichte eingehen 歴史に名を残す）
éin|gravieren 動，〔4 を〕刻み込む L09, 05
éin|halten** 動，〔4 を〕守る・遵守する L15_Ü4_(1)
Éinkaufsstraße, die / die Einkaufsstraßen 名，ショッピング通り L07, 10
Éinladung, die / die Einladungen 名，招待 L14_Ü2_(2)
éinmal 副，一度，かつて L02, 04; L09, 03
éinschließlich 副，〔2 を〕含めて L13, 05
Éinstellung, die / die Einstellungen 名，考え方 L12, 08
eins 基数，1 L01_B_5)_a)
éin|tragen** 動，〔4 を〕記入する L03, 03
éinundzwanzig 基数，21 L01_B_5)_a)
éinundzwanzigst- 序数，21 番目の L01_B_5)_b)
Éinwanderer, die / die Einwanderer 名，（入ってくる）移民 L11, 10
Éinwanderern (> Einwanderer) L11, 10
éinwandfrei 形・副，非の打ち所のない，文句のつけようがない L10, 07
Éinwohner, der / die Einwohner 名，住民 L13, 07
Éinwohnerzahl, die / die Einwohnerzahlen 名，人口 L08, 09
éin|ziehen* 動，入ってくる L14, 12
Éinzug, der / die Einzüge 名，凱旋入城 L01_B_4) _b)
éinzuhalten (< einhalten) L15_Ü4_(1)
Éisen, das / die Eisen 名，鉄 L08, 03; L09, 03
Éiserne (> eisern) L08, 00, 06, 13
éisernen (> eisern) L08, 14
Éisernen (> eisern) L09, 00, 01; L10, 01; L14, 01
Éiserner (> eisern) L08, 04
Éiserner Steg 固有名詞，フランクフルト歩行者鉄橋 L08, 00, 04, 06, 13
éisern 形・副，鉄製の L08, 06, 13, 14, L08, 04; L09, 01; L10, 01
Éisgang, der / die Eisgänge 名，流氷 L14, 06, 08
elf 基数，11 L01_B_5)_a)
elft- 序数，11 番目の L01_B_5)_b)
Élle, die / die Ellen 名，ヒジ L01_B_1)_b)_[ɛ]
Éltern, die（常に複数形），名，両親 L02, 21; L08_B_1)_b); L11_B_1_2)
emp- 非分離前綴り L13_B_2_2)
Empfáng, der / die Empfänge 名，ホテル受付フロント L03, 05
empféhlen** 動，〔3 に〕〔4 を〕勧める L09_B_4)
empṓren 動，〔4 を怒らせる〕L12_B_2)_d)

empṓrt (> empören) L12_B_2)_d)
Énde, das / die Enden 名，端，終わり L14, 11
éndlich 副，ついに，やっと L05, 03, 07
Énglisch 名，英語 L10_B_3)_a)
eng 形・副，狭い L08, 12
ent- 非分離前綴り L13_B_2_2)
Entschúldigung, die / die Entschuldigungen 名，失礼，すみません L02, 23
entstéhen* 動，誕生する（s）L14, 14
entstéht (> entstehen) L14, 14
Entstéhung, die / die Entstehungen 名，誕生 L08, 13
Entwícklung, die / die Entwicklungen 名，発展 L12, 08
er 人称代名詞，3 人称単数男性 1 格，彼／それは L02_B_1_1); L04_B_1_2), Ü2_(1); L05_B_1_1), 2_1), 3; L07, 05; L09_B_1), 2), 3), 4), 6); L10_B_1); L11, 07, 08, 10, B_1_1); L12_Ü1_(1); L14_B_1)_a), b); L15, 08, B_2)_d)_γ), Ü3_(2)
er- 非分離前綴り L13_B_2_2)
Erfórdernis, das / die Erfordernisse 名，要請 L14, 17
Erfórdernisse (> Erforderni) L14, 17
erkältet 形・副，風邪をひいた L10_B_3)_b); L12_B_2)
Erkénntnis, die / die Erkenntnisse 名，知見 L01_B_4)_b)
erlédigen 動，〔4 を〕片付ける，処理する L10_B_3)_a); L15_B_2)_b)
erléiden** 動，〔4 を〕被る L14, 06, 08
erléidet (> erleiden)
ernéut 形・副，改めて，新たに L14, 13
érnten 動，〔4 を〕収穫する L07, 07
erréichen 動，〔4 に〕到達する，間に合う L05_Ü2_(2); L09, 02; L12_B_2)_d)
erréicht (> erreichen) L09, 02
érstmals 副，はじめて L14, 03
erst 副，ようやく L01_B_5)_b)
Erwáchsene, der/die / die Erwachsenen 名，大人 L13, 09
Erwähnung, die / die Erwähnungen 名，言及 L14, 03（Erwähnung finden 言及される）
erwécken 動，〔4 を〕喚起する L12, 09
erzählen 動，〔3 に〕〔4 を〕話して聞かせる L06_B_2_1), Ü4_(1); L06_B_2_3), Ü3_(3)
erzähle (> erzählen) L06_B_2_1), Ü4_(1)
erzählt (> erzählen) L06_B_2_3), Ü3_(3),
es gibt 慣用表現，〔4 が〕ある L10, 10; L11, 02, 04; L15, 11
es 人称代名詞，3 人称単数，中性 1 格，それは L02_B_1_1); L03, 05; L04_B_1_2), Ü2_(2); L05_B_1_1); L07, 02, 18; L08, 12; L09, 03; L11, 03, B_1_1), 2); L12, 03, B_2)_d), Ü3_(2); L13, 05, 07; L15, 11, B_2)_a), Ü1_(5), (6)
es 人称代名詞，3 人称単数，中性 4 格，それを L05_B_1_1), Ü2_(3); L09, 05; L11_B_1_1); L12_B_2)_c), Ü1_(6), Ü2_(例), (1), (2), (3), (4), (5), (6)
éssen** 動，〔4 を〕食べる L15_B_2)_d)_β), e)
ésse (> essen) L12_B_1); L15_B_2)_d)_β)
éssen gehen* 動，食事に行く L15_B_2)_e)
Ethnologíe, die / - エスノロジー　L12, 04
étlicher ... 定冠詞類，男性 1 格（見出し語形）いくつかの〜が L11_B_1_2)（格語尾変化パターンは dieser 参照）
étliche ... (> etlicher ...) 定冠詞類，複数 1 格，いくつかの〜が L11_B_1_2)
étliche (> etlicher) 名，幾人かの人々が・を L11_B_5
étliches (> etlicher) 名，いくつかのことが・を L11_B_5
étwas 副，少し，ちょっと L09, 07; L11, 03,

07; L12, 02

étwas 名，なにかが・を L06, 04; L12, 02; L13, 08

euch (> ihr) 人称代名詞，2 人称複数親称，4 格（＝ ihr の 4 格形），君たち／あんたたちを L05_B_2_3); L14_B_1)_a), b)

euch (> ihr) 人称代名詞，2 人称複数親称，3 格（＝ ihr の 3 格形），君たち／あんたたちに L06_B_2_3), Ü3_(2); L11_Ü1_(4); L14_B_1)_a), b)

euer (> ihr) 人称代名詞，2 人称複数 2 格（＝ ihr の 2 格形），君たち／あんたたちの（現代ドイツ語ではほぼ用いられない）L07_B_2_3)

euer ... (> euer ...) 所有冠詞，2 人称複数親称，男性 1 格（見出し語形），君たち／あんたたちの〜が L11_B_1_3)_b)

éure ... (> euer ...) 所有冠詞，2 人称複数親称，女性 1 格，君たち／あんたたちの〜が L11_Ü1_(4)

Európa 固有名詞，ヨーロッパ L12, 08, 09

Európas (> Europa) L12, 08

exótisch 形・副，異国情緒のある，エキゾチックな L13, 02

exótische (> exotisch) L13, 02

Exotísmus, der / die Exotismen 名，異国趣味 L12, 09

Expérte, der / die Experten 名，専門家 L09_Ü1_(7)

Exponát, das / die Exoponate 名，展示物，展示品 L10, 06, 08; L12, 05; L13, 03

Exponáte (> Exponat) L10, 06, 08; L12, 05; L13, 03

F

fáhre (> fahren) L08_B_3); L09_B_2); L15_B_2)_d)_α)

fáhren** 動（s），乗りもので行く L06_B_1_3); L08, 11; L08_B_3); L09_B_2); L09_Ü1_(1); L10_B_3)_a), L11_B_1_2); L12_B_2)_a); L15_B_2)_c), Ü3_(3)

fáhre (> abfahren) L13_B_1_1)

fáhren (> abfahren) L13_B_1_1)

fáhrt (> fahren) L09_B_2)

fährt (> fahren) L09, 02, B_2); L11_Ü2_(1); L12_B_2)_d)

fährt (> abfahren) L13_Ü3_(1)

fährst (> fahren) L09_B_2), Ü1_(1)

Fáhrgast, der / die Fahrgäste 名，乗客 L12_B_2)_d)

Fáhrrad, das / die Fahrräder 名，自転車 L08_B_3); L11_Ü1_(3); L15_Ü3_(3)

Fáhrzeug, das / die Fahrzeuge 名，乗りもの L08, 11; L14, 13

fállen** 動，落ちる（s）L09_B_1)

fällt (< einfallen) L13, 05

falsch 形・副，間違えた，誤った L10_Ü1_(5)

Famílie, die / die Familien 名，家族 L03_Ü1_(6)

fángen** 動，〔4 を〕つかまえる L09_B_1)

fánge (> fangen) L09_B_1)

fangt (> fangen) L09_B_1)

fäng (> fangen) L09_B_1)

fängst (> fangen) L09_B_1)

fantástisch 形・副，すばらしく L07, 08

Fárbe, die / die Farben 名，色 L07_Ü1_(3)

Fassáde, die / die Fassaden 名，建物正面 L06, 09

fássen 動，〔4 を〕つかむ L02_B_1_9)_b)

Fástnacht, die / - 名，ファスナハト L13, 09

féiern 動，〔4 を〕祝う L13, 09

féiert (> feiern) L13, 09

Feind, der / die Feinde 名，敵 L14, 09; L15, 08

Féinden (> Feind)

Feld, das / die Felder 名，耕地，フィールド L04_B_2

féminin / feminín 形・動，女性名詞の L04_

B_1_1)
Fénster, das / die Fenster 名，窓 L08_B_1)_e), 4); L10_Ü1_(4); L12_Ü2_(1)
Férienwohnung, die / die Ferienwohungen 名，休暇用貸し住まい L14_Ü1_(1)
Fértigstellung, die / die Fertigstellungen 名，完成 (< fertig stellen) L08, 16
fértig 形・副，できた，終わった L03_Ü1_(7), Ü2_(2)
Fest, das / die Feste 名，祭り L13, 07
Fésten (> Fest) L13, 07
Féstmahl, das / die Festmahle 名，祝宴 L06, 07
früh 形・副，早く L10_B_2), 3)_a); L13_B_1_2); L15_B_2)_a), Ü1_(6)
für 前 4，～のために L03, 02; L05_B_1_3); L06, 03, 05, 07; L08, 02, B_1)_a); L10, 02; L12, 00, 01, 08; L13, 00, 01, 02; L15, 04, 12, B_2)_a), Ü1_(4);
fúhren[1] 動，〔zu 3 に〕通じる，至る L07, 10; L08_Ü1_(2); L12, 13
fúhren[2] 動，〔4 を〕営む L12, 11
führt (> führen[1]) L07, 10; L08_Ü1_(2); L12, 13
Fíeber, das / die Fieber 名，熱 L05_Ü4_(2)
Film, der / die Filme 名，映画 L11_B_1_3)_a)
Fílmmusèum, das / die Filmmuseen 名，映画博物館 L10, 01
fínden* 動，〔4 を〕〔… だと〕思う L09, 07; L11_Ü3_(2)
fínden* 動，〔4 を〕見つける L01_B_4)_c); L02_B_1_9)_a); L11_Ü3_(2); L14, 01, 03; L15, 08
fínden*, sich[4] 再動，ある，見られる L15, 08
fíndet (> finden) L14, 03; L15, 08
Fírma, die / die Firmen 名，会社 L08_B_3)
fíx und fértig 慣用句，つかれきった，完全にやられた L03_Ü1_(7)
fléißig 形・副，勤勉な，一生懸命な L15_Ü3_(1)
flíegen* 動，飛ぶ，飛んでいく L02, 01
flíehen* 動，〔vor 3 から〕逃れる，逃げる L15, 08
flíeht (> fliehen) L15, 08
flíeßend 形・副，流ちょうに L09_Ü2_(2)
Flug, der / die Flüge 名，フライト L08_B_2)_c)
Flúghafen, der / die Flughäfen 名，空港 L02, 00; L11_Ü2_(1)
Fluss, der / die Flüsse 名，川 L07, 18; L08, 05; L09, 05, 07
flússàbwärts 副，川下に L15, 08
flússàufwärts 動，川上に L09, 03; L14, 01
Folklóregègenstand, der / die Folkloregegenstände 名，フォークロア・オブジェ L13, 10
Folklóregègenstände (> Folkloregegenstand) L13, 10
Fórschung, die / die Forschungen 名，研究 L07_Ü2_(3)
fort- 分離前綴り L13_B_1_3)
Fótos, das / die Fotos 名，写真 L04_B_2
fotografíeren 動，〔4 を〕写真に撮る L05_Ü2_(1)
Fráchter, der / die Frachter 名，貨物船 L07, 18; L09, 02; L14, 13; L15, 02
frágen 動，〔4 に〕〔nach 3 を〕尋ねる，質問する L06_B_1_2); L08_Ü2_(2); L11_B_3_2); L12, 01
frágen, sich[4] 再動，自問する L12, 01
fráge (> fragen) L11_B_3_2)
fragt (> fragen) L08_Ü2_(2)
Fráge, die / die Fragen 名，問い，質問 L13_B_2_3); L15, 04（in Frage kommen 問題となる）
Fránke, der / die Franken 名，フランケン人 L15, 08
Fránkenfurt 名，フランケン人を救った浅瀬 L15, 08
Fránkfurter 名，フランフルトの L10, 11; L11, 04, 10; L12, 10

Fránkfurt 都市名，フランクフルト（・アム・マイン）L02, 04, 05, 06, 24; L03, 01; L05, 02, 07, 08; L06, 01, 06; L07, 19; L08, 08, 10; L09, 03; L10, 04, 14; L11, 10, B_3_2); L12, 13; L13_Ü3_(3); L15, 07, 08

Franz, Franz Joseph II. 固有名詞，皇帝フランツ・ヨーゼフ二世（1786-1835）L06, 08

Franzö́sisch 名，フランス語 L05_B_4_2)

Frau, die / die Frauen 名，女性，妻 L04_Ü1_(3); L10_B_3)_b); L12_Ü1_(6)

Frau 名，～さん L02_B_2_1)_b)_β); L03_Ü1_(3), (4), Ü2_(3); L05_Ü4_(5)

Frémdsprache, die / die Fremdsprachen 名，外国語 L15_Ü1_(5)

fremd 形・副，見知らぬ，よその，馴染みがない L13, 07, 08

frémde (> fremd) L13, 07

fréuen, sich[4] 再動，〔auf 4 を〕楽しみにしている L13_B_2)_b); L14_B_1)_a), Ü2_(1), (2)

fréuen, sich[4] 再動，〔über 4 を〕喜ぶ L14_Ü2_(2)

fréue (> freuen) L14_B_1)_a), 2)_a), Ü2_(1), (2)

freust (> freuen) L14_B_1)_a)

Fréut mich. 慣用句，よろしく（おねがいします）。L05, 06, 07

Freund, der / die Freunde 名，友人（男性）L13_B_2_1)

Fréunde (> Freund) L13_B_2_1)

Fréundin, die / die Freundinnen 名，友人（女性）L11, 09

froh 形，〔über4 に〕喜んでいる，うれしい L03_B; L05, 07

Frucht, die / die Früchte 名，果物 L01_B_4)_d)

frǘher 形・副，かつて，むかし L02, 04; L06, 02, 06; L07, 19; L09_B_2), 3)_a); L10, 04;

Frǘhstück, das / die Frühstücke 名，朝食 L03, 05; L04, 00

frǘhstücken 動，朝食をとる L04, 16

Frǘhstücksbuffèt, das / die Frühstücksbuffets 名，朝食ビュッフェ L04, 01, 05

fǘhlen, sich[4] 再動，自分のことを～だと感じる L14_B_3)_a); L14_Ü1_(8)

fǘhle (> fühlen) L14_B_3)_a

fünf 基数，5 L01_B_5)_a)

fünft- 序数，5 番目の L01_B_5)_b)

fǘnfundzwànzig 基数，25 L01_B_5)_a)

fǘnfundzwànzigst- 序数，25 番目の L01_B_5)_b)

fǘnfzehn 基数，15 L01_B_5)_a)

fǘnfzehnt- 序数，15 番目の L01_B_5)_b)

fǘnfzig 基数，50 L01_B_5)_a)

fǘnfzigst- 序数，50 番目の L01_B_5)_b)

Funktión, die / die Funktionen 名，役割，機能 L13, 07

Furt, die / die Furten 名，浅瀬 L15, 08

Fuß, der / die Füße 名，足 L02_Ü3_(1); L15_Ü3_(3)

Fúßball, der / die Fußbälle 名，サッカー L04_Ü1_(4)

Fúßballspieler, der / die Fußballspieler 名，サッカー選手 L07_B_2_2)

Fúßgänger, der / die Fußgänger 名，歩行者 L08, 02, 11

Fúßgängerbrücke, die / die Fußgängerbrücken 名，歩行者用の橋 L08, 14

G

Gábel die / die Gabeln 名，フォーク L04, 08, 10, B_1_1); L04_Ü2_(4)

ganz 形・副，完全に，全く L13, 03; L15, 04

gánzen (> ganz) L13, 03

gar 副，全然～ない L03_Ü1_(5); L04, 03; L07, 18; L15, 02, 04

gä́ren 動，発酵する L01_B_1)_b)_[ɛ:]

Gárten, der / die Gärten 名，庭 L04_B_2; L05_

Gemäldesàmmlung, die / die Gemäldesammlungen 名，絵画コレクション L10, 12

Geméinsamkeit, die / die Gemeinsamkeiten 名，共通点 L13, 10

Gemüse, das / die Gemüse 名，野菜 L07, 04, 07

gemütlich 形・副，心地よく，快適に，くつろいで L04, 16

genáu 副，まさに，そのとおり；正確に，厳密に L11, 08; L12_Ü1_(5)

geradeáus 副，まっすぐに L05_B_1_4)

geráde 副，ちょうど，まさに L05, 07; L09, 02, 08

Gerät, das / die Geräte 名，器具 L13_Ü2_(1)

Germanístin, die / die Germanistinnen 名，ドイツ学専攻学生（女性）L10, 06

Germanístinnen (> Germanistin) L11, 06

gérn(e) 副，よろこんで，～するのが好きだ L02_Ü2_(1), Ü3_(3); L05, 12, Ü2_(3), (4); L06_Ü2_(4); L09_Ü1_(4); L15, 13

Geschénk, das / die Geschenke 名，贈り物，プレゼント L06_B_2_1), 2); Ü1_(1); L11_Ü3_(3); L12_Ü2_(4)

Geschénke (> Geschenk) L06_Ü1_(1)

Geschíchte, die / die Geschichten 名，歴史，物語 L06_B_2_1), 3); Ü3_(3), Ü4_(1); L11_B_3_2), Ü2_(3); L14, 04, 07

Geschwíster, das / die Geschwister 名，兄弟姉妹 L05_Ü5_(1)

Geséllschaft, die / die Gesellschaften 名，社会 L01_B_4) _b); L10, 05

gespánnt 形・副，〔auf 4 に〕わくわくしている L05, 08

Gestált, die / die Gestalten 名，姿 L14, 04, 13

géstern 副，昨日 L05_B_2_1)

Gesúndheit, die / - 健康 L15_B_2)_a)

Getränke, das / die Getränke 名，飲み物，飲料 L15_B_1)_a)

Getréide, das / die Getreide 名，穀物 L09, 03

Gewässer, das / die Gewässer 名，河川 L07, 19

gewínnen* 動，〔4 を〕獲得する，得る；〔über 4 に〕勝つ L06_Ü2_(2); L15_Ü4_(3)

gewínnt (> gewinnen) L06_Ü2_(2)

Gewürzhändler, der / die Gewürzhändler 名，香辛料輸入業者 L10, 11; L11, 04

gibst (> geben) L06_B_2_2); L09_ B_4), Ü2_(3)

gibt (> geben) L09_B_4); L10, 10; L11, 02, 04; L15, 08, 11

gibt (> aufgeben) L15_Ü1_(3)

Gíersch (> Museum Giersch) L10, 02

Gípfel, der / die Gipfel 名，頂上 L01_B_3); L07_Ü1_(3)

Glas, das / die Gläser 名，コップ L04, 11, 12, B_1_1), Ü4_(3)

gláuben 動，思う L11_B_5

gleich 形・副，同じ，すぐに L14, 16

Goéthe, Johann Wolfgang 固有名詞，ヨーハン・ヴォルフガンク・ゲーテ（ドイツ作家；1749-1832）L10, 14; L11, 06

Graz 都市名，グラーツ L01_B_1)_a)_δ)

Grénzbeamte, der/die / die Grenzbeamten 名，入国審査官（男性）L02, 08, 10, 12, 14, 15

Grénzbeamter (> Grenzbeamte) L02, 10, 12, 14, 17

Grénzbeamtin, die / die Grenzbeamtinnen 名，入国審査官（女性）L02, 19, 21, 23, 25, 26

Grímm, Gebrüder Grimm 固有名詞，グリム兄弟 L15, 08

Grímms (> Grimm) L15, 08

groß 形・副，大きい L04, 12, 13; L07, 03, 05; L08_B_2)_c)

Größen (> groß) L06, 08; L15, 05

Gróßstadt, die / die Großstädte 名，大都市 L05, 08; L11_B_3_2)

grün 形・副，緑の L07_Ü1_(3)

Grund, der / die Gründe 名，（川）底 L09, 02

grűnden 動，〔4 を〕設立する L08, 14
grúselig 形・副，ぞっとする L13, 08
gut 形・副，良く，上手に，OK L02, 05, 07, 15; L04, 06, B_1_2); L05, 04, 05, B_2_2), Ü3_(4), (5); L06_Ü4_(2); L07, 13, 16, B_2_2); L10_B_3)_a); L11_Ü2_(2), Ü3_(2); L13, 06; L15_B_2)_a)
gúte (> gut) L02, 17
Gúten Tag! 慣用表現，こんにちは L02, 09

H

Háar, das / die Haare 名，髪の毛 L01_B_1)_b)_[a:]
háben 動，〔4 を〕持っている L04, 03; L05, 09, 10, B_1_2)_b), 3, Ü4_(1), (3), (4), (5), Ü5_(1), (2), (3); L07, 15; L10, 09, Ü2_(1); L11_B_3_2); L13, 06, 07, 10, Ü1_(3); L15, 12, B_2)_b), e), Ü2_(2)
hábe (> haben) L04, 03; L05_B_1_2)_b), 3, 4_3), Ü4_(1), (3), Ü5_(1), (2); L08_B_3); L11, 09, B_1_3)_a), 4; L13, 06
hábe (> vorhaben) L13_Ü1_(3); L15_B_2)_c)
habt (> haben) L05, 09; L15, 12
Hállo 慣用表現，こんにちは L02, 18, 19; L03, 02; L05, 06, 07
hálten** 動，〔4 を〕保つ，停車する L09_B_1)
hält (> halten) L09_B_1); L14, 15
hältst (> halten) L09_B_1)
halt 副，まさに L09, 07
Hand, die / die Hände 名，手 L01_B_3); L04_B_2
Hä́nde (> Hand) L05_B_1_1), L7_B_1_1); L11_B_1_1)
Hä́nden (> Hand) L06_B_1_1); L11_B_1_1)
Hándelshaus, das / die Handelshäuser 名，商家 L11, 10
Hándelshauses (> Handelshaus) L11, 10
Hä́ndler, der / die Händler 名，商業者 L07, 04; L08, 14
hä́ngen* 動（s），掛かっている L06, 08; L08_Ü1_(5)
hä́ngen 動，〔4 を〕掛ける L08_Ü1_(4); L09, 05
hä́nge (> hängen) L08_Ü1_(4)
hängt (> hängen) L08_B_4); L09, 05
Hans 固有名詞，男性の名前 L15_B_2)_d)_γ)
hárren 動，辛抱する L01_B_1)_b)_[a]
Háse, der / die Hasen 名，ウサギ（swm）L11_B_2
hast (> haben) L05_B_3, 4_3), Ü4_(1); L09, 08; L11_B_3_2), 4; L15, 03, Ü4_(1); L09, 08, L15, 03, B_2)_e), Ü1_(4)
hat (> haben) L05_B_3, Ü4_(2), Ü5_(3); L06_B_2_1), Ü2_(3); L07_B_1_1), 3), Ü1_(1); L08, 10, B_1)_c); L14, 05
hátte (> haben) L15, 04
Haus, das / die Häuser 名，家 L01_B_2), L04_B_2, Ü4_(1); L07_Ü1_(1); L08_ B_2)_c), Ü3_(1); L09_Ü2_(1); L11_B_1_3)_b)
Háuse (> Haus) L03_Ü1_(2); L12_Ü1_(6), Ü3_(2); L15_B_2)_d)_β), Ü4_(2)
Háuses (> Haus) L07_Ü1_(1)
Háuse, nach Hause 慣用句，家へ L12_Ü3_(2)
Háuse, zu Hause 慣用句，家で L03_Ü1_(2); L12_Ü1_(6); L15_Ü4_(2)
Héidelberg 都市名，ハイデルベルク L14, 19; L15, 03
Héimat, die / die Heimaten 名，故郷（の町，村）L13, 10（複数形が使われることはない）
Héimatmuseen (> Heimatmuseum) L13, 08
Héimatmuseum, das / die Heimatmuseen 名，郷土博物館 L13, 08
Héimatstadt, die / die Heimatstädte 名，故郷の町 L15, 03
Héinrich (> Tischbein, Johann Heinrich Wilhelm) 固有名詞，ヨハン・ハインリヒ・ヴィ

hundert Milliónen 名，一億 L01_B_5)_c)
húndertachtundneunzigtàusend 基数，198 000 L01_B_5)_c)
húnderttàusend 基数，十万 L01_B_5)_c)
húndert 基数，100 L01_B_5)_c)
Húnger, der / - 名，空腹 L04, 03; L05_Ü4_(3)
hű́ten 動，〔4 を〕大事にする，守る，番をする L01_B_1)_b)_[y:]
Hű́tte, die / die Hütten 名，小屋 L01_B_1)_b)_[ʏ]

I

ich 人称代名詞，1 人称単数，私は L01_B_1); L02, 13, 20, 22, B_1_1), Ü1_(1), (3), Ü2_(1), Ü3_(1); L03, 03, B, Ü1_(1), (7); L04, 03, 04; L05, 06, 07, 08; L05_B_1_2)_b), 3), 4), 2_2), 3), 4_1), 2), Ü1_(1), (2), (3), (4), Ü2_(3), (4), Ü4_(1), Ü5_(1), (2); L06_B_1_2)_b), 4), 2_1), 2), Ü1_(4), Ü2_(1), Ü4_(1); L07, 08, B_1_4), 2_2), Ü1_(3); L08_B_1)_b), d), e), 2)_a), b), 3), Ü2_(1); L09, 07, B_1), 2), 3), 4), 6), Ü1_(1), (3), (4), (5), (6); L10_B_1), 2), 3)_a), Ü1_(1), Ü2_(1); L11, 09, B_1_2), 3), 3_2), 4, Ü3_(3); L12_B_1), 2), 2)_c), Ü1_(1), (2), (4), (6), Ü2_(5), Ü3_(2); L13, 09, B_1_1), 2), 2_1), Ü1_(2), Ü2_(1), Ü3_(1); L14_B_1)_a), b), 2)_c), b), 3)_a), b), Ü1_(2), (3), (4), (6), (7), (8), Ü2_(1), (2), (3); L15_B_2)_b), c), d), Ü1_(2), Ü2_(1),
Idée, die / die Ideen 名，アイデア L05_Ü4_(4)
ihm (> er) 人称代名詞，3 人称単数，男性 3 格（＝ er の 3 格形），彼／それに L06_B_1_1), 2_1), Ü2_(2), (4); L11_B_1_1)
ihm (> es) 人称代名詞，3 人称単数，中性 3 格（＝ es の 3 格形），それに L06_B_1_1); L11_B_1_1)
ihn (> er) 人称代名詞, 3 人称単数, 男性 4 格（＝ er の 4 格形），彼／それを L05_B_1_1), Ü2_(2); L06_B_1_1); L08_Ü1_(3); L11_B_1_1); L12_Ü1_(4)
Íhnen (> Sie) 人称代名詞, 2 人称敬称, 3 格（＝ Sie の 3 格形），あなた（方）に L01_1)_b); L06_B_2_3); L13_Ü3_(2)
íhnen (> sie) 人称代名詞, 3 人称複数, 3 格（＝ sie の 3 格形），彼・彼女ら／それらに L06_B_1_1), 2_1), Ü2_(1); L11_B_1_1)
ihr 人称代名詞, 2 人称複数親称, 1 格, 君たち・あんたたちは L02_B_1, Ü1_(2); L03_B, Ü1_(5), Ü2_(1), (2) ; L05, 09, B_2_3), 3, Ü3_(2), Ü4_(4); L09_B_1), 2), 3), 4), 6); L10_B_1); L11, 06; L13_Ü1_(3); L14_B_1)_a), b); L15, 12
ihr (> sie) 人称代名詞，3 人称単数，女性 3 格（＝ sie の 3 格形），彼女／それに L06_B_1_1), Ü2_(3); L11, 09, B_1_1)
ihr ... 所有冠詞, 3 人称単数女性, 男性 1 格（見出し語形），彼女／それの／自分の～が L11_B_1_3)_b), Ü1_(6); L14, 02
ihr ... 所有冠詞，3 人称複数，男性 1 格（見出し語形），彼ら・彼女ら／それらの／自分らの～が L11_B_1_3)_b)
ihr ... 所有冠詞，3 人称複数，中性 4 格，彼・彼女ら／それら／自分らの～を L12, 11
Ihr ... 所有冠詞，2 人称敬称，男性 1 格（見出し語形），あなた（方）の～は L11_B_1_3)_b)
íhre ... (> ihr ...) 所有冠詞，3 人称単数女性，女性 1 格，彼女／その／自分の～が L11_Ü1_(例); L14, 04
íhre ... (> ihr ...) 所有冠詞，3 人称単数女性，女性 4 格，彼女／その／自分の～を L11_B_1_3)_b)
íhre ... (> ihr ...) 所有冠詞，3 人称単数女性，

複数 4 格，彼女／その／自分の〜らを L06, 03

íhre ... (> ihr ...) 所有冠詞，3 人称複数，複数 1 格，彼・彼女／それらの／自分らの〜らが L11_Ü1_(8); L12, 05, 09

Íhre ... (> ihr ...) 所有冠詞，2 人称親称，女性 1 格，あなた（方）の〜が L11_Ü1_(5)

íhren ... (> ihr ...) 所有冠詞，3 人称単数女性，男性 4 格，彼女／それの／自分の〜を L14, 16

íhren ... (> ihr ...) 所有冠詞，3 人称複数，男性 4 格，彼・彼女ら／それらの／自分らの〜を L11, 10

íhren ... (> ihr ...) 所有冠詞，3 人称複数，複数 3 格，彼・彼女ら／それらの／自分らの〜に L11_B_1_2)

Íhren ... (> ihr ...) 所有冠詞，2 人称敬称，男性 4 格，あなた（方）の〜を L13_B_2_2)

íhrer ... (> ihr ...) 所有冠詞，3 人称単数女性，女性 3 格，彼女／それの／自分の〜に L14, 04

íhrer (> sie) 人称代名詞，3 人称単数，女性 2 格（= sie の 2 格形）L07_B_1_1), 2_1); L11_B_1_1)（現代ドイツ語ではほぼ用いられない）

íhrer (> sie) 人称代名詞，3 人称複数，2 格（= sie の 2 格形）L07_B_1_1), 2_1); L11_B_1_1)（現代ドイツ語ではほぼ用いられない）

Íhrer (> Sie) 人称代名詞，2 人称敬称，2 格（= Sie の 2 格形）（現代ドイツ語ではほぼ用いられない）L07_B_2_3)

in 前 3/4，〜の中で / へ L02, 03, 04, 05, 10, 12, 17, 22, 24, Ü2_(3); L03, 01; L04, 09, Ü3_(2); L05, 02, 05, 07, 08; L06, 01, 02, 05, 08; L07, 05, 07, 08, 15, 18, 19; L08, 07, 08, B_1)_d), 4), Ü1_(1); L09, 05, 06, 07; L10, 02, 04, 08, 09, 10; L10_Ü1_(3); L12, 05, 09, 13, Ü3_(3); L13, 02, 05, 07, 08, 09, 10, Ü1_(2), Ü3_(1), (3); L14, 04, 12, 19; L15, 02, 03, 04, 07, 08（※全例は網羅せず）

im (> in dem) L03, 00, 01, 05; L04, 01; L08_B_1)_e), 4); L11, 05; L14, 03, 13, 15, 17, Ü1_(1); L15_B_1)_a),

ins (> in das) L08_B_1)_e), 4); L13_B_1_2); L14, 02; L15_B_2)_d)_β), e), Ü1_(4)

ímmer 副，いつも L09, 09, Ü1_(3); L11, 09; L12_B_2)_d), Ü1_(6); L14, 06

indém 従接，〜することによって L12_B_2), Ü1_(5)

Indiáner, der / die Indianer 名，インディアン（北アメリカ原住民）L13, 05

Industrialisíerung, die / die Industrialisierungen 名，工業化 L08, 07

Industríematerìal, das / die Industriematerialien 名，工業材料 L09, 03

Industríematerìalien (> Industriematerial) L09, 03

Informatiónsstand, der / die Informationsstände 名，案内所 L12_Ü2_(2)

Initiatíve, die / die Initiativen 名，イニシャティヴ L08, 13

ínnen 副，中で L01_B_1)_b)_[i]

Ínsel, die / die Inseln 名，島 L02, 02

Institút, das / die Institute 名，研究所 L10, 12

interessánt 形，おもしろい，興味深い L11_Ü3_(1)

interessíeren, sich[4] 再動，〔für A に〕興味・関心がある L14_B_2)_a), 4); L14_Ü1_(4)

interessíeren 動，〔4 に〕興味を持たせる L14_B_4)

interessíere (> interessieren) L14_B_2)_a), Ü1_(4)

interessíert (> interessieren) L14_B_4)

ist (> sein) L03, 02, 03, 05, B, Ü1_(3), (6); L04, 05, B_1_1), Ü1_(1), (2), Ü2_(1), (4), Ü4_

Júngmann 固有名詞，姓 L03_Ü1_(6)

jung 形，若い L10_B_3)_b)

Jǘrgen 固有名詞，男性の名前 L06_B_2_3); L07_B_1_1); L11, B_1_3)_b), Ü1_(6), (7)

Juríst, der / die Juristen 名（swm），法律家 L09_Ü1_(6)

K

Káiser, der / die Kaiser 名，皇帝 L06, 08

Káisern (> Kaiser) L06, 08

Káisersaal, der / die Kaisersäle 名，皇帝の間 L06, 07

Káiserstatue, die / die Kaiserstatuen 名，皇帝像 L06, 09

Káiserwahl, die / die Kaiserwahlen 名，皇帝選挙 L06, 06

Kǟlte, die / - 名，寒さ L07_B_1_3)

kann (< können) L10, 05, 06, B_1), 3)_a), b), Ü2_(3); L11, 03; L12, 03, 07, 12; L13, 02, 07; L14, 09; L15_Ü2_(1)

kannst (> können) L10_B_1), Ü1_(2)

kapútt 形・副，壊れた L07_Ü1_(2); L09, 05

kapútt|gehen* 動，壊れる L09, 05

Kárin 固有名詞，女性の名前 L07_B_2_2); L11_B_1_3)_b); L12_Ü2_(例)

Kárl den Großen (> Karl der Große) L15, 06

Kárl der Große 固有名詞，カール大帝 L06, 08; L15, 06

Kárlsbrücke 名，カール橋（ハイデルベルク）カレル橋（プラハ）L14, 19; L15, 03

Kárte, die / die Karten 名，ハガキ，チケット L06_Ü3_(2); L11_B_3_2)

Kǟse, der / die Käse 名，チーズ L01_B_1)_b), L04, 14

Kásse, die / die Kassen 名，レジ L01_B_1)_b)

Katholík, der / die Katholiken 名（swm），カトリック教徒 L11, 10

Katholíken (> Katholik) L11, 10

Kátze, die / die Katzen 名，ネコ L08_B_4)

Kátzen (> Katze) L08_B_4)

káufen 動，〔4 を〕買う L12_Ü2_(4); L15_B_1)_a)

Káufmannsfamilie, die / die Kaufmannsfamilien 名，商家 L11, 10

kaum 副，ほとんど～ない L10, 06

Kehl 都市名，ケール L01_B_1)_a)_β)

kein ... 否定冠詞，男性 1 格（見出し語形）L05_B_4_3); L11_B_1_3)_a)

kein ... 否定冠詞，中性 1 格 L11, 03; L15, 04

kein... 否定冠詞，中性 4 格 L05_Ü4_(2), (5); L15_Ü3_(2)

kéine ... (> kein ...) 否定冠詞，3 人称単数，女性 1 格 L11_B_1_1), 3)_a)

kéine ... (> kein ...) 否定冠詞，3 人称単数，女性 4 格 L05_Ü4_(4); L11_B_1_3)_a); L13, 06

kéine ... (> kein ...) 否定冠詞，3 人称複数，1 格 L07, 18

kéine ... (> kein ...) 否定冠詞，3 人称複数，4 格 L05_Ü5_(3); L09, 06

kéinen ... (> kein ...) 否定冠詞，3 人称単数，男性 4 格 L05, 10, B_4_3), Ü4_(1), (3), Ü5_(2); L11_B_1_1), 3)_a)

kéinen ... (> kein ...) 否定冠詞，3 人称複数，3 格 L06_B_1_1)

kéiner ... (> kein ...) 否定冠詞，3 人称複数，2 格 L07_B_1_1)

kéiner 否定代名詞，3 人称単数，男性 1 格（見出し語形）L11_B_4

kéine (> keiner) 否定代名詞，3 人称単数，女性 4 格 L11_B_4

Kéllner, der / die Kellner 名，ウエイター L06_Ü2_(4)

Késllnerin, die / die Kellnerinnen 名，ウエイトレス L06_B_1_2), Ü4_(3)
kénnen# 動，〔4 を〕知っている L02, 5; L05, 07, B_2_2), Ü3_(1), (2), (3), (4), (5); L06_Ü2_(1); L07_2_2); L11, 06, Ü2_(3)
kénne (> kennen) L05, 07, B_2_2),
kennst (> kennen) L05_B_2_2); L07_B_2_2)
kennt (> kennen) L02, 07; L05_B_2_3), Ü3_(1), (2), (4)
Kiel 都市名，キール L01_B_1)_a)_α)
Kind, das / die Kinder 名，子ども L04_B_2; Ü1_(4); L05_Ü2_(1), Ü4_(5); L06_B_1_2)_b), 2_1), Ü1_(1), (4); L07_1_3); L11_B_1_2), Ü1_(6), Ü2_(3); L14_Ü1_(3)
Kínder (> Kind) L07_B_1_3), L14_Ü1_(3)
Kíndern (> Kind) L06_B_2_1), 2), Ü1_(1); L11_B_1_2)
Kínderbetrèuung, die / die Kinderbetreuungen 名，保育 L14_B_2)_b)
Kíno, das / die Kinos 名，映画館 L15_B_2)_e)
Kírche, die / die Kirchen 名，教会 L05_B_1_2)_a)
klar 形・副，はっきりした，もちろん L03, 04; L07, 06
Klaus 固有名詞，男性の名前 L02_Ü1_(3)
Kléinstadt, die / die Kleinstädte 名，小都市 L07, 06
klein 形・副，小さな L07_Ü1_(1)
klíngen* 動，鳴る，聞こえる L12, 02
klingt (> klingen) L12, 02
Klínke, die / die Klinken 名，ドアノブ L07_Ü1_(2)
klópfen 動，叩く，ノックする L06_B_1_4)
klópfe (> klopfen) L06_B_1_4)
Knábe, der / die Knaben 名，童 L10, 10
Kóblenz 都市名，コーブレンツ L11, 10
Kófferraum, der / die Kofferräume 名，トランク L07_B_1_5)
Kohl, die / die Kohlen 名，石炭 L09, 03
Kóhle (> Kohl) L09, 03
Köln 都市名，ケルン L01_B_1)_b)_[œ]
Koloniálherr, der / die Kolonialherren 名，植民地支配者 L12, 07
Koloniálherren (> Kolonialherr) L12, 07
Koloniálherrschaft, die / die Kolonialherrschaften 名，植民地支配 L10, 06
Koloníe, die / die Kolonien 名，植民地 L12, 06, 10, 12; L13, 04, 05, 07
Koloníen (> Kolonie) L12, 06, 12; L13, 04, 05, 07, 10
kómisch 形・副，奇妙な，おかしい，変だ L09, 06
kómmen* 動，来る L02, 02, 06, B_1_2), 2_1)_a), b)_α); L04, 17, Ü1_(3); L05_B_4_1); L08, 01, 08; L12, 05, B_1), Ü2_(0), (3), (5), (6), Ü3_(1); L13, 02, 03, 05, Ü3_(3); L14_Ü1_(7); L15, 04, Ü1_(1)
kómme (> kommen) L05_B_4_1); L12_B_2)_d), Ü2_(5); L14_Ü1_(7)
kommt (> kommnen) L02, 02, 08, B_1_2), 2_1)_a), b)_β); L04, 17, Ü1_(3); L08, 01, B_4); L11_B_3_2); L12_B_2)_c), Ü2_(1), (3), (6); L15, 04, Ü1_(1)
kommt (> ankommen) L13, 05, Ü3_(3)
Kommunikatión, die / die Kommunikationen 名，コミュニケーション L10, 02
Kő nig, der / die Könige 名，国王 L01_B_1)_b)_[œ:]
Kő nigswahl, die / die Königswahlen 名，国王選挙 L06, 06
kő nnen# 話法助動詞，〜できる L01_B_1)_b)_[œ]; L10_B_1), Ü1_(2), (3), (5), Ü3_(1); L12_Ü2_(5), Ü3_(1); L14, 09, 13; L15_B_2)_a), b), Ü4_(2)
kónnten (> können) L12_2)_d)
kósten 動，値段がする L04_B_1_2)

kóstet (> kosten) L04_B_1_2)
krank 形・副，病気の L10_B_3)_b)
Kréuzer, der / die Kreuzer 名，クロイツァー（通貨単位）L08, 16
Krieg, der / die Kriege 名，戦争 L06, 02
Krítiker, der / die Kritiker 名，批評家 L11_B_1_2), Ü3_(2)
Kühn 固有名詞，姓 L03_Ü1_(3)
Kúli, der / die Kulis 名，ボールペン L05_B_4_3)
Kultúr, die / die Kulturen 名，文化 L12, 09; L13, 05, 10
Kultúren (> Kultur) L12, 09; L13, 05, 10
kǘmmern, sich[4] 再動，〔um 4 の〕世話をする，面倒を見る L14_Ü1_(3)
kǘmmere (> kümmern) L14_Ü1_(3)
Kúnst, die / die Künste 名，芸術 L10, 01; L14_Ü1_(4)
Kúnsthandwerk, das / die Kunsthandwerke 名，工芸品，芸術手工業 L10, 01
Kúnstinstitùt, das / die Kunstinstitute 名，芸術研究所 L10, 02, 09, 11
kǘnstlich 形・副，人工的に L01_B_4)_c)
Kúnstobjèkt, das / die Kunstobjekte 名，芸術作品 L13, 07
Kúnstobjèkte (> Kunstobjekt) L13, 07
kurz 形・副，短い，すぐ L14, 11; L15, 04
Kyushu 地域名，九州 L02, 02

L

láden** 動，〔4 を〕積む L09_B_2)
lädst (> laden) L09_B_2)
lädt (> laden) L09_B_2)
Láge, die / die Lagen 名，状況，置かれた立場 L14_B_2)_c)
Lámpe, die / die Lampen 名，照明灯 L08_B_4)
Land, das / die Länder 名，国，州 L13, 08
lánden 動，着陸する L02, 05, B_1_9) _a)
lándet (> landen)
Lándschaft, die / die Landschaften 名，景色，地形 L07, 06
Lándwirt, der / die Landwirte 名，農家 L07, 07
Lándwirte (> Landwirt) L07, 07
Lándwirtschaftsprodùkt, das / die Landwirtschaftsprodukte 名，農産物 L09, 03
Lándwirtschaftsprodùkte (> Landwirtschaftsprodukt) L09, 03
lánge 副，長く L02, 14; L05, 07, B_2_3)
lángsam 形・副，ゆっくり L10_B_3)_a); L13_Ü_(3)
Lärm, der / - 名，騒音 L01_B_1)_b)_[ɛ]
lássen** 動，〔4 に〕〔不定詞〕させる L09, 05
lässt (> lassen) L09, 05
láufen** 動，走る L09_B_2); L10_Ü2_(2)
läufst (> laufen) L09_B_2)
läuft (> laufen) L09_B_2)
láuter 副，～ばかり L13, 02
Lébensmittel, das / die Lebensmittel 名，食料品 L07, 04
lében 動，生活している L08_B_1)_b); L12, 08
légen 動，〔4 を〕置く L08_Ü3_(2)
legt (> legen) L08_Ü3_(2)
Léhrer, der / die Lehrer 名，教師（男性）L06_B_1_2)
leicht 形・副，簡単に，軽い L04_B_1_1); L05_Ü1_(3); L08_B_1)_a); L12, 03; L15_B_2)_b), Ü1_(5), Ü2_(1)
léider 副，残念ながら L05_Ü4_(1), (4); L14, 19
Léipzig 都市名，ライプツィヒ L02_Ü2_(3)
léise 形・副，小さな声で L12_B_2)_d)
Lenz 固有名詞，姓 L02_B_2_1)_a), b)_α)
lérnen 動，〔4 を〕学ぶ L02_Ü1_(1); L05_B_1_3), 4_2); L10_B_2); L15_B_2)_d)_α)
lérne (> lernen) L02_Ü1_(1); L05_B_1_3), 4_2);

L10_B_2); L15_B_2)_d)_α)
lernst (> lernen) L02_Ü1_(1)
lésen** 動，〔4 を〕読む L05_Ü1_(1), Ü2_(3); L09_B_4), Ü1_(3)
lése (> lesen) L05_Ü1_(1), Ü2_(3),
letzt 形，最後の L06, 08; L11_B_3_2)
létzten (> letzt) L06, 08; L11_B_3_2)
Líebe, die / die Lieben 名，愛 L05_Ü1_(2)
líeben 動，〔4 を〕愛している，好きだ L12_Ü1_(3)
Líebespaar, das / die Liebespaare 名，カップル L09, 05
Líebesschloss, das / die Liebesschlösser 名，愛の南京錠 L09, 05, 06, 07, 08, 09
Líebesschlösser (> Liebesschloss) L09, 05, 08
Líebighaus, das 固有名詞, リービクハウス（フランクフルト古彫像博物館）L10, 02
líegen* 動，ある，横たわっている L05_B_2_1); L07, 19; L08_Ü3_(3)
liegt (> liegen) L05_B_2_1); L07, 19
liest (> lesen) L09_Ü1_(3)
Línie, die / die Linien 名，路線 L11_Ü2_(1)
links 副，左に L07, 10, 11
Líppe, die / die Lippen 名，唇 L01_B_4)_c)
Lö́ffel, der / die Löffel 名，スプーン L01_B_1)_b)_[œ]
lóhnen, sich^{4} 再動，甲斐がある L15_Ü1_(6)
lohnt (> lohnen) L15_Ü1_(5)
Lombardéi, die 地域名，ロンバルディア地方（イタリア）L11, 10
los- 分離前綴り L13_B_1_3)
Los, das / die Lose 名，くじ L01_B_3)
löst (> auflösen) L09, 05
Lúcas (> Cranach der Ältere, Lucas) 固有名詞，ルカス・クラーナッハ・シニア（ドイツ画家；1472-1553）L10, 14
lústig 形・副，愉快な L01_B_3)
Lust 名，〜する気持ち L11_B_1_3)_a); L15, 12, B_2)_e), Ü1_(4)

M

máchen 動，〔4 を〕する L02, 12, 19; L07, 12; L08_B_1)_d); L13, 08; L14, 09
máche (> machen) L08_B_1)_d)
mag (> mögen) L10_B_1), 3)_a), b), Ü1_(5)
magst (> mögen) L10_B_1)
Magdalénenhòchwasser, das 固有名詞，マグダレーネ大洪水 L14, 07
Máin, der マイン河 L01_B_2); L02, 4; L07, 19; L08, 07, B_3); L09, 02; L10, 14; L14, 12; L15, 08, 10
Máinbrücke, die / die Mainbrücken 名，マイン河に掛かる橋 L14, 19
Máin-Hafen, der / die Main-Häfen 名，マイン港 L09, 03
Máin-Ufer, das / die Main-Ufer 名，マイン河畔 L07, 10, 11, 12, 16, 17; L08, 01; L10, 01, 04, 13
Mainz 都市名，マインツ L07, 19
Mal, das / die Male 名，回 L14, 08
malen 動，〔4 を〕描く L05_B_1_2)_b)
mal 副，ちょっと L09, 02, Ü1_(4), Ü2_(3); L11, 09; L13, 09; L14, 08; L15, 12
man 不定代名詞 L08, 01, 05; L09, 05, 06, Ü2_(1); L10, 01, 04, 05, 06, 09, 11; L11, 10, B_3_1); L12, 01, 03, 04, 07, 12, Ü1_(5); L13, 02, 07, 09; L14, 09, 11; L15_B_2)_b), Ü1_(5), (6), Ü2_(1)
máncher ... 定冠詞類, 男性 1 格（見出し語形），かなりの〜が L11_B_1_2)（格語尾変化パターンは dieser 参照）
mánche ... (> mancher ...) 定冠詞類，複数 1 格，かなりの〜が L11_B_1_2); L11_Ü3_(2)

mánche (> mancher) 名，かなりの人々が・を L11_B_5

mánches (> mancher) 名，かなりのことが・を L11_B_5

Mann, der / die Männer 名，男性 L10_B_3)_b); L15_Ü3_(2)

Mánnheim 都市名，マンハイム L07, 19

Mántel, der / die Mäntel 名，コート L06_Ü1_(2); L09_Ü1_(2); L11_Ü1_(6), Ü2_(2)

Märchen, das / die Märchen 名，メルヒェン L11, 10

Märchensàmmlungen (> Märchensammlung) L11, 10

Märchensàmmlungen, die / die Märchensamm-lungen 名，メルヒェン集 L11, 10

Márktplatz, der / die Marktplätze 名，マルクト広場 L07, 04, 05

Marmeláde, die / die Marmeladen 名，マーマレード，ジャム L04, 15

März, der / die Märze 名，3 月 L10, 11; L14, 11

Maschíne, die / die Maschinen 名，飛行機 L02, 05

Máske, die / die Masken 名，仮面 L13, 08, 09

Másken (> Masken) L13, 08, 09

máskulin / maskulín 形，男性名詞の L04_B_1_1)

Máß, das Maß / die Maße 名，程度 L01_B_1)_1)_a)_ε)

Materiálkultùr, die / die Materialkulturen 名，物質文化 L13, 07

Maut, die / die Mauten 名，通行料 L08, 16

Meer, das / die Meere L09_Ü1_(1); L12_B_2)_a)

mehr (> viel) L05_Ü5_(3); L09, 05; L12, 04; L14, 13, 19

mehr 副，より多く L05_Ü5_(3); L09, 05; L12, 04; L14, 13, 19

méhrere 形，いくらかの L10, 01; L11, 02; L14, 05

mein ... 所有冠詞，1 人称単数，男性 1 格（見出し語形），私の～が L03, 02; L05_B_1_1), 4_3); L11_B_1_1), 3)_b), Ü1_(例), Ü3_(3); L12_B_1), Ü_(3)

mein ... 所有冠詞，1 人称単数，中性 1 格，私の～が L11_B_1_1), Ü1_(3)

méine ... (> mein ...) 所有冠詞，1 人称単数，女性 1 格，私の～が L11_B_1_1), 3)_b); L12_Ü1_(6)

méine ... (> mein ...) 所有冠詞，1 人称単数，女性 4 格，私の～を L11_B_1_1)

méine ... (> mein ...) 所有冠詞，1 人称単数，複数 1 格，私の～が L11_B_1_1)

méine ... (> mein ...) 所有冠詞，1 人称単数，複数 4 格，私の～を L11_B_1_1); L13_B_2_1)

méinem ... (> mein ...) 所有冠詞，1 人称単数，男性 3 格，私の～に L11_B_1_1); L11_Ü3_(3)

méinem ... (> mein ...) 所有冠詞，1 人称単数，中性 3 格，私の～に L11_B_1_1)

méinen ... (> mein ...) 所有冠詞，1 人称単数，男性 4 格，私の～を L11_B_1_1); L12_B_2)_d); L13_Ü3_(2)

méinen ... (< mein ...) 所有冠詞，1 人称単数，複数 3 格，私の～に L11_B_1_1)

méiner ... (> mein ...) 所有冠詞，1 人称単数，女性 3 格，私の～に L11_B_1_1); L15, 03

méiner ... (> mein ...) 所有冠詞，1 人称単数，女性 2 格，私の～の L11_B_1_1)

méiner ... (> mein ...) 所有冠詞，1 人称単数，複数 2 格，私の～の L11_B_1_1)

méiner (> ich) 人称代名詞，1 人称単数，2 格（＝ ich の 2 格形），私の（現代ドイツ語ではほぼ用いられない）L07_B_2_3)

méines ... (> mein ...) 所有冠詞，1 人称単数，男性 2 格，私の～の L11_B_1_1)

méines ... (> mein ...) 所有冠詞，1 人称単数，

mǘde 形・副，疲れた L03_Ü2_(1); L04, 02

Mǘhe, die / die Mühen 名，苦労，尽力 L01_B_1)_b)_[y:]; L14_Ü2_(3)

Mǘller 固有名詞，姓 L03_Ü2_(3)

Mǘnchen 都市名，ミュンヘン L12, 13

mǘnden 動，合流する，流れ込む L07, 19

mǘndet (> münden) L07, 19

Mǘnze, die / die Münzen 名，貨幣 L05_Ü1_(4)

Muséum , das / die Museen 名，博物館 L10, 01, 02, 03, 04, 05, 08; L11, 02, 03, 04; L12, 00, 01, 05; L13, 00, 01, 02, 05, 10

Museum Gíersch 固有名詞，ギーアシュ（地域芸術）博物館 L10, 02

Muséen (> Museum) L10, 01, 03, 04, 05, 09; L11, 02; L13, 02, 10

Muséumsgebȁude, das / die Museumsgebäude 名，博物館の建物 L10, 13

Muséumsstifter, der / die Museumsstifter 名，博物館寄贈者 L11, 04

Muséumsstifters (> Museumsstifter) L11, 04

Muséumsufer, das / - 固有名詞，博物館河畔 L10, 00, 04; L11, 00, 01, 02

Musík, die / die Musiken 名，音楽 L14_B_2)_a), 4)（複数形で使われることは希）

mǘssen# 話法助動詞，〜しなければならない；〜に違いない L10_B_1), 3), Ü1_(1), Ü2_(2); L15_B_2)_a), b), Ü2_(3)

muss (< müssen) L10_B_1), 3)_a), b), Ü_(1); L12, 01; L14, 08, 09; L15_B_2)_b), Ü2_(2)

musst (< müssen) L10_B_1), 3)_a)

müsst (< müssen) L10, 06, B_1), L11, 06

Mútter, die / die Mütter 名，母親 L05_Ü2_(1); L11_Ü1_(例)

Mǘtze, die / die Mützen 名，帽子 L11_Ü1_(5)

N

Na dann 慣用表現，それなら，では L02, 26

Na ja 慣用表現，うん，まあ L09, 09

nach- 分離前綴り L13_B_1_3)

nach 前 3，〜へ，〜の後で，〜によれば L02, 01, 02, 03; L06, 02; L07, 09, 10, 11, 13, 15; L08, 16, 17, B_1)_b), 2)_c), Ü2_(2); L10, 01, 06, 08, 09, 10, B_3)_a); L11, 06, 08, 09, 10; L12_Ü3_(2); L14, 16; L15, 04, 08（nach 後置）, B_2)_c), Ü1_(1)

Náchricht, die / die Nachrichten 名，ニュース L12_B_2)_d)

Náchschub, der / die Nachschübe 名，勢力拡大，援軍，追加 L11, 10

Nacht, die / die Nächte 名，夜 L05_B_1_4)

nachts 副，夜に L01_B_3)

nackt 形・副，裸の L01_B_4)_d)

nah 形・副，近い L07_Ü1_(3)

Namahage 固有名詞，なまはげ L13, 08

Náme, der / die Namen 名（swm），名前 L03, 02, 03; L09, 05; L10, 11; L11, 02, 04, 10; L11_B_1_3)_b); L12, 03; L15, 08, B_2)_b)

Námen (> Name) L10, 05, 11; L15, 08, B_2)_b)

Námensänderung, die / die Namensänderungen 名，名称変更，名前の変更 L12, 13

natǘrlich 形・副，もちろん，自然の L10, 03

Natúrreservàt, das / die Naturreservate 名，自然保護区 L11_B_3_2)

nébeneinànder 副，互いに横に並んで L10, 01

nében 前 3/4，〜の隣で / へ L08_B_1)_d), 4), Ü1_(3); L11, 10

nebst 前 3，〜に並んで L01_4)_d

Néckar, der / - 固有名詞，ネッカー河 L07, 18, 19; L14, 19; L15, 03

Néckar-Brücke, die / die Neckar-Brücken 名，ネッカー河にかかる橋 L09, 06, 07; L15, 02

néhmen** 動，〔4 を〕取る L09_B_4); L09_Ü1_(5); L11_B_1_2); L13_Ü1_(2)
néhme (> nehmen) L09_Ü1_(5)
néhme (> teilnehmen) L13_Ü1_(2)
Nein 間，いいえ L02, 12, 22, B_2_1)_b)_α); L03_Ü1_(5); L04, 03, 09; L05, 10, B_4_3), Ü4_(1), (2), (3), (4), (5); L11, 04, B_1_2), 4
nénnen# 動，〔4 を〕〔4 と〕よぶ，名付ける L10, 04
nennt (> nennen) L10, 04
nett 形・副，親切な L03_Ü1_(3), (4), (6); L06_Ü2_(4); L12_Ü1_(3)
neu 形・副，新しい L04_B_1_1), 2); L14, 14; L15, 04
Néue (> neu) L14, 14
Néubau, der / die Neubauten 名，新設 L14, 16
néugierig 形・副，好奇心のある L06_B_2_1)
neun 基数，9 L01_B_5)_a)
neunt- 序数，9 番目の L01_B_5)_b)
néunundzwànzig 基数，29 L01_B_5)_a)
néunundzwànzigst- 序数，29 番目の L01_B_5)_b)
néunzehnhundertfünfundàchzig 西暦，1985 年 L01_B_5)_c)
néunzehn 基数，19 L01_B_5)_a)
néunzehnt- 序数，19 番目の L01_B_5)_b)
néunzig 基数，90 L01_B_5)_a)
néunzigst- 序数，90 番目の L01_B_5)_b)
neutrál (n) 形，中性名詞の L04_B_1_1)
Níchtraucher-Zìmmer, das / die Nichtraucher-Zimemr 名，禁煙ルーム L03, 05
nicht 否定 L03_Ü1_(5); L04, 03; L05_B_4_1), 2); L06_Ü2_(1); L07, 05, 15, 18; L09, 02, 05, 07; L10, 03, 07, 10, B_3)_a), Ü1_(7), Ü2_(2); L11, 10, B_1_2); L12, 04, 05, 07, 13, B_2), 2)_d), Ü1_(1), (4), Ü2_(6); L13, 03, 09, 10; L14, 08, 12, 18, 19; L15, 02, 04, 11, B_2)_b), Ü1_(5), Ü2_(3)
níemand 否定代名詞 L08_B_4), L09, 05
nimmst (> nehmen) L09_B_4), Ü1_(5)
nimmt (> annehmen) L14_B_2)_b)
nimmt (> nehmen) L09_B_4), L13_B_2)_c)
noch 副，まだ L01_B_3); L03_Ü1_(5), Ü2_(3); L04, 02, B_1_1); L05, 10, Ü2_(2); L06, 04, Ü2_(1); L07_Ü1_(3), Ü2_(1); L09, 08, B_3)_a), b); L10, 06; L11_B_1_3)_a), b), B_3_2, 4, Ü1_(6); L12, 12; L13, 02, 07, 09; L15_B_2)_b), Ü2_(2)
Nórdamèrika, das / - 地域名，北アメリカ L13, 05
Nórdamèrikas (> Nordamerika) L13, 05
null 基数，0 L01_B_5)_a)
nun 副，さて，今や L01_B_1)_b)_[ʊ]
nur noch 慣用句，かろうじて，もう～しかない L11_B_3_2)
nur 副，しか～ない，～だけ L02, 10; L04, 03; L06, 02; L07, 18; L11_B_3_2); L12, 12, 13; L13, 10; L14, 15
Nutélla, der/das/die / - 登録商標，ヌテラ L04, 15

O

óben 副，上に・で L14, 13; L15, 02
Objékt, das / die Objekte 名，対象物，展示品，展示物 L10, 06; L12, 07; L13, 10
Objékte (> Objekt) L12, 07; L13, 10
Óbst, das / - 名，果物 L07, 04, 07
obwóhl 従接，～にもかかわらず L12_B_2), Ü3_(3)
ob 従接，～かどうか L12_B_2), 2)_c), Ü2_(3)
óder 並接，または，でしょ？ L09, 02, 03, 08; L11, 10; L12_B_1); L13, 05; L14, 08, 11, 19
Ófen, der / die Öfen 名，オーブン L01_B_1)_b)_[o:]
óffen 形・副，開いた L01_B_1)_b)_[o]

ö́ffnen 動，〔4 を〕開ける L10_Ü1_(4)
ö́ffnen, sich[4] 再動，開く L14_B_3)_b), Ü1_(5)
oft 副，しばしば L01_B_1)_b)_[o]; L09, 05; L14, 04
Oh 間，おお，あっ L02, 21
óhne 前 4，～なしに L02, 21; L08_B_1)_a); L09, 09; L15, 11, B_2)_d), Ü3_(2), Ü4_(2)
óhne ... zu 慣用表現，～することなしに L15_B_2)_d)_γ), Ü3_(2), Ü4_(2)
óhne dass 従接，～することなしに L08_B_1)_a); L15_B_2)_d)_γ)
Ohr, das / die Ohren 名，耳 L01_B_1)_b)_[o:]
Ok 慣用表現，オーケー L03, 03, 04
Öl, das / die Öle 油 L01_B_1)_b)_[ö:]
optimístisch 形・動，楽観的な L13_B_2)_c)
Ort, der / die Orte 名，場所 L01_B_1)_b)_[o]
Oshima 固有名詞，大島 L02, 02
Ozeánien, das / - 地域名，オセアニア L13, 05

P

Paar, das / die Paare 名，ペア，カップル L09, 05, 08
Páare (> Paa) L09, 08
Pakét, das / die Pakete 名，小包 L06_B_2_3), Ü3_(4)
Park, der / die Parks 名，公園 L08_Ü1_(1); L12_Ü3_(3)
párken 動，駐車する L10_B_3)_a), Ü1_(7)
Pártner, der / die Partner 名，パートナー（男性）L09, 08
Pártnerin, die / die Partnerinnen 名，パートナー（女性）L09, 08
Party, die / die Partys 名，パーティーL15_Ü3_(2)
Pass, der / die Pässe 名，パスポート L02, 16, 25; L03, 02
pássen (> ánpassen) L14, 17
passíeren 動，通る，通過する L14, 13
Pásskontròlle, die / die Passkontrollen 名，パスポート審査 L02, 08
péndeln 動，通う L08, 07, 08; L15_Ü4_(2)
perfékt 形・副，完璧に L15_Ü1_(5)
Persón, die / die Personen 名，人 L11, 10
Péter 固有名詞，男性の名前 L02_Ü3_(2); L05_B_2_2); L06_B_2_2); L07_B_2_2); L12_B_2)_b), L13_Ü1_(1)
Pétra 固有名詞，女性の名前 L02_Ü1_(4); L12_B_2)_c)
Pfeil, der / die Pfeiler 名，支柱 L14, 05
pflánzen 動，〔4 を〕植える L07, 07
Plan, der / die Pläne 名，プラン，計画，予定 L05, 09, 10; L11_B_1_3)_b); L12_Ü1_(2); L13_Ü3_(2); L15_Ü1_(3)
Plástik, die / die Plastiken 名，彫塑，彫刻L10, 02
Platz, der / die Plätze 名，場所，広場，スペース L07, 03, 05, 18, B_1_2)
Plátzes (> Platz) L07_B_1_2)
plausíbel 形・副，信憑性がある，説得力がある，もっともらしく聞こえる L15, 11
plúral (pl) 形，複数名詞の L04_B_1_1)
Polizíst, der / die Polizisten 名，警察官（swm）L11_B_2
Portrā́tbild, das / die Porträtbilder 名，肖像画 L06, 08; L11, 06
Pracht, die / - 名，繁栄 L06, 04
Prag 都市名，プラハ L14, 19
práktisch 形・副，事実上 L13, 03, 05
Preis, der / die Preise 名，値段，代償，賞 L06_Ü2_(2)
primitív 形・副，原始的に L12, 08
Prioritā́t, die / die Prioritäten 名，優先 L15, 04
Privátgesellschaft, die / die Privatgesellschaften 名，民間会社 L08, 15
probíeren 動，〔4 を〕試す，やってみる L15, 12

Projékt, das / die Projekte 名，プロジェクト L13_Ü1_(1)
Proveníenzforschung, die / die Provenienzforschungen 名，出自調査 L10, 08
pro 副，～ごとに，～につき L07, 04
Prűfung, die / die Prüfungen 名，試験 L05_B_1_3); L15_Ü3_(1)
pűnktlich 形・副，時間正確に L02_B_2_1)_a); L13_Ü3_(3)
pútzen 動，〔4 を〕磨く L12_Ü1_(1)
putze (> putzen) L12_Ü1_(2)

Q

quer 形・副，斜めに L01_B_3)

R

Rábe, der / die Raben 名，カラス（swm）L11_B_2
ráten** 動，〔3 に〕〔4 を〕助言する L09_B_2); L15_Ü1_(2)
ráte (> raten) L15_Ü1_(2)
rätst (< raten) L09_B_2)
rät (> raten) L09_B_2)
Ráthaus, das / die Rathäuser 名，市庁舎 L06, 01, 04, 05, 07, 09; L07, 01, 02, 03, 05; L15_Ü1_(3)
Raub, der / die Raube 名，強奪 L12, 07（複数形が使われるのは希）
réchnen 動，計算する L02_B_1_9) _a)
rechts 副，右に L07, 10; L10, 01
recht 形・副，正しい L15, 03 (recht haben 正しい)
réden 動，しゃべる L02_B_1_9) _a); L02_Ü1_(4)
rédet (> reden) L02_Ü1_(4)
Regál, das / die Regale 名，棚 L08_B_4), Ü1_(3)
Régensburg 都市名，レーゲンスブルク L14, 19
Región, die / die Regionen 名，地域 L10, 02
régnen 動，（es regnet の形で）雨が降る L10_Ü2_(3); L12_Ü3_(3)
réichhaltig 形・副，盛りだくさんの L04, 05
reich 形，豊かな，お金持ちの L10_B_3)_b)
réisen 動（s），旅行する L02, 03, 21, B_1_9)_b); L11, 09
réise (> reisen) L02, 13, 20, 22
Réise, die / die Reisen 名，旅行 L02, 17; L11, 06, 08
Réiseleiterin, die / die Reiseleiterinnen 名，ツアーガイド L04, 17
Reservíerung, die / die Reservierungen 名，予約 L03, 03
Restauránt, das / die Restaurants 名，レストラン L03, 05; L08_B_1)_c); L12_B_1); L15_B_2)_d)_β)
rétten 動，〔4 を〕救う L15, 08
rétten, sich[4] 再動，救われる L15, 08 (cf. L14_B_3)_a))
Rhein, der 固有名詞，ライン河 L07, 19; L11, 10
Rhéin-Máin-Gégend, die / die Rhein-Main-Gegende 名，ライン・マイン地域 L06, 05
Rhéinmärchen, das / die Rheinmärchen 名，ライン川流域に伝わるメルヒェン L10, 10
Rituál, das / die Rituale 名，儀式 L13, 07, 08
Rituálen (> Ritual) L13, 07
Rolf 固有名詞，男性の名前 L05_B_3
Rólle, die / die Rollen 名，役割 L14, 09
Román, der / die Romane 名，（長編）小説 L05_Ü1_(1)
Romántiker, der / die Romantiker 名，ロマン派詩人 L11, 10
romántisch 形・副，ロマンチックな L09, 06
Rőmer 固有名詞，レーマー広場 L05, 11; L06, 00, 01, 02, 04; L07, 00, 01, 02; L08, 01

Rótsandstein, der / die Rotsandsteine 名，赤色砂岩 L06, 05

Róttweil 都市名，ロットヴァイル L13, 09

rot 形・副，赤い L01_B_3)

rǘber 副，むこうへ L08, 05

Rǘcken, der / die Rücken 名，背中 L08_B_4)

rúfen* 動，叫ぶ L10_Ü1_(2)

rufst (> anrufen) L10_Ü1_(2)

Ruíne, die / die Ruinen 名，廃墟 L11 07

S

Saal, der / die Säle 名，ホール，広間 L06, 07

Sáchse, der / die Sachsen 名（swm），ザクセン人 L15, 08, 10,

Sáchsen (= Sassen) 歴史用語，市民権を持たない市民 L15, 11

Sáchsen (> Sachse) L15, 10, 11

Sàchsenháusen 地名，（フランクフルト）ザクセンハウゼン L08, 07; L10, 14; L15, 10, 12

Ságe, die / die Sagen 名，伝説 L15, 08

ságen 動，言う L01_B_3); L06_Ü1_(3); L10, 06; L12_Ü2_(5), Ü3_(1); L15, B_2)_c), Ü3_(2)

sagt (> sagen) L15_Ü3_(2)

Salz, das / die Salze 名，塩 L09_Ü2_(3)

sámmeln 動，〔4 を〕集める，収集する，コレクションする L05_Ü1_(4)

sámmle (> sammeln) L05_Ü1_(4)

Sámmlung, die / die Sammlungen 名，コレクション L10, 14; L11, 04

Sássen (= Sachsen) 歴史用語，市民権を持たない市民 L15, 11

Satz, der / die Sätze 名，文 L15_Ü2_(1)

sáuber 形・副，きれいな，清潔な L04_B_1_1); L12_Ü1_(1)

Scháden, der / die Schäden 名，被害 L14, 06, 08

scháden 動，〔3 に〕害になる L09, 07

schádet (> schaden) L09, 07

scháu mal 慣用表現，見て！ L09, 02

Schau, die / die Schauen 名，見物，ショー L12, 10

Schau, zur Schau stellen 慣用句，見せる L12, 10

scháuen 動，〔4 を〕見る L09, 02

Schéidung, die / die Scheidungen 名，離婚 L09, 07

Schéidungen (> Scheidung) L09, 07

Schéidungsrate, die / die Scheidungsraten 名，離婚率 L09, 08

schénken 動，〔3 に〕〔4 を〕プレゼントする，贈る L06_B_2_2), Ü2_(2); L11_B_1_2)

schenkst (> schenken) L06_B_2_2)

schícken 動，〔3 に〕〔4 を〕送る L06_B_2_3), Ü3_(4)

schickt (> schicken) L06_B_2_3), Ü3_(4),

Schiff, das / die Schiffe 名，船 L09, 03

Schíffe (> Schiff) L09, 03

Schínken, der / die Schinken 名，ハム L04, 14

Schíri, der / die Schriris (< Schiedsrichter) 名，審判 L07_B_1_2)

Schirm, der / die Schirme 名，傘 L05_B_3; L11_Ü1_(8)

Schírme (> Schirm) L11_Ü1_(8)

schláfen** 動，眠っている L09_B_2); L10_Ü1_(6)

schláfe (> schlafen) L10_Ü1_(6)

schläft (> schlafen) L08_B_4)

schlágen** 動，〔4 を〕打つ，殴る L09_B_2)

schlägt (< vorschlagen) L13_Ü1_(1)

schlecht 形・副，悪い，悪く，よく～ない L13_Ü2_(2)

Schloss, das / die Schlösser 名，城 L04_Ü3_(1); L09, 04, 05

Schlö́sser (> Schloss) L09, 04

Schlǘssel, der / die Schlüssel 名，鍵 L05_B_2_1);

L09, 05, 07; L12, 08
Schlǘsseln (> Schlüssel) L09, 07
schmécken 動，〔3 に〕味がする L04, 06; L07, 07, 08, 13
schméckt (> schmecken) L07, 08, 13
Schmidt 固有名詞，姓 L02_B_2_1)_b)_β)
Schnee, der / die Schnee 名，雪 L08_Ü1_(1)
Schnees (> Schnee) L08_Ü1_(1)
schnéiden* 動，〔4 を〕切る L04_B_1_2)
Schnéider 固有名詞，姓 L03_Ü1_(4)
schnell 形・副，速く L02_Ü1_(4); L10_Ü2_(2); L12_B_2)_d)
Schokoláde, die / die Schokoladen 名，チョコレート L11_Ü1_(4)
schon 副，もう L01_B_3), L02_B_2_1)_b)_α); L05, 03, 07, 09, B_1_2)_a), 2_3), Ü3_(1), (2), (3); L07, 14, Ü1_(4); L08, 11; L12, 02, Ü2_(4); L13, 06, 08
schräg 形・副，斜めに L11, 07
schrécklich 形・副，ものすごく L03_Ü1_(6)
schréiben* 動 ,〔4 を〕書く L01_B_4)_c); L05_Ü1_(2); L06_Ü3_(1), (2); L11_B_1_2); L15_Ü2_(2)
schréibe (> schreiben) L05_Ü1_(2); L11_B_1_2)
schreibt (> schreiben) L06_Ü3_(1),
schréibe (> aufschreiben) L12_Ü1_(4)
Schríftsteller, der / die Schriftsteller 名，作家 L11, 10
Schuld, die / die Schulden 名，借金，借金の意味では常に複数形 L05_Ü5_(3)
schúldig 形・副，責任がある L14_Ü1_(8)
Schúlter, die / die Schultern 名，肩 L06_B_1_4)
Schutt, der / - 名，瓦礫 L06, 02
schǘtteln 動，〔4 を〕揺する L02_B_1_5)
schǘtzen 動，〔4 を〕護る L14, 09
schǘtzen, sich[4] 再動，〔自分を〕〔vor 3 から〕護る L14, 09
Schwárzwald, der / - 地名，シュヴァルツヴァルト L13, 09
schwer 形・副，重い L04_B_1_2)
Schwéster, die / die Schwestern 名，姉妹 L05_B_3, Ü5_(1); L06_B_1_1); L07_B_1_1), 2_2)
schwǿren, sich[3] 再動，〔4 を〕誓う L09, 05
schwört (> schwören) L09, 05
séchshundertdreiundsìebzig 基数，673 L01_B_5)_c)
sechs 基数，6 L01_B_3), 5)_a)
sechst- 序数，6 番目の L01_B_5)_b)
séchsundzwànzig 基数，26 L01_B_5)_a)
séchsundzwànzigst- 序数，26 番目の L01_B_5)_b)
séchzehn 基数，16 L01_B_5)_a)
séchzehnt- 序数，16 番目の L01_B_5)_b)
séchzig 基数，60 L01_B_5)_a)
séchzigst- 序数，60 番目の L01_B_5)_b)
See, der / die Seen 名，湖 L01_B_4)_d)
séhen** 動，〔4 が〕見える L05, 03; L08_Ü3_(1); L09_B_4), Ü2_(1); L10, 05; L13, 02; L15, 07
séhe (> sehen) L09_B_3)
seht (> sehen) L09_B_4)
séhen (> aussehen) L13, 06, 09
séhr gut 慣用表現，とてもよく L02, 07; L07_2_2)
sehr 副，非常に L02, 5; Ü1_(4), Ü2_(1); L03_Ü1_(3); L04_Ü1_(2), Ü4_(1); L05_B_2_2), Ü1_(1), (3); L06_Ü2_(4), Ü4_(2); L07, 03, 06, 19, B_2_2); L08, 12; L09, 03; L10, 10, 11; L11, 10, B_1_2), Ü2_(2), Ü3_(2); L12_Ü1_(3); L13, 06
seid (> sein) L03_B, Ü1_(5), Ü1_(5), Ü2_(1), (2); L10, 06;
sein ... 所有冠詞，3 人称単数男性・中性 , 男性 1 格（見出し語形），彼の／その／自

分の～が L11_B_1_3)_b)
sein ... 所有冠詞，3 人称単数男性，中性 1 格，彼の／その／自分の～が L11_Ü1_(7)
sein ... 所有冠詞，3 人称単数男性，中性 4 格，彼の／その／自分の～を L11_B_1_3)_b)
séine ... (> sein ...) 所有冠詞，3 人称単数男性，女性 1 格，彼の／その／自分の～が L11, 10; L15, 07
séine ... (> sein ...) 所有冠詞，3 人称単数男性，女性 4 格，彼の／その／自分の～を L10, 12; L11, 08
séine ... (> sein ...) 所有冠詞，3 人称単数男性，複数 1 格，彼の／その／自分の～が L11, 10
séine ... (> sein ...) 所有冠詞，3 人称単数中性，複数 1 格，彼の／その／自分の～が L11_Ü1_(9)
séinem ... (> sein ...) 所有冠詞，3 人称単数男性，男性 3 格，彼の／その／自分の～に L10, 11
séinem ... (> sein ...) 所有冠詞，3 人称単数男性，中性 3 格，彼の／その／自分の～に L10, 11
séinen ... (> sein ...) 所有冠詞，3 人称単数中性，男性 4 格，彼の／それ／自分の～を L09, 05; L15, 12
séinen ... (> sein ...) 所有冠詞，3 人称単数男性，複数 3，彼の／その／自分の～に格 L11, 08, 10; L15, 08
séiner ... (> sein ...) 所有冠詞，3 人称単数男性，女性 3 格，彼の／その／自分の～に L11, 06
séiner (> er) 人称代名詞，男性 2 格（＝ er の 2 格形）（現代ドイツ語ではほぼ用いられない）L07_B_1_1), 2_1); L11_B_1_1)
séiner (> es) 人称代名詞，中性 2 格（＝ es の 2 格形）（現代ドイツ語ではほぼ用いられない）L07_B_1_1), 2_1); L11_B_1_1)
sein** 動，～である L03_B; L03_Ü1, Ü2_(1), (2), (3); L04_Ü4_(1), (2), (3); L07_Ü2_(1), (2), (3); L10, 03, Ü1_(5); L11, 03, Ü1_(4), Ü3_(1); L10_Ü1_(5); L13, 06; L14, 08; L15_B_2)_b)
seit 前 3，～以来 L05, 07; L08, 10, B_1)_b); L10, 13, B_3)_b); L11, 10
Sekretärin, die / die Sekretärinnen 名，秘書（女性）L06_Ü1_(2); L11_B_1_3)_b)
sélber 副，自身で L07, 07
selbst 副，自身で；selbst ... 副，… でさえ L01_B_4)_d); L11, 10
séltsam 形・副，奇妙な L12, 02
Seméster, das / die Semester 名，学期 L05, 08
sétzen, sich⁴ 再動，腰を下ろす L14_Ü1_(6)
sétze (> setzen) L14_Ü1_(6)
sich 再代 4 格 L14, 09, 13, 17, 18, B_1)_a), 2)_b); L15, 08, B_2)_d)_γ), Ü1_(5), Ü3_(3)
sich 再代 3 L14_B_1)_b); L15_B_2)_b)
sícherlich 形・副，きっと，もちろん L09, 02
sícher 形・副，きっと，もちろん L04, 06; L09, 09; L11, 03, 06
sie 人称代名詞, 3 人称単数女性 1 格，彼女／それは L02_B_1_1), 2_1)_b)_β), Ü2_(3); L04_B_1_2), Ü2_(4), Ü4_(2); L05_B_2_1), Ü4_(5); L08, 03, 04; L11_B_1_1); L12, 11, Ü1_(3); L13, 07; L14, 03, 05, 06, 08, 09, 15, 16, 18, 19; L15, 05, Ü1_(1), Ü3_(1)
sie 人称代名詞，3 人称単数女性 4 格，彼女／それを L05_B_1_1), Ü2_(4); L11_B_1_1); L14, 09, 11
sie 人称代名詞，3 人称複数 1 格，彼・彼女ら／それらは L02, 03, 06, B_1_1); L04, 08, 13, 16, 17, L04_B_1_2), Ü4_(3); L05_B_1_1), 3; L07, 07; L09_B_1), 2), 3), 4), 6); L10_B_1); L11, 05, B_1_1); L12, 06, 08;

L13, 03, 04, 06; L14_B_1)_a), b)
sie 人称代名詞，3 人称複数 4 格，彼・彼女ら／それらを L02, 03, 06; L05_B_1_1), Ü2_(1); L11_B_1_1)
Sie 人称代名詞，2 人称敬称 1 格，あなた（方）は L02, 11, 12, 14, 19, 21, 23, B_1_1); L03, 03, 04, Ü1_(1); L05_B_1_4), 3, Ü5_(1); L09_B_1), 2), 3), 4), 6); L10_B_3)_a), Ü1_(7), Ü2_(2); L11_B_1_2), 3_2); L12_Ü2_(2), (5), Ü3_(1); L13_B_1_1); L14_B_1)_a), b); L15_Ü2_(3)
Sie 人称代名詞，2 人称敬称 4 格，あなた（方）を L05_B_2_3), Ü3_(3); L08_Ü2_(4); L13_Ü2_(2),
síebenundzwànzig 基数，27 L01_B_5)_a)
síebenundzwànzigst- 序数，27 番目の L01_B_5)_b)
síeben 基数，7 L01_B_5)_a)
siebt- 序数，7 番目の L01_B_5)_b)
síebzehn 基数，17 L01_B_5)_a)
síebzehnt- 序数，17 番目の L01_B_5)_b)
síebzehntàusend 基数，17 000 L01_B_5)_c)
síebzig 基数，70 L01_B_5)_a)
síebzigst- 基数，70 番目の L01_B_5)_b)
siehst (> sehen) L09, 04, B_4)
sieht (> sehen) L09, 06, B_4), Ü2_(1); L14, 19; L15, 02
sieht (> aussehen) L11, 03; L14, 19; L15, 02
Sílke 固有名詞，女性の名前 L05_Ü4_(2); L08_B_1)_b)
sind (> sein) L03, 02, 04, B, Ü1_(1), (4), (5), Ü2_(2), (3); L04, 07, 08, 11, 12, 14, B_1_2), Ü1_(4), Ü3_(1), Ü4_(3); L06_B_2_1); L07, 02, 18; L08_B_4); L09, 04, 05; L10, 03, 07; L11, 02, 05, 06, B_1_2), Ü1_(8), (9); L12_B_2)_d); L13, 03; L15, 02, 10, B_2)_b)
síngen* 動，歌う L02_Ü3_(3)
Sítte, die / die Sitten 名，しきたり L13, 07
Sítten (> Sitte) L13, 07
Sitz, der / die Sitze 名，席，所在地，拠点 L01_B_3), L10, 10
sítzen* 動，座っている L02_B_1_9)_b); L05_B_1_3); L08_B_2)_a); L11, 07
sítze (> sitzen) L08_B_2)_a)
sitzt (> sitzen) L11, 07
Sófa, das / die Sofas 名，ソファー L08_B_4)
sofórt 副，すぐに L15, 04, Ü1_(2)
sogár 副，それどころか L09, 08
sógenannt- 形，いわゆる L13, 05
sógeannten (> sógenannt-) L13, 05
Sohn, der / die Söhne 名，息子 L01_B_1)_b)_[œ:]; L07_1_5)
sólcher ... 定冠詞類，男性 1 格（見出し語形）そのような～が L11_B_1_2)（格語尾変化パターンは dieser 参照）
sólche ... (> solcher ...) 定冠詞類，複数 4 格，そのような～を L11_B_1_2)
sóllen# 話法助動詞，～すべきだ；～だそうだ L10_B_1), 3)_a), Ü1_(4); L13, 06
soll (> sollen) L10_B_1), 3)_b), Ü1_(4)
sollst (> sollen) L10_B_1)
sollt (> sollen) L10_B_1)
sóllte (> sollen) 話法助動詞 sollen の接続法 II 式基本形，～するのがよい L10, 09; L13, 10
sóllten (> sollte) L13, 10
sóndern 並接，そうではなくて L05_B_4_2); L12_B_1); L12, 04, 13; L13, 10
Sónne, die / die Sonnen 名，太陽 L01_B_3); L13_Ü2_(3)
Sónntag, der / die Sonntage 名，日曜日 L09_Ü1_(1)
sonst 副，さもなければ L09, 08
sórgen 動，〔für 4 を〕可能にする，配慮する L12_B_2)_d)
sórge (> sorgen) L12_B_2)_d)

sórgsam 形・副，丁寧に L01_B_4)_c)
Sórte, die / die Sorten 名，種類 L04, 14, 15
sowíe 並接，および，並びに（= und）L10, 05
so 副，そんなに，そのように L04, 06; L07, 05, 18; L09, 05; L13, 03, 09; L15, 02, 10
so 副，例えば，実際 L14, 05
Spánisch 名，スペイン語 L05_B_4_2)
spánnend 形・副，わくわくさせる L05_Ü1_(1), Ü2_(3)
Spárgel, der / die Spargel 名，アスパラ L07, 08
Spaß, der / die Späße 名，楽しみ L02, 26
spät 形・副，遅く L01_B_3); L12_B_2_d)
spä́ter 形・副，あとで L09_Ü1_(6)
Spazíergang, der / die Spaziergänge 名，散歩 L07, 12, 13, 15; L08_B_1)_d)
Spéisekarte die / die Speisekarten 名，メニュー，品書き L06_B_1_2), Ü4_(3)
Spiel, das / die Spiele 名，ゲーム L15_Ü4_(3)
spíelen 動，〔4 を〕プレーする，演じる L02_Ü2_(2); L04_Ü1_(4); L07_B_1_3); L14, 09
spielt (> spielen) L14, 09
Spíeler, der / die Spieler 名，プレーヤー L07_B_1_2)
Spíelzeug, das / die Spielzeuge 名，おもちゃ L06_B_2_2)
Spónsor, der / die Sponsóren 名，スポンサー L06_Ü2_(2)
Sponsóren (> Sponsor) L06_Ü2_(2)
Spórtler, der / die Sportler 名，スポーツ選手 L06_Ü2_(2)
Spráchkurs, der / die Sprachkurse 名，語学コース L13_Ü1_(2)
spréchen** 動，しゃべる L02, 09; L09_B_3), Ü2_(2), L10_B_3)_a); L12_B_2)_d)
spréche (> sprechen) L11, 09; L12_B_2)_d)
spréngen 動，〔4 を〕爆破する L14, 11
sprengt (> sprengen) L14, 11
Spréngung, die / die Sprengungen 名，爆破 L14, 15
spricht (> sprechen) L09_B_3), Ü2_(2), L11_B_1_3)_b); L12, 04
Spruch, der / die Sprüche 名，格言 L12_Ü1_(4); L14_Ü1_(2)
schön 形・副，すばらしい，美しい L04_B_1_2); L05, 03; L09, 07; L12_B_2)_a); L13, 06
Stä́bchen, das / die Stäbchen 名，箸 L04, 08
stabíl 形・副，安定した L14, 08
Stä́del Museum 固有名詞，シュテーデル美術館 L10, 09; L11, 04, 05
Stä́del, Johann Friedrich 固有名詞，ヨーハン・フリードリヒ・シュテーデル（貿易業者かつ絵画コレクター；1728-1816）L10, 11; L11, 04, 05, 10, 11
Stä́delsche (> Städelsch) L10, 02
Stä́delsch 形，シュテーデルの L10, 02, 08
Stadt, die / die Städte 名，町，都市 L01_B_3); L02, 07; L05_Ü5_(3); L06, 02, 03, 06, Ü2_(1); L07, 02, Ü2_(2); L08, 07, 08, 09, 17, B_1)_d); L09, 07; L12, 13, B_1); L13_B_2)_c); L14, 09, 12; L15, 04, 08, Ü1_(3)
Stä́dte (> Stadt) L12, 13
Stádtbesichtigung, die / die Stadtbesichtigungen 名，町の観光 L05, 08
Stádtkind, das / die Stadtkinder 名，その町の出身者 L11, 06
Stádtteil, der / die Stadtteile 名，町の部分，地区 L08, 07; L15, 10
stámmen 動，〔aus 3 に〕由来する，出身である L08, 06; L10, 06; L11, 10, B_1_2); L12, 06; L13, 04; L15, 04
stammt (> stammen) L10, 06; L11, 10, B_1_2); L15, 04
Stándpunkt, der / die Standpunkte 名，立場

L13_Ü3_(1)
Stúnden (> Stunde)
súchen 動，〔4 / nach 3 を〕探す L03, 03
súche (> suchen) L03, 03
sǘdlich 形・副，南の L13, 09
Südóstàsien, das / - 地名，東南アジア L13, 05
Súpermarkt, der / die Supermärkte 名，スーパーマーケット L07_Ü2_(1); L15_B_1)_a)
Súpermarkts (> Supermarkt) L07_Ü2_(1)
súper 副，すごい L07, 07
Sǘßigkeit, die / die Süßigkeiten 名，甘い食べ物 L07, 04
Sǘßigkeiten (> Süßigkeit) L07, 04
Symból, das / die Symbole 名，象徴，シンボル L07_Ü2_(2)

T

Tag, der / die Tage 名，日，昼間 L07, 14
Tágebuch, das / die Tagebücher 名，日記 L11, 08
Tágebücher (> Tagebuch) L11, 08
Tánte, die / die Tanten 名，叔母 L11_B_1_3)_b)
Tásche, die / die Taschen 名，バッグ L04_B_2; L05_Ü1_(3); L11_Ü1_(2)
Tásse, die / die Tassen 名，カップ L04, 11, 12; L08_B_4)
Tat, die / die Taten 名，行動 L01_B_1)_b)_[a:]
táusendneunundsiebzig 基数，西暦 1079 L01_B_5)_c)
táusend 基数，1 000 L01_B_5)_c)
Téchnik, die / die Techniken 名，技術 L01_B_3)
Tee, der / die Tees 名，紅茶 L01_B_1)_b); L02_Ü1_(2)
teil- 分離前綴り L13_B_1_3), Ü1_(3)
téil|nehmen** 動，〔an 3 に〕参加する L13_Ü1_(2)
Téilnehmer, der / die Teilnehmer 名，参加者 L11_B_1_2)
téilweise 副，部分的に L13, 06; L14, 05
Téller, der / die Teller 名，お皿 L04, 07, 10, B_1_1), 2), 2, Ü2_(3)
Ténnis, das / - 名，テニス L02_Ü2_(2)
Termín, der / die Termine 名，アポイントメント L05_Ü5_(2); L15_Ü4_(1)
Testamént, das / die Testamente 名，遺言 L10, 11
Text, der / die Texte 名，テキスト L01_B_3)
Theáter, das / die Theater 名，劇場 L15_Ü1_(4)
Théma, das / die Themen 名，テーマ L13_B_2_3)
thematisíeren 動，〔4 を〕テーマとする L05_Ü1_(2)
thematisíert (> thematisieren) L05_Ü1_(2)
Thése, die / die Thesen 名，テーゼ L15, 11
Thésen (> These) L15, 11
Thron, der / die Throne 名，玉座 L01_B_3)
tief 形・副，深い L09, 02
Tisch, der / die Tische 名，机，テーブル L04_B_2; L05_B_1_3); L08_B_4)
Tíschbein, Johann Heinrich Wilhelm 名，ヨハン・ハインリヒ・ヴィルヘルム・ティッシュバイン（ドイツ人画家；1751-1829） L10, 10
Tokyo 地名，東京 L02, 02
toll 形・副，すごい L15, 09
Ton, der / die Töne 名，音 L01_B_1)_b)_[o:]
Tourísmus, der / - 名，観光，ツーリズム L14, 18; L15, 04
Tourístenattraktiòn, die / die Touristenattraktionen 名，観光名所 L06, 01
traditionéll 形・副，伝統的に L14, 19
trágen** 動，〔4 を〕運ぶ L05_Ü1_(3); L09_B_2); L13, 09
trage (> tragen) L05_Ü1_(3),
trägt (< tragen) L09, 03
transportíeren 動，〔4 を〕運搬する L09, 03
tréffen** 動，〔4 に〕会う L09_B_3)

tréten** 動，踏む L09_B_4)
trínken* 動，〔4 を〕飲む L01_B_3); L02_Ü1_(2); Ü2_(1); L11_B_3_1)
trínke (> trinken) L02_Ü1_(2), Ü2_(1),
trinkt (> trinken) L02_Ü1_(2); L11_B_3_1)
Trínken, das / - 名，（お酒を）飲むこと L07, 14
Trínkgeld, das / die Trinkgelder 名，チップ L06_Ü2_(4)
trittst (< treten) L09_B_4)
tritt (< treten) L09_B_4)
trotz 前 2，～にもかかわらず L07_B_1_3); L08_B_1)_c), Ü1_(1); L09, 07
Tschéchien 国名，チェコ L04_B_1_2)
Tschüs! 慣用表現，バイバイ L02, 27
Tǘbingen 都市名，テュービンゲン L02, 04; L05, 08; L07, 05, 06, 07, 18, 19; L09, 06, L10, 09, L13, 09; L15, 02
Tuch, das / die Tücher 名，布 L01_B_3)
Túnnel, der / die Tunnel 名，トンネル L01_B_1)_b)_[ʊ]
tun** 動，〔4 を〕する L01_B_1)_b)_[u:]; L10_B _3)_a)
Tür, die / die Türen 名，ドア L01_B_1)_b)_[y:]; L06_B_1_3); L07_Ü1_(2); L08_B_4); L14_B_3)_b), Ü1_(5)
Tǘrke, der / die Türken 名，トルコ人 L01_B_1)_b)_[ʏ]
Tǘte, die / die Tüten 名，袋 L11_B_4
týpisch 形・副，典型的な L06, 05
Tyránn, der / die Tyrannen 名，暴君 L01_B_1)_b)_[ʏ]

U

über- 分離または非分離前綴り L13_B_2_3)
über- 分離前綴り L13_B_2_3)
überáll 副，至る所で L04_Ü3_(1); L13, 05
übergéhen* 動，〔4 を〕とばす L13_B_2_3)
ǘber|gehen* 動，移る，移行する L13_B_2_3)
übernéhmen** 動，〔4 を〕引き受ける，引き継ぐ，引き取る
übernímmt (< übernehmen) L10, 12
überprǘfen 動，〔4 を〕検証する，チェックする L12_Ü1_(5)
überprǘft (> überprüfen) L12_Ü1_(5)
überquéren 動，〔4 を〕渡る L15, 08
überquért (> überqueren) L15, 08
übertrágen** 動，〔3 に〕〔4 を〕移管する
überträ́gt (< übertragen) L08, 17
über 前 3/4，～の上方で / を超えて向こうに，～を経て L08, 05, 15, B_1)_d), 3), 4), Ü1_(4), (5); L09, 00; L10, 01, 10; L14, 12, 19, Ü2_(2), L15, 03
über 副，超える，以上 L11, 04
ǘbrigens 副，ところで，それはそうとして L05, 08, L08, 06; L09, 08; L11, 10
Úfer, das / die Ufer 名，岸 L01_B_1)_b)_[u:]; L07, 18
Uhr ～時 L03, 05; L13_B_1_1)
Uhr, die / die Uhren 名，時計 L01_B_1)_b)_[u:]; L03, 05; L04_B_2; L05_B_1_1); L06_B_1_1); L11_B_1_1), Ü1_(0)
Ulríke 固有名詞，女性の名前 L05_B_1_2)_a); L06_1_1); L07_B_1_1)
um- 分離または非分離前綴り L13_B_2_3), Ü2_(1)
um- 分離前綴り L13_B_2_3); L15_Ü1_(3)
um 前 4，～のまわりで，～ころ（時間） L05_B_1_3), L08, 09, B_1)_a), 4), Ü2_(5); L13, 07, B_1_1); L14_Ü1_(3); L15_B_2)_d)
um ... zu 慣用表現，～するために L15, 08, B_2)_d)_α), Ü3_(1), Ü4_(3)
úm|bauen 動，〔4 を〕建てかえる，改築する L15_Ü1_(3)
úmzubauen (< umbauen) L15_Ü1_(3)

Umgébung, die / die Umgebungen 名，周囲 L07, 07, 08; L08, 07

umsónst 副，無駄に L14, 11

úmständlich 形・副，面倒な L01_B_4)_c)

úm|tauschen 動，〔4 を〕〔mit 3 と〕交換する L13_Ü2_(1)

Úmwelt, die / die Umwelten 名，周囲，環境 L09, 07

úmweltfrèundlich 形・副，環境に優しい L09, 03

únbedingt / unbedíngt 副，絶対に，是非とも L10, 09

und 並接，そして L01_B_1)_b)_[u]; L02, 01, 04, 16, 25, Ü3_(3); L03, 01, 03, 06, Ü1_(4), (7), Ü2_(3); L04, 01, 08, 10, 11, 12, 14, 15, Ü3_(1); L05, 01, 04, 07, 10, Ü3_(3), (5); L06, 02, 06; L07, 01, 07, 18; L08, 08, 11, 12, B_3), 4); L09, 01, 03, 05; L10, 01, 14; L11, 10; L12, 08, B_1); L13, 01, 07, 09; L14, 05, 06, 13; L15, 01, 02, 04, 15, Ü1_(7)

Únfall, der / die Unfälle 名，事故 L08_B_1)_c)

Únfalls (> Unfall) L08_B_1)_c)

únheimlich 形・副，不気味な L13, 09

únliebsam 形・副，好ましくない L01_B_4)_c)

únpassierbar 形・副，通ることができない L14, 09

únrealistisch 形・副，非現実的な L12_Ü1_(2)

uns (> wir) 人称代名詞，1 人称複数，4 格（＝wir の 4 格形），私たちを L05, 03, B_2_3), Ü3_(5); L14_B_ 1)_a), b); L15_Ü3_(3)

uns (> wir) 人称代名詞，1 人称複数，3 格（＝wir の 3 格形），私たちに L04, 17; L06_B_2_3); L07, 02; L11_Ü1_(1); L14_Ü1_(1)

unser (> wir) 人称代名詞, 1 人称複数, 2 格（＝wir の 2 格形），私たちの（現代ドイツ語ではほぼ使われない）L07_B_2_3)

unser ... 所有冠詞，2 人称複数，男性 1 格（見出し語形）私たちの〜が L11_B_1_3)_b), Ü1_(1)

únsere ... (> unser ...) 所有冠詞，1 人称複数，女性 1 格，私たちの〜が L09, 05

únserer ... (> unser ...) 所有冠詞，1 人称複数，女性 3 格，私たちの〜に L11_B_1_3)_b)

únserer ... (> unser ...) 所有冠詞，1 人称複数，複数 2 格，私たちの〜の L11_B_3_2)

únten 副，下で L15, 02

unter- 分離または非分離前綴り L13_B_2_3)

unter- 分離前綴り L13_B_2_3)

únter 前 3/4，〜の下で／へ L08_B_1)_d), 4); L09, 02; L10, 09, 11; L14, 13

únter|gehen* 動，沈む L13_Ü2_(3)

Únterlage, die / die Unterlagen 名，書類 L15_B_2)_b)

unterschréiben* 動，サインする L03, 04

unterschréibt (> unterschreiben) L03, 04

Únterschrift, die / die Unterschriften 名，サイン，署名 L03, 03

untersúchen 動，〔4 を〕調査する L10, 08

untersucht (> untersuchen) L10, 08

unterwégs 副，途上で，移動中で L03_Ü2_(3)

únverständlich 形・副，理解出来ない L11_B_5

únzufrieden 形・副，不満な，満足していない L11_B_1_2)

Úreinwohner, der / die Ureinwohner 名，先住民 L13, 05

úrkundlich 形・副，記録上 L14, 03

Úrlaub, der / die Urlaube 名，長期休暇 L13_B_2)_b); L13_Ü1_(3); L14_B_2)_a), Ü1_(1)

Úrsprung, der / die Ursprünge 名，起源 L14, 02

úrsprünglich 形・副，もともと L11, 04

usw. (= und so weiter) 副，など L07, 04; L12, 13; L13, 05

V

Váse, die / die Vasen 名，花瓶 L06_B_1_3)
Vénus, die / - 名，ヴィーナス L10, 10
ver- 非分離前綴り L13_B_2_2)
verábschieden, sich[4] 動，〔von 3 に〕別れを告げる von jm L15_B_2)_d)_γ)
verdánken 動，〔3 に〕〔4 を〕負っている L08, 13; L11, 10
verdánkt (> verdanken) L08, 13
Veréin, der / die Vereine 名，クラブ，同好会 L08, 14, 15, 17
vergéssen** 動，〔4 を〕忘れる L11, 10; L12_Ü1_(4), (6)
vergésse (> vergessen) L12_Ü1_(4), (6)
Verkáuf, der / die Verkäufe 名，販売 L08, 15
verkáufen 動，〔4 を〕売る，販売する L07, 04, 07
Verkéhr, der / die Verkehre 名，交通（複数形が使われることは希）L14, 17, 18; L15, 02
Verkéhrsweg, der / die Verkehrswege 名，交通路 L07, 19
Verkléidung, die / die Verkleidungen 名，変装 L13, 09
verlássen** 動，〔4 を〕去る，後にする L15_Ü3_(2)
verlässt (< verlassen) L15_Ü3_(2)
verléugnen 動，〔4 を〕ないと否定する L12, 07
vermíssen 動，〔4 を〕いなくて寂しいと思う，欠いている L07, 08
vermísse (> vermissen)
vermítteln 動，〔3 に〕〔4 を〕伝える L06, 04
vermíttelt (> vermitteln) L06, 04
Verrúf, der / die Verrufe 名，悪評 L12, 05; in Verruf kommen 評判を悪くする
verschlíeßen* 動，〔4 を〕施錠する L09, 08
Verspätung, die / die Verspäungen 名，遅延，遅刻 L07_B_1_3); L08_B_1)_c)
versprechen** 動，〔3 に〕〔4 を〕約束する L15_B_2)_c)
verspréche (> versprechen) L15_B_2)_c)
verspricht (> versprechen) L15_Ü4_(1)
Verständnis, das / die Verständnisse 名，理解 L01_B_4) _b); L08_Ü2_(5)
verstärkt 形・副，一層，もっと L14_B_2)_b)
verstéhen* 動，〔4 を〕理解する L12, 03; L13_Ü2_(2); L15_Ü2_(1)
Vertéidigung, die / die Verteidigungen 名，防衛 L14, 09
verúrteilen 動，〔4 を〕非難する L12, 12
verwéisen* 動，〔4 を〕〔2 から〕閉め出す L07_B_1_2)
verwéist (> verweisen) L07_B_1_2)
verzíchten 動，〔auf 4 を〕放棄する，諦める L01_B_4) _b)
verzíchtet (> verzichten) 放棄された L01_B_4) _b)
viel Spáß 慣用表現，お楽しみください L02, 26
viel 形・副，多く，多い L01_B_3); L02, 26; L04_B_1_2); L07, 18; L09, 03, Ü1_(7); L10, 11; L11, 11, B_3_1); L15, 09
víele (> viel) L04, 06, 14, 15; L08, 07, 08, 11; L13, 10; L15, 11
víele (> viel) 名，多くの人々が・を L11_B_5
víeles (> viel) 名，多くのことが・を L11_B_5
vielléicht 副，ひょっとしたら L05_B_3, Ü4_(1); L09, 07, 08; L11, 07; L12_Ü2_(6); L13, 07, 10
vier 基数，4 L01_B_5)_a)
viert- 序数，4 番目の L01_B_5)_b)
víertausendsechshùndert 基数，4 600 L01_B_5)_c)
víerundzwànzig 基数，24 L01_B_5)_a)
víerundzwànzigst- 序数，24 番目の L01_B_5)_b)
víerzehn 基数，14 L01_B_5)_a)
víerzehnt- 序数，14 番目の L01_B_5)_b)

víerzig 基数，40 L01_B_5)_a)
víerzigst- 序数，40 番目の L01_B_5)_b)
Vokábel, die / die Vokabeln 名，語彙 L14_B_2)_c)
Vokábeln (> Vokabel) L14_B_2)_c)
Volk, das / die Völker 名，民族 L12, 08, 11
Vö́lkerkunde, die / - 名，民族学 L12, 04
Vö́lkerkundemusèum, das / die Völkerkundemuseen 名，民族学博物館 L10, 02, 06; L12, 03, 12, 13
Vö́lkerkundemusèen (> Völkerkundemuseum) L12, 05
Vö́lkern (> Volk) L12, 08, 11
Vö́lkerschau, die / die Völkerschauen 名，民族ショー L12, 10
Vólksliedersàmmlung, die / die Volksliedersammlung 名，民謡集 L11, 10
vóllkommen 形・副，完全に L06, 02; L12, 07
voll 形・副，完全に，いっぱいに L15, 11
vólle (< voll) L15, 11
von 前 3，～から，～について，～によって，～の L01_B_1)_b)_[o]; L02, 02; L05_B_2_1); L06, 02, 04, 08, B_1_3); L08, 08, 09, 15, B_1)_b); L09, 03, 07, 09; L10, 14; L11, 06, 07; L12, 04, 06, 12; L13, 05, 09; L15, 08
vom < von dem L08, 01, 07, B_1)_e); L10, 10; L11, 10; L14, 01
vor allem 慣用句，とくに L08, 07, 14; L11, 06; L14, 07; L15, 04
vor 前 3/4，～の前で／へ L06_B_1_3); L07, 01, 02, 03, 05; L08_ B_1)_d), 2)_b), c), 4), Ü3_(1); L09_Ü2_(1); L13_Ü1_(1); L14, 07, 09, 11; L15, 08
vor- 分離前綴り L13_B_1_3), Ü1_(1), (3), Ü3_(2); L14_B_2)_c), Ü1_(7); L15_B_2)_c)
Vórfahr(e), der / die Vorfahren 名，祖先 L11, 10
vór|haben 動，〔4 を〕予定している L13_Ü1_(3); L15_B_2)_c)
Vórort, der / die Vororte 名，郊外 L08, 08
Vórorten (> Vorort) L08, 08
vór|schlagen** 動，〔4 を〕提案する L13_Ü1_(1)
vór|stellen 動，〔4 を〕紹介する L13_Ü3_(2)
vór|stellen, sich^4 再動，自己紹介する L14_Ü1_(7);
VW, der / die VW 名，フォルクスワーゲン L01_B_3)

W

wáchsen** 動，成長する（s）L09_B_1)
wächst (< anwachsen) L08, 09
wach 形・副，目を覚ました，起きた L05_B_1_4)
Wágen, der / die Wagen 名，車両 L01_B_3)
Wáhltǜbingerin, die / die Wahltübingerinnen 名，テュービンゲン贔屓 L05, 08
wä́hrend 前 2，～の間に L08_B_1)_c)
wä́hrend 従接，～している間，～する一方で L12_B_2)
Wáhrheit, die / die Wahrheiten 名，真実 L06_Ü1_(3)（複数形が使われることは希）
wahrschéinlich 副，多分 L15, 11
Wáhrzeichen, das / die Wahrzeichen 名，シンボル L07, 02
Wald, der / die Wälder 名，森 L08_B_1)_a)
Wand, die / die Wände 名，壁 L08_B_4)
Wándel, der / die Wandel 名，変化 L10, 04
wándern 動，ハイキングする（s）L02_B_1_5)
wann 疑問詞，いつ L02_B_2_1)_b)_β); L12_Ü2_(1); L13_B_1_1)
wann 縦接，いつ～か L12_Ü2_(1)
war (> sein) L02, 04; L06, 06; L07, 19
wä́ren (> sein) L09, 09
wárnen 動，〔4 に〕〔vor 3 を〕警告する L08_

B_2)_b)
wárne (> warnen) L08_B_2)_b)
wárten 動，〔auf 4 を〕待つ L08_B_2)_b), Ü2_(1)
wárte (> warten) L08_B_2)_b)
warúm 疑問詞，なぜ L07, 03, 15; L12_Ü2_(6)
warúm 従接，なぜ〜か L12_B_2)_b), Ü2_(6)
was für … 疑問詞，どんな〜 L12, 01
wáschen** 動，〔4 を〕洗う L09_B_1)
Wásser, das / die Wasser 名，水 L01_B_3); L15, 08
was 疑問詞，1 格，何が L09_Ü1_ (6); L11_B_1_3)_b)
was 疑問詞，4 格，何を L02, 10, 19, Ü1_(2), L06_B_ 2_2); L09_Ü1_(5); L12_Ü2_(4); L13_Ü1_(3)
was 従接，4 格，何を〜するか L12_Ü2_(4)
weg 副，去って L01_B_1)_b)_[ɛ]; L13, 09;
weg- 非分離前綴り L13_B_1_3); L15_B_2)_d)_γ)
Weg, der / die Wege 名，道 L01_B_1)_b)_ [e:], 4)_d); L05_B_1_4); L07, 10; L08_Ü2_(2)
wégen 前 2，〜のせいで L07_B_1_3); L08_B_1)_c)
wég|gehen* 動，去る（s）L15_B_2)_d)_γ)
wég|werfen** 動，〔4 を〕捨てる L09, 07
Wégwerfen, das (> wegwerfen) L09, 07
Wéile, die / die Weilen 名，しばらくの間 L07, 09
weil 従接，〜なので L10, 06; L12, 05, B_2), Ü1_(3); L13_B_1_2); L15, 10
Wein, der / die Weine 名，ワイン L02_Ü2_(1); L11_B_3_1)
weiß (< wissen) L09_B_6), Ü1_(7)
wéißer (< weiß) L07, 08
Weiß 固有名詞，姓 L05_Ü4_(5)
weit 形・副，はるかに，ずっと，遠い L07, 18; L13, 02, 09
wéiter (< weit) 形・副，さらに L09, 03
wéiter- 分離前綴り L13_B_1_3)
wélcher ... 定冠詞類，男性 1 格（見出し語形），どの〜が L11_B_1_2)（格語尾変化パターンは dieser 参照）
wélche ... (> welcher ...) 定冠詞類，女性 1 格，どの〜が L11_Ü2_(1)
wélche ... (> welcher ...) 定冠詞類，女性 4 格，どの〜を L11_B_1_2)
wélches ... (> welcher ...) 定冠詞類，中性 4 格，どの〜を L11, 07
wélche 不定代名詞，複数 1・4 格 L11_B_1_3_2)
wélchen 不定代名詞，複数 3 格 L11_B_3_2)
wélcher 不定代名詞，複数 2 格 L11_B_3_2)
Welt, die / die Welten 名，世界 L13, 03, 05, 10
Wéltkrieg, der / die Weltkriege 名，世界大戦 L14, 11, 15, 16; L15, 04, 15
Wéltkriegs (> Weltkrieg) L14, 11
Wéltkultùr, die / die Weltkulturen 名，世界文化 L10, 01; L12, 01, 02; L13, 01, 05
Wéltkultùren (> Weltkultur) L10, 02; L12, 00, 02, 11; L13, 00, 01, 05
wen (> wer) 疑問詞（wer の 4 格形），誰を L15, 05
wénig 形・副，わずかしか〜ない L15, 08
wénige (< wenig) L06, 02
wénige (< wenig) 名，わずかのひとびとしかが・を L11_B_5
ẃeniges (< wenig) 名，わずかのことが・を L11_B_5
wenn 従接，もし〜ならば，〜する時 L10, 01; L11, 06, 09; L12, 03, B_2), 2)_a),
wérden** 動，〜になる L09_B_3); L07_1_4); L09_Ü1_(6); L12_Ü1_(5), Ü3_(2)
wérde (> werden) L07_B_1_4); L09_Ü1_(6)
Werk, das / die Werke 名，著作，作品 L10, 04; L11_Ü3_(2)
Wérke (> Werk) L11, 04
Wérner 固有名詞，男性の名前 L03_B; L06_1_1);

L07_B_1_1); L12_Ü2_(6)

Wértvorstellung, die / die Wertvorstellungen 名，価値観 L10, 05

Wétter, das / die Wetter 名，転記 L12_B_2)_a)

wíchtig 形・副，重要な L07, 19

wídmen, sich[4] 再動，〔3 に〕捧げる，尽くす，資する，専念する L14, 18

wídmet (> widmen) L14, 18

wie 前，～のような・に L07, 04, 05, 18, 19; L09, 03; L11, 10; L12, 13; L13, 02, 07; L14, 11, 19; L15, 02

wie 疑問詞，どのように L02, 12, Ü1_(3); L05, 03; L07, 04, 05, 18, 19; L09, 03; L10, 10; L11_B_1_3)_b); L12_Ü2_(5); L13, 02, 07; L14, 11, 19; L15, 02wie 従接，どのように～か L12, 11, B_2)_d), Ü2_(5)

wie 従接，どのように～か L12, 11, B_2)_d), Ü2_(5)

wie lange 疑問詞，どれくらいの期間 L02, 14

Wíederaufbau, der / - 名，復興，再建 L15, 04

Wiederhólung, die / die Wiederholungen 名，繰り返し L08_Ü2_(4)

Wíedersehen, das / die Wiedersehen 名，再会 L14_Ü2_(1)

wíeder 副，また，再び L02, 03, 16, 25; L05, 03, 07; L12_Ü1_(6); L15, 04, Ü1_(1)

Wíen 都市名，ウィーン L12, 13

wiesó 疑問詞，どうして L15, 07

will (< wollen) L10_B_1), 2), 3)_a); L13_B_1_2)

willst (< wollen) L10_B_1)

wíllkommen 形・副，歓迎された L03, 03; L05, 02

Wínter, der / die Winter 名，冬 L08_B_1)_c)

Wínters (> Winter) L08_B_1)_c)

wir 人称代名詞，2 人称複数 1 格，私たちは L01_B_1)_b); L02_B_1_1), Ü2_(2); L03, 02, Ü1_(5), Ü2_(2); L04, 09; L05, 03, 05, 10, 11, B_1_2)_b), 3), 2_3), 3, Ü4_(4), L06_B_1_2)_b), 3), 2_1), Ü1_(3), Ü2_(4), Ü3_(2); L07, 02, 10, 12, 15, 16; L08_B_1)_a), Ü2_(4), (5); L09, 09, B_1), 2), 3), 4), 6); L10_B_1); L10_Ü1_(4); L11, 02, B_3_2); L12_B_2)_a), d), Ü1_(3); L13_B_2_3); L14_B_1)_a), b), Ü1_(1); L15, 02, B_2)_e), Ü3_(3)

wird (< werden) L09_B_3); L12_Ü1_(1), Ü3_(2)

wirst (< werden) L09_B_3), Ü1_(6)

wirft (< werfen) L09, 05

wírklich 形・副，本当に L01_B_4)_c); L04, 13; L15, 09

Wírtschaft, die / die Wirtschaften 名，経済 L15, 04

wíssen# 動，知っている L09_B_6), Ü1_(7); L12_Ü2_(2)

wisst (> wissen) L09_B_6)

Wóche, die / die Wochen 名，週 L03, 02, 03, 04; L07, 04

Wóchenmarkt, der / die Wochenmärkte 名，週市場 L07, 04, 07, 08

Wóchenmarkts (> Wochenmarkt) L07, 07

wofǘr 疑問詞，なんのために

wofǘr (> für) 従接，なんのために～か L09, 04; L13, 06

wohér 疑問詞，どこから L12_Ü2_(例), Ü3_(1)

wohér 従接，どこから～か L12_Ü2_(例), Ü3_(1)

wohín 疑問詞，どこへ L02, 23; L07, 10; L08_Ü1_(3); L09_Ü1_(1)

wohl 副，多分，おそらく L09, 02

wóhnen 動，住んでいる L02_Ü3_(2); L08, 08

wóhne (> wohnen) L08_B_1)_b)

wohnt (> wohnen) L02_Ü3_(2); L04_Ü1_(3)

Wóhnung, die / die Wohnungen 名，住まい L11_B_1_3)_b)

wóllen# 話法助動詞，～するつもりだ L10_B_1), 3), Ü1_(3)

wollt (> wollen) L10_B_1)

写真・イラスト提供者

1 頁：フランクフルト上空から見たマイン河，旧橋，皇帝大聖堂とフランクフルト旧市街（井出万秀）
21 頁：フランクフルト空港出発ターミナル「パタパタ」（K.K.）
35 頁：レーマー広場（K.K.）
43 頁：朝食ビュッフェ（N.I.）
57 頁：ホテルフロント風景（井出万秀）
71 頁：レーマー広場（K.K.）
85 頁：レーマー旧市庁舎（井出万秀）
99 頁：歩行者鉄橋アイゼルナー・シュテーク（井出万秀）
104 頁：前置詞位置関係イラスト（R.H.）
113 頁：歩行者鉄橋アイゼルナー・シュテーク（K.K.）
117 頁：愛の南京錠（井出万秀）
127 頁：シュテーデル美術館（井出万秀）
141 頁：皇帝大聖堂塔より見る博物館河畔（井出万秀）
145 頁：Johann Heinrich Wilhelm Tischbein: Goethe in the Roman Campagna (1787), Städel Museum, Frankfurt am Main（ユニフォトプレス）
159 頁：世界文化博物館（井出万秀）
173 頁：アンゲラ・メルケル張り子, 2016 年フランクフルト・カーニヴァル（井出万秀）
187 頁：旧橋と高層ビル街および皇帝大聖堂（井出万秀）
201 頁：旧橋とカール大帝像（Y.F.）
イラスト制作：M.K.

使用楽曲著作権許諾一覧

Lektion 1（p.14）BE COOL SPEAK DEUTSCH

Words & Music by Frank Ramond

Lektion 2（p.30）AIRPORT

Words & Music by Udo Lindenberg

Lektion 3（p.40）DIE BUEHNE IST ANGERICHTET

Words & Music by Udo Lindenberg

Lektion 4（p.52）NIEMANDSLAND

Words & Music by Udo Lindenberg

Words by Angelina Maccarone

Lektion 5（p.66）BUNTE REPUBLIK DEUTSCHLAND

Words & Music by Udo Lindenberg

Lektion 6 （p.80） CELLO

Words & Music by Udo Lindenberg

Lektion 7 （p.94） DU HEISST JETZT JEREMIAS

Words & Music by Udo Lindenberg

Lektion 8 （p.108） RADIO SONG

Words & Music by Udo Lindenberg

Lektion 9 （p.122） SIE LIEBTEN SICH GIGANTISCH

Words & Music by Udo Lindenberg

Lektion 10 （p.136） WOZU SIND KRIEGE DA

Words & Music by Udo Lindenberg

Lektion 11 (p.154) HOCH IM NORDEN

Words & Music by Udo Lindenberg

Lektion 12 (p.168) KLEINER JUNGE

Music by Hendrik Schaper

Words by Udo Lindenberg

Lektion 13 (p.182) REEPERBAHN

Words & Music by Udo Lindenberg

Lektion 14 (p.196) DESPERADO

Words & Music by Glenn Frey and Don Henley

Lektion 15 (p.212) SANDMAENNCHEN

Music by Jean-Jacques Kravetz

Words & Music by Udo Lindenberg

分担執筆者紹介

Manuel KRAUS（まぬえる・くらうす）

1982年	リンダウ（ドイツ）に生まれる
2003年	ドイツ・テュービンゲン大学日本文学部ドイツ文学部入学
2005-2007年	奨学生として日本・立教大学留学
2007年	ドイツ・テュービンゲン大学日本文学部ドイツ文学部退学
2007年	東京外国語大学外国語学部ドイツ語学科編入学
2009年	東京外国語大学外国語学部ドイツ語学科卒業
2011年	立教大学文学部ドイツ文学専攻博士課程前期課程修了（文学修士）
2015年	立教大学文学部ドイツ文学専攻博士課程後期課程修了（文学博士）
2016-2019年	帝京大学外国語学部ドイツ語コース助教
2019-2021年	早稲田大学商学部専任講師
2021年—現在	早稲田大学商学部准教授

専攻　ドイツ語学・外国語教育

主な著作・論文・書評

- Textsemantik des Antezedenten und semantische Funktion des Relativsatzes（Frankfurt am Main, Peter Lang, 2017年）
- Quantitative und qualitative Fehleranalyse Japanischer Deutschlerner (JDL) bei Aufsatzübungen in deutscher Sprache mit Schwerpunkt auf dem Artikelgebrauch（早稲田大学『文化論集』56号, 2019年）
- Similarities and Differences in Correction Operations — Quantitative and Qualitative Analyses based on a Learner Corpus（信州大学人文科学論集, 共著, 2号・8巻, 2021年）
- Doitsugo ga hiraku chihei 1: Danzetsu no komyunikêshon (Perspektiven der deutschen Sprache 1: Gestörte Kommunikation)（日本独文学会機関誌161号, 2021年）
- Integration der Artikelsemantik in den Fremdsprachenunterricht für Japanische Deutschlerner (JDL) in digitalen Bildungsräumen – eine quantitative und qualitative Fehleranalyse（日本独文学会機関誌162号, 2021年）

編著者紹介

井出　万秀（いで・まんしゅう）

1963 年	岐阜県に生まれる
1984-1985 年	ロータリー財団奨学生としてドイツ・マンハイム大学留学
1986 年	東京外国語大学外国語学部ドイツ語学科卒業
1988 年	東京大学大学院人文科学研究科独語独文専攻修士課程課程修了（文学修士）
1988-1990 年	ドイツ学術交流会（DAAD）奨学生としてドイツ・マンハイム大学留学
1991 年	東京大学大学院人文科学研究科独語独文専攻博士課程退学
1991-2005 年	信州大学教養部講師の後同人文学部助教授
1994 年	ドイツ・マンハイム大学博士号取得（Dr. phil.）
1996 年	ワイマール古典財団研究員としてドイツ・ワイマール研究滞在
2001-2002 年	アレクサンダー・フォン・フンボルト財団研究員としてドイツ語研究所（IdS）研究滞在
2005 年	立教大学文学部教授
2011 年後期	アレクサンダー・フォン・フンボルト財団研究員としてポツダム大学研究滞在
2015 年後期	アレクサンダー・フォン・フンボルト財団研究員としてヨハン・ヴォルフガンガク・ゲーテ大学フランクフルト研究滞在

現在に至る

専攻　　ドイツ語史

主な著作・翻訳

- *Lassen* und *lâzen* – Eine diachrone Typologie des kausativen Satzbaus（Würzburg, Königshausen & Neumann, 1996 年）
- 『ドイツ語史―社会・文化・メディアを背景として』（郁文堂，共著，2009 年）
- 『中高ドイツ語小文法改訂第 18 版』（郁文堂，翻訳，2017 年）
- Japanische-deutsche Gespräche über Fremdheit im Mittelalter. Interkulturelle und interdisziplinäre Forschungen in Ost und West.（Tübingen: Stauffenburg, 共著, 2018 年）
- Wissen über Wissenschaft. Felder - Formation – Mutation (Festschrift für Ryozo Maeda zum 65. Geburtstag)（Tübingen: Stauffenburg, 共著, 2021 年）

「ドイツ語 I ('23)」添付 CD

< CD の利用について >

・本書の CD は，CD プレーヤー・パソコン等でご利用ください。

・この CD を，権利者の許諾なく，個人的な範囲を超える使用目的で複製すること，ネットワーク等を通じてこの CD に収録された音を送信する状態にすることを禁じます。

発　　行　一般財団法人　放送大学教育振興会
企画・制作　放送大学学園
出　　演　Jeannette Kasai
Nadine Kaczmarek
Katharina Muelenz-Goli
Daniel Kern
Manshu Ide
Manuel Kraus

この CD は，放送大学学園の放送教材の内容をもとに編集・作成されました。
(Lektion 10 まで CD1，Lektion 11 以降 CD2)

放送大学教材　1430033-1-2311（テレビ）

ドイツ語 I ('23)

発　行　2023 年 3 月 20 日　第 1 刷
編著者　井出万秀
発行所　一般財団法人　放送大学教育振興会
〒 105-0001　東京都港区虎ノ門 1-14-1　郵政福祉琴平ビル
電話　03（3502）2750

市販用は放送大学教材と同じ内容です。定価はカバーに表示してあります。
落丁本・乱丁本はお取り替えいたします。

Printed in Japan　ISBN978-4-595-32423-9　C1384